湖北省学术著作
Hube Special Funds for
Academic Publications 出版专项资金

司法改革背景下我国民事诉讼运行机制完善研究丛书／总主编 占善刚

民事诉讼担保制度研究

刘芳 著

WUHAN UNIVERSITY PRESS
武汉大学出版社

图书在版编目（CIP）数据

民事诉讼担保制度研究/刘芳著．—武汉：武汉大学出版社，2021.12
司法改革背景下我国民事诉讼运行机制完善研究丛书/占善刚总主编
湖北省学术著作出版专项资金资助项目
ISBN 978-7-307-22693-7

Ⅰ.民… Ⅱ.刘… Ⅲ.民事诉讼—担保制度—研究—中国
Ⅳ.D925.104

中国版本图书馆 CIP 数据核字（2021）第 220713 号

责任编辑：张 欣　　　责任校对：李孟潇　　　版式设计：马 佳

出版发行：**武汉大学出版社**　（430072　武昌　珞珈山）
　　　　（电子邮箱：cbs22@whu.edu.cn　网址：www.wdp.com.cn）
印刷：武汉中远印务有限公司
开本：720×1000　1/16　印张：13.5　字数：194 千字　插页：2
版次：2021 年 12 月第 1 版　　2021 年 12 月第 1 次印刷
ISBN 978-7-307-22693-7　　定价：88.00 元

总　序

　　民事诉讼乃为解决民事纠纷而设的司法程序。为妥当地解决民事纠纷，在民事诉讼运行的不同阶段，除应恪守各自固有的程序规范外，更应自觉遵循民事诉讼的基本原理。各国民事诉讼立法虽然具有各自不同的具体程序设计，但蕴含的基本法理是共通的。譬如，各国民事诉讼立法殆皆将处分权主义、辩论主义奉为民事诉讼运行的圭臬，将直接原则、言辞原则立为民事诉讼程序展开的基石。

　　自 1999 年最高人民法院颁行第一个司法改革五年纲要迄今，中国的司法改革已推行二十余载。从最初的民事审判方式改进、举证责任的落实到近来的互联网法院、诉讼电子化，我国民事诉讼总体上已由职权主义转向当事人主义。在民事诉讼运行中，体认并遵守处分权主义、辩论主义的本旨，明了并贯彻直接原则、言辞原则的要义已成为我国民事诉讼学者与法律职业共同体的共同鹄的。在当前司法改革的大背景下，立足于立法论及解释论，进一步探究民事诉讼运行的基本法理，并就我国民事诉讼运行机制的完善提出科学的学术方案是吾人责无旁贷之职责。受湖北省学术著作出版专项资金项目资助，笔者主持完成的《司法改革背景下我国民事诉讼运行机制完善研究丛书》正是因循这一思路的学术成果。

　　《司法改革背景下我国民事诉讼运行机制完善研究丛书》以民事诉讼运行原理与我国民事诉讼运行机制的完善为立论基点，分别研究了民事诉讼运行的内在机理及各具体制度良性运作应有的逻辑起点与妥当路径。本丛书共计九册，具体如下：

　　1. 占善刚博士的《民事诉讼运行的内在机理研究》以程序的整体推进为视角，对民事诉讼运行应遵循的基本法理做了深入的比较法研究；

2. 刘显鹏博士的《民事证明制度改革的架构与径路研究》宏观分析了我国民事诉讼证明制度存在的问题，指出了我国民事证明制度应有的改革方向；

3. 朱建敏博士的《民事诉讼请求研究》厘定了我国民事诉讼请求的特有意涵，探讨了诉讼请求与诉讼标的在规范层面与实务中的不同功能；

4. 杨瑜娴博士的《民事诉讼鉴定费用制度研究》阐释了民事诉讼鉴定费用的性质、构成及给付路径，提出了完善我国民事诉讼鉴定费用制度的建议；

5. 刘丹博士的《民事诉讼主张制度研究》以主张内涵的界定为逻辑起点，缕析了民事诉讼中主张的类型及机能，提出了完善我国主张制度的建议；

6. 郝晶晶博士的《民事诉讼身份关系案件审理程序研究》立足于身份关系诉讼与财产关系诉讼之二元论，讨论了如何科学设计民事诉讼身份关系案件审理程序；

7. 刘芳博士的《民事诉讼担保制度研究》全面梳理了诉讼担保的性质、特征、类型，指出了完善我国民事诉讼担保制度的建议；

8. 黄鑫森博士的《民事诉讼发回重审制度研究》以发回重审与程序违法之关系为主线，探讨了构成发回重审事由的条件，界分了发回重审事由的类型；

9. 倪培根博士的《民事诉讼听审请求权研究》阐明了听审请求权在民事诉讼中的确立依据，在我国民事诉讼规范中的体现以及未来的改进方向。

需要特别提及的是，《司法改革背景下我国民事诉讼运行机制完善研究丛书》从最初的项目策划到最后的顺利付梓都倾注了武汉大学出版社张欣老师的心血，没有他的辛苦付出，丛书的面世断无可能。在此对张欣老师表示最真挚的谢意！

占善刚

2020 年 1 月 1 日

于武汉大学珞珈山

目　　录

引　言

一、问题的缘起

在世界各国的民事诉讼立法中，普遍规定有民事诉讼担保制度。设置民事诉讼担保制度的目的，乃是为了更好地保障法院裁判生效后能够顺利地得以执行，防止当事人滥用诉讼权利，并以此维护法律的权威与尊严。与民事关系中的担保制度相比，民事诉讼担保是诉讼程序中的担保，具有其自身的特性。民事诉讼担保的对象是法院，具有唯一性；民事诉讼担保债权的范围具有特定性，都是受担保利益人因供担保人的诉讼行为而可能遭受的损害；民事诉讼担保的目的具有双重性，不仅是为了保障受担保利益人的债权，也是为了防止当事人滥用诉讼权利；民事诉讼担保的成立与否由法院审查决定等。民事诉讼担保与民事担保最主要的区别在于民事诉讼担保具有公权性，具体来说，民事诉讼担保具有公法—提存的性质，其价值取向在于程序正义与效率。因此，对于民事诉讼担保，不宜适用与普通民事关系中的担保完全相同的程序规则，有必要设置专门的民事诉讼担保规则。

综合域外各国和地区的立法，民事诉讼担保基本上可分为四类：诉讼费用担保、保全担保、执行担保、股东会决议瑕疵诉讼担保。诉讼费用担保主要适用于国际民事诉讼和股东代表诉讼中，担保的范围是被告为诉讼所支出的必要的诉讼费用。保全担保的适用是对保全释明的补强，担保申请人不能以担保代替释明。保全担保的担保范围是不当的诉讼保全给对方当事人造成的损失。被执行人提供担保后，经申请执行人同意，可能产生暂缓执行生效法律文书的效果，担保的范围是暂缓执行可能给申请执行人造成的损失。股东决议瑕疵诉讼担保制度的设置，主要是为了避免不良股东为牟取自己的私人利益，滥用瑕疵诉讼，给公司和原告董事、监事造成损失。总体来说，民事诉讼担保的设置是为了保障受担保利益人的损害赔偿请求权的实现，并防止当事人滥用诉讼权利。作为民事诉讼程序的重要组成部分，域外很多国家和地区已在其民事程序法律规范中对民事诉讼担保的类型、民事诉讼担保的适用条件、适用程序作出了相应规定。

迄今为上，民事诉讼担保制度在我国的立法和理论上还比较薄弱。我国现行《民事诉讼法》对民事诉讼担保的规定只有区区几个条款，在内容上有重大的缺陷。从宏观上讲，我国现行的民事诉讼担保制度没有具体的体系。处于民事诉讼程序基本法地位的民事诉讼法，仅仅只是规定了证据保全担保、保全担保、先予执行担保和执行担保四种具体诉讼担保的适用，而缺乏对民事诉讼担保制度基本架构的规划。海事诉讼特别程序法和三部与知识产权相关的实体法中也规定了海事强制令制度和知识产权临时禁令制度。但是立法仅仅是将各类具体诉讼担保制度堆放在一起，各个制度之间并无衔接、协调和配合。从微观上讲，在各项具体诉讼担保制度的规定上也有着颇多可商榷之处。以证据保全担保制度为例，在我国的民事诉讼立法中，规定证据保全担保的具体程序适用保全担保的规定。这应当是我国立法中的失误，而失误绝不仅止于此。面临权利关系复杂多样化的状况和态势，加强有关民事诉讼担保的立法应是当务之急。立法的疏漏与薄弱，必然导致司法实践中民事诉讼担保程序的具体做法上的混乱。一方面，立法上关于民事诉讼担保的适用条件的规定导致了法官对很多不应采取担保措施的案件采取担保，增加当事人的诉讼负担；另一方面，在可以进行诉讼担保的案件中，法律规定的措辞模糊和在模糊的措辞中透射出的超强的职权主义色彩，导致法官拥有了甚至连起码的心证过程都可以省略掉的自由裁量权，民事诉讼担保制度因此经常被滥用。

在立法、司法和理论之间，理论应当先行。从研究现状来讲，目前我国对民事诉讼担保的关注程度和整体研究水平确实不容乐观。我国学者对民事诉讼担保制度的研究主要集中在对民事诉讼担保制度的各项具体制度的探讨上，关于诉讼费用担保、保全担保和强制执行担保的研究成果都不在少数。对于建立完善的民事诉讼担保制度而言，这样的研究很有必要，在研究过程中可以积累不少的经验，提出建设性的观点。但是现阶段缺乏把民事诉讼担保作为相对独立的程序进行比较系统的研究，也缺乏对民事诉讼担保程序的整体构建。在司法实践中，民事诉讼担保的适用通常适用民事担保的规定，忽视了民事诉讼担保的自身特性，究其根源，实乃缺乏对民事诉讼担保制度的理论基础、功能价值等基本原理问题的研究。

有鉴于此，本书尝试归纳整理若干域外关于民事诉讼担保的立法规定，对民事诉讼担保的含义、制度价值、理论基础、体系建设、具体适用等问题提出了一些浅薄之见，以作抛砖引玉之用，希望能够引起诉讼法学界对民事诉讼担保制度的兴趣和关注。

二、立法背景

我国现行《中华人民共和国民事诉讼法》（下文简称为《民事诉讼法》）涉及民事诉讼担保方面的程序规定一共有 5 条，分别为诉讼中保全担保（第 100 条第 2 款）、诉讼前保全担保（第 101 条第 1 款）、解除保全担保（第 104 条）、先予执行担保（第 107 条第 4 款）、执行担保（第 231 条）五个方面。另外，《民事诉讼法》对证据保全的规定也涉及诉讼担保制度的适用，第 81 条规定：证据保全的其他程序，参照适用《民事诉讼法》第九章保全的有关规定，即对于诉前证据保全，法院根据实际情况，依据此项规定，可以责令申请人提供担保。

1998 年 7 月 8 日开始施行的《最高人民法院关于人民法院执行工作若干问题的规定（试行）》（下文简称为《执行规定（试

行）》），对执行担保的担保方法进行了规定。① 2009 年 1 月 1
日开始施行的《最高人民法院关于适用〈中华人民共和国民事诉
讼法〉执行程序若干问题的解释》（下文简称为《民事诉讼执行
程序司法解释》）中，第 10 条、第 16 条、第 20 条对执行担保
进行了规定。我国 2015 年《最高人民法院关于适用〈中华人民
共和国民事诉讼法〉的解释》（下文简称为《民事诉讼法司法解
释》）中，关于民事诉讼担保制度的规定有六处，分别是第 98
条关于证据保全担保的规定②，第 152 条关于保全担保的适用程
序的规定③，第 469 条关于执行担保期限的规定④，第 470 条关

---

　　① 第 84 条规定："被执行人或其担保人以财产向人民法院提供执行担
保的，应当依据《中华人民共和国担保法》的有关规定，按照担保物的种
类、性质，将担保物移交执行法院，或依法到有关机关办理登记手续。"第
85 条规定："人民法院在审理案件期间，保证人为被执行人提供保证，人民
法院据此未对被执行人的财产采取保全措施或解除保全措施的，案件审结
后如果被执行人无财产可供执行或其财产不足清偿债务时，即使生效法律
文书中未确定保证人承担责任，人民法院有权裁定执行保证人在保证责任
范围内的财产。"

　　② 第 98 条规定："当事人根据民事诉讼法第 81 条第 1 款规定申请证
据保全的，可以在举证期限届满前书面提出。证据保全可能对他人造成损
失的，人民法院应当责令申请人提供相应的担保。"

　　③ 第 152 条规定："人民法院依照民事诉讼法第 100 条、第 101 条规
定，在采取诉前保全、诉讼保全措施时，责令利害关系人或者当事人提供担
保的，应当书面通知。利害关系人申请诉前保全的，应当提供担保。申请诉
前财产保全的，应当提供相当于请求保全数额的担保；情况特殊的，人民法
院可以酌情处理。申请诉前行为保全的，担保的数额由人民法院根据案件
的具体情况决定。在诉讼中，人民法院依申请或者依职权采取保全措施的，
应当根据案件的具体情况，决定当事人是否应当提供担保以及担保的数
额。"

　　④ 第 469 条规定："人民法院依照民事诉讼法第 231 条规定决定暂缓
执行的，如果担保是有期限的，暂缓执行的期限应当与担保期限一致，但最
长不得超过一年。被执行人或者担保人对担保的财产在暂缓执行期间有转
移、隐藏、变卖、毁损等行为的，人民法院可以恢复强制执行。"

于担保方法的规定①，第 471 条关于担保效果的规定②，第 542 条关于涉外仲裁保全担保的规定③。2018 年最高人民法院发布《最高人民法院关于执行担保若干问题的规定》，共计 16 个条款，）明确了执行担保的担保事项、实现方式、担保期限以及追偿权。2019 年 12 月 26 日，最高人民法院发布了《关于修改〈关于民事诉讼证据的若干规定〉的决定》（以下简称《修改决定》），对施行了 18 年的《民事证据规定》进行了全面修改。新增第 26 条对 2001 年《民事证据规定》第 23 条第 2 款进行扩充丰富："当事人或者利害关系人申请采取查封、扣押等限制保全标的物使用、流通等保全措施，或者保全可能对证据持有人造成损失的，人民法院应当责令申请人提供相应的担保。担保方式或者数额由人民法院根据保全措施对证据持有人的影响、保全标的物的价值、当事人或者利害关系人争议。"

知识产权立法、公司立法及相关司法解释，也涉及了对民事诉讼诉讼担保的相关规定：1992 年在《最高人民法院关于审理专利纠纷案件若干问题的解答》（下文简称为《专利纠纷解答》）中明确规定，在人民法院审理专利侵权案件中，经常发生侵权人利用宣

---

①　第 470 条规定："根据民事诉讼法第 231 条规定向人民法院提供执行担保的，可以由被执行人或者他人提供财产担保，也可以由他人提供保证。担保人应当具有代为履行或者代为承担赔偿责任的能力。他人提供执行保证的，应当向执行法院出具保证书，并将保证书副本送交申请执行人。被执行人或者他人提供财产担保的，应当参照物权法、担保法的有关规定办理相应手续。"

②　第 471 条规定："被执行人在人民法院决定暂缓执行的期限届满后仍不履行义务的，人民法院可以直接执行担保财产，或者裁定执行担保人的财产，但执行担保人的财产以担保人应当履行义务部分的财产为限。"

③　第 542 条规定："依照民事诉讼法第 272 条规定，中华人民共和国涉外仲裁机构将当事人的保全申请提交人民法院裁定的，人民法院可以进行审查，裁定是否进行保全。裁定保全的，应当责令申请人提供担保，申请人不提供担保的，裁定驳回申请。当事人申请证据保全，人民法院经审查认为无需提供担保的，申请人可以不提供担保。"

告专利无效故意拖延诉讼，继续实施侵权行为……专利权人提出财产保全申请并提供担保的，人民法院认为必要时，可责令被告停止侵权行为或采取其他制止侵权损害继续扩大的措施。2010 年开始施行的《中华人民共和国著作权法》（下文简称为《著作权法》）第 51 条规定了证据保全担保；2008 年开始施行的《中华人民共和国专利法》（下文简称为《专利法》）第 66 条规定了行为保全担保。《中华人民共和国公司法》（下文简称为《公司法》）第 22 条规定了股东决议瑕疵诉讼担保。

从这些立法和司法解释的规定来看，我国民事诉讼担保制度的立法还很不完善：立法规定较为散乱，不具有系统性，相关规定散布于实体法及其司法解释、程序法及其司法解释之中，特有的程序法理尚未形成；相关规定较为原则、抽象，例如：司法实践中，确实存在不良股东滥用股东代表诉讼牟取私利，立法是否需要在股东代表诉讼制度中引入诉讼费用担保？股东决议瑕疵诉讼担保作为一种独立的诉讼担保是否合理？证据保全不属于保全程序，证据保全担保适用保全担保的规定，这一设置是否合理？保全担保裁定确有错误应当如何救济？诸如此类问题，目前均尚待解决，都需要对其进行系统的调查、研究。

三、研究意义

（一）从理论层面上讲，对民事诉讼担保制度进行研究，有利于丰富民事诉讼担保程序理论，完善民事诉讼的理论体系。民事诉讼担保作为民事诉讼程序中的一项重要内容，对其基础理论进行系统研究，将有助于整个民事诉讼理论体系的完整。另外，民事诉讼担保也属于广义的债的担保，其相应地具有私法行为的某些属性，因此，民事诉讼担保的程序法理，一定程度上区别于普通的民事诉讼程序法理研究，具有其自身独特的理论基础。对民事诉讼担保的特殊程序法理进行系统研究，有利于区别于民事担保法理，并促进民事程序整体理论体系的丰富和发展。

（二）从规则层面上讲，对民事诉讼担保进行研究，可以有助于我国民事诉讼担保相关立法及司法解释的完善。我国民事诉讼担保的立法现状及存在的问题，在前一部分已有列举，民事诉讼担保制度缺乏合理、科学的框架体系，各具体的诉讼担保制度之间缺乏内在的联系；立法中缺乏对民事诉讼担保制度具体适用的规定。笔者拟针对民事诉讼担保程序领域中存在的立法零散、现有程序立法不合理等问题进行探究，力求搭设民事诉讼担保程序规则的初步框架，为我国民事诉讼担保制度的发展做力所能及的有益探索。

（三）从实务层面上讲，对民事诉讼担保制度进行研究，可以提升民事诉讼担保的司法实践水平，为民事诉讼担保的合理利用提供完善的程序支撑。我国目前的司法实践中，民事诉讼担保已经被较大程度地适用，但关于民事诉讼担保的立法并不完善，诸多具体的适用规则散见于相关的司法解释中。这一实践先于理论的司法现状，使当事人甚至司法人员在司法实践中遭受诸多困惑乃至困难。民事诉讼担保制度的实质在于，避免受担保利益人因为供担保人的诉讼行为产生的赔偿请求权无法实现，同时，也是运用经济利益杠杆，遏制利害关系人对民事诉讼权利的滥用。但在司法实务中，民事诉讼担保经常被不当地适用，导致其无法发挥其应有的功能。没有理论指导的实践是盲目的，只有科学构建民事诉讼担保制度，完善其理论及适用规则体系，才能为民事诉讼担保的司法实践提供有力支撑，保障利害关系人的合法权益，促进民事诉讼程序顺利进行。

四、研究现状

（一）国内研究现状

目前国内着眼于"民事诉讼担保"的研究成果有限，更多的学者是注重对其下位概念，如"财产保全担保"或"执行担保"，以及其相关概念"保全制度""执行制度"的研究。具体文献检索结果如下：

1. 以"民事诉讼担保"为关键词的检索结果

经过书目查询，目前并没有以"民事诉讼担保"为题的专著。经过查询中国知网，在学位论文方面，迄今为止没有以"民事诉讼担保"或"诉讼担保"为研究题目的博士论文、硕士论文。在期刊论文方面，以"诉讼担保"为检索词，在省级以上期刊公开发表的论文有 3 篇：陈斯：《制度完善：对民事诉讼担保制度的反思——以一种实务探讨的方式展开》，载《广东社会科学》2002 年第 6 期；陈斯：《程序正义的另一视角——论我国民事诉讼担保制度的完善》，载《民事程序法研究》2004 年第 1 期；唐方恒：《论民事诉讼担保及其完善》，载《成都行政学院学报》2014 年第 4 期。

2. 以"诉讼费用担保"为关键词的检索结果

经过书目检索，目前没有以"诉讼费用担保"为题的专著。经过查询中国知网，迄今为止，没有以"诉讼费用担保"为研究题目的博士论文，以"诉讼费用担保"为研究题目的硕士论文有 1 篇：万海波：《诉讼费用担保制度研究》，西南政法大学 2005 年硕士论文。期刊论文方面，以"诉讼费用担保"为检索词，在省级以上期刊公开发表的论文有 5 篇：李光辉：《涉外诉讼费用担保的豁免》，载《法学》1992 年第 4 期；苏绍聪：《香港民事诉讼中的诉讼费担保制度》，载《现代法学》2004 年第 4 期；李金招：《诉讼费担保制度初探——作为预交的替代选择程序》，载《黑龙江省政法管理干部学院学报》2009 年第 5 期；余璟：《股东代表诉讼的诉讼费用补偿与担保制度探讨》，载《法制与社会》2011 年第 17 期；王影：《我国诉讼费用担保制度的完善》，载《湖北警官学院学报》2013 年第 11 期。

3. 以"股东派生诉讼费用担保"为关键词的检索结果

经过书目检索，目前没有以"股东派生诉讼费用担保"为内容的专著。经过查询中国知网，迄今为止，没有以"股东派生诉讼费用担保"为研究题目的博士论文，以"股东派生诉讼费用担保"为研究题目的硕士论文有 1 篇：夏天下：《我国股东派生诉讼费用担保制度研究——以美国股东派生诉讼费用担保制度为基础》，吉林大学 2011 年硕士论文。以"股东派生诉讼费用担保"为关键词，在省级以上期刊公开发表的论文有 2 篇：余璟：《股东代表诉讼的诉讼费用补偿与担保制度探讨》，载《法制与社会》2011 年第 17 期；武家辉：《股东派生诉讼中的担保问题研究》，载

《菏泽学院学报》2013 年第 6 期。

4. 以"诉讼保全担保"为关键词的检索结果

经过书目检索，目前没有以"诉讼保全担保"为题的专著。经过查询中国知网，迄今为止，没有以"诉讼保全担保"为研究题目的博士、硕士论文；以"诉讼保全担保"为关键词，在省级以上期刊公开发表的论文有 6 篇：曾庆峰：《诉讼保全信用担保探析——兼评诉讼保全担保公司担保制度》，载《法治论丛（上海政法学院学报）》2008 年第 5 期；赵丽琴：《诉讼保全担保法律问题析议——兼评北京市高院与江苏省高院保全担保模式》，载《社科纵横》2013 年第 1 期；谢忠文：《完善我国诉讼保全担保制度之法律思考——由一起民事抗诉案件展开》，载《广西大学学报（社会科学版）》2013 年第 6 期；邵畯：《试析诉讼保全担保财产的解封问题》，载《法制博览》2015 年第 25 期；李继刚：《企业找担保不再愁——中国经济技术投资担保有限公司开展诉讼保全担保业务》，载《中国律师》1999 年第 7 期。陆秦江：《民事诉讼保全担保制度的效用分析》，载《法制博览》2020 年第 1 期。

5. 以"财产保全担保"为关键词的检索结果

经过书目检索，目前没有以"财产保全担保"为内容的专著。经过查询中国知网，迄今为止没有以"财产保全担保"为研究题目的博士论文，以"财产保全担保"为研究题目的硕士论文有 3 篇：张玲玲：《民事诉讼财产保全担保制度研究》，西南政法大学 2014 年硕士论文；张莎莎：《财产保全担保与担保物权冲突及对策问题研究》，大连海事大学 2014 年硕士论文；张永泉：《民事财产保全担保制度的理论与实务研究》，苏州大学 2008 年硕士论文。以"财产保全担保"为检索词，在省级以上期刊公开发表的论文有 18 篇，其中 3 篇是在核心期刊上发表：黄善文：《诉讼财产保全担保与商业银行业务创新》，载《广东金融学院学报》2005 年第 1 期；白晨蕊：《民事诉讼财产保全担保方式的反思与完善》，载《西安石油大学学报（社会科学版）》2020 年第 2 期；黄俭：《以担保方式解除财产保全难点分析》，载《法制与社会》2021 年第 3 期。这 18 篇论文多是对财产保全担保的方法以及审查进行研究。

6. 以"行为保全担保""禁令担保"为关键词的检索结果

经过书目检索，目前没有以"行为保全担保""禁令担保"为内容的专著。经过查询中国知网，迄今为止没有以"行为保全担保""禁令担保"为研究题目的博士论文，以"行为保全担保"为检索词，在省级以上期刊公开发表的论文有李悦佳：《知识产权诉前行为保全担保制度的问题与功能》，载《区域治理》2019 年第11 期；毋爱斌、向恭谱：《知识产权行为保全中担保数额认定之路径选择》，载《河南财经政法大学学报》第 7 期；李曼：《民事行为保全担保制度的完善路径》，载《当代法学》第 7 期。

7. 以"公司决议瑕疵诉讼担保""股东大会决议瑕疵诉讼担保"为关键词进行检索

经过书目检索，目前没有以"公司决议瑕疵诉讼担保""股东大会决议瑕疵诉讼担保"为内容的专著。经过查询中国知网，迄今为止没有以"公司决议瑕疵诉讼担保""股东大会决议瑕疵诉讼担保"为研究题目的硕、博士论文。以"公司决议瑕疵诉讼担保""股东大会决议瑕疵诉讼担保"为检索词，在省级以上期刊公开发表的论文有 1 篇：丁勇：《公司决议瑕疵诉讼担保制度检讨及立法完善》，载《法学》2014 年第 5 期。该论文对公司决议瑕疵诉讼担保的成因、弊端进行了分析，并认为不应将瑕疵诉讼担保单独列为一种诉讼担保类型，公司决议瑕疵诉讼中的担保可适用行为保全担保的相关规定。

8. 以"股东派生诉讼费用担保"为关键词的检索结果

经过书目检索，目前没有以"股东派生诉讼费用担保"为内容的专著。经过查询中国知网，迄今为止，没有以"股东派生诉讼费用担保"为研究题目的博士论文，以"股东派生诉讼费用担保"为研究题目的硕士论文有 1 篇：夏天下：《我国股东派生诉讼费用担保制度研究——以美国股东派生诉讼费用担保制度为基础》，吉林大学 2011 年硕士论文。以"股东派生诉讼费用担保"为"关键词"，在省级以上期刊公开发表的论文有 2 篇：武家辉：《股东派生诉讼中的担保问题研究》，载《菏泽学院学报》2013 年6 期；余璟：《股东代表诉讼的诉讼费用补偿与担保制度探讨》，载

《法制与社会》2011 年第 17 期。

9. 以 "诉讼费用" 为关键词的检索结果

经过书目检索，目前没有以 "诉讼费用" 为题的专著。经过查询中国知网，迄今为止没有以 "诉讼费用" 为研究题目的博士论文，以 "诉讼费用" 为研究题目的硕士论文有 39 篇。以 "诉讼费用" 为关键词，在 CSSCI 期刊上公开发表的论文有 14 篇，其中被引用 20 次以上的有 7 篇：方流芳：《民事诉讼收费考》，载《中国社会科学》1999 年第 3 期；邓志伟、肖芳：《论民事诉讼费用负担原则的完善——以诉讼费用裁判差异为分析视角》，载《法律适用》2012 年第 7 期；张榕：《民事诉讼收费制度改革的理念及路径》，载《法律科学（西北政法学院学报）》2006 年第 1 期；廖永安、刘方勇：《潜在的冲突与对立：诉讼费用制度与周边制度关系考》，载《中国法学》2006 年第 2 期；陶建国：《日本民事诉讼费用救助制度之研究》，载《河北法学》2005 年第 3 期；廖永安：《〈诉讼费用交纳办法〉之检讨》，载《法商研究》2008 年第 2 期；廖永安：《论民事诉讼费用的性质与征收依据》，载《政法论坛》2003 年第 5 期。

10. 以 "民事保全" 为关键词的检索结果

经过书目检索，目前没有以 "民事保全" 为题的专著。经过查询中国知网，迄今为止以 "民事保全" 为研究题目的博士论文有 3 篇：李仕春：《民事保全程序研究》，中国政法大学 2002 年博士论文；王福华：《民事保全制度研究》，中国政法大学 2005 年博士论文；范毅强：《民事保全程序要论》，西南政法大学 2008 年博士论文。以 "民事保全" 为论文的硕士论文有 70 余篇。在 CSSCI 期刊上公开发表的以 "民事保全" 为关键词的论文有 6 篇：王福华：《民事保全程序中的程序保障》，载《法律科学（西北政法大学学报）》2002 年第 6 期；李仕春：《民事保全程序基本问题研究》，载《中外法学》2005 年第 1 期；罗晓琦、范毅强：《民事保全的救济理论》，载《宁夏大学学报（人文社会科学版）》2009 年第 1 期；黄文艺：《比较法视域下我国民事保全制度的修改与完善》，载《比较法研究》2012 年第 5 期；赵钢：《回避制度之改良与保全机制之完善——以〈民事诉讼法〉修改为背景的思考》，载《法律科学（西北政法大学学报）》2012 年第 6 期；穆远征、戴蕾：《新刑事诉讼法背景下的附带民事诉讼保全评析》，载《求索》2014 年第 5 期。

11. 以"行为保全"为关键词的检索结果

经过书目检索，目前没有以"民事保全"为题的专著。经过查询中国知网，迄今为止没有以"行为保全"为研究题目的博士论文，以"行为保全"为研究题目的硕士论文有 60 余篇。在CSSCI 期刊上发表的以"行为保全"为关键词的论文有 6 篇：范跃如：《试论我国行为保全制度及其构建与完善》，载《法学家》2004 年第 5 期；赵彤：《在民事诉讼法中设立行为保全制度初探》，载《学术研究》2001 年第 4 期；江伟、肖建国：《民事诉讼中的行为保全初探》，载《政法论坛》1994 年第 3 期；钱颖萍：《从知识产权保护的临时禁令到行为保全制度的构建》，载《电子知识论坛》2008 年第 3 期；郑贤宇：《论行为保全制度的构建——以公害诉讼为视角》，载《厦门大学学报（哲学社会科学版）》2012 年第 5 期；吴登楼：《知识产权行为保全程序新探》，载《电子知识论坛》2014 年第 8 期。

12. 以"财产保全"为关键词的检索结果

经过书目检索，目前没有以"财产保全"为题的专著。经过查询中国知网，迄今为止没有以"财产保全"为研究题目的博士论文，以"财产保全"为研究题目的硕士论文有 34 篇。在 CSSCI期刊上公开发表的以"财产保全"为关键词的论文有 23 篇，其中被引用 20 次以上的有 3 篇：江伟、王国征：《完善我国财产保全制度的设想》，载《中国法学》1993 年第 5 期；韩象乾：《财产保全制度管见》，载《政法论坛》1995 年第 4 期；杨春华：《财产保全的功能界定与思考》，载《政法论坛》2007 年第 2 期。

13. 以"证据保全"为关键词的检索结果

经过书目检索，目前没有以"证据保全"为题的专著。经过查询中国知网，迄今为止以"证据保全"为研究题目的博士论文有 1 篇：许少波：《民事证据保全制度研究 ——以法院为中心的分析》，南京师范大学 2008 年博士论文。以"证据保全"为研究题目的硕士论文有 50 余篇。以"证据保全"为关键词，在 CSSCI 期刊上公开发表的论文有 13 篇，其中被引用 20 次以上的有 3 篇：张学兰、许继学：《论诉前诉讼证据保全的违法性》，载《法学评论》2000 年第 3 期；孔令章：《论法院诉前证据保全制度——借鉴德国独立证据调查程序的思考》，载《现代法学》2011 年第 3 期；张卫平：《论公证证据保全》，载《论公证证据保全》2011 年第 4 期。

14. 以"先予执行"为关键词的检索结果

经过书目检索，目前没有以"先予执行"为题的专著。经过查询中国知网，迄今为止没有以"先予执行"为研究题目的博士论文。以"先予执行"为研究题目的硕士论文有 6 篇。① 以"先予执行"为关键词，在 CSSCI 期刊上公开发表的论文有 8 篇，其中被引用 10 次以上的有 1 篇：杨春华：《对我国先予执行制度立法定位的思考》，载《河北法学》2008 年第 1 期。

15. 以"决议瑕疵诉讼"为关键词的检索结果

经过书目检索，目前没有以"决议瑕疵诉讼"为题的专著。经过查询中国知网，迄今为止以"决议瑕疵诉讼"为研究题目的博士论文有一篇：陈良军：《决议瑕疵法律问题研究》，武汉大学 2013 年博士论文。以"决议瑕疵诉讼"为研究题目的硕士论文有 20 余篇。以"决议瑕疵诉讼"为关键词，在 CSSCI 期刊上公开发表的论文有 2 篇：丁勇：《公司决议瑕疵诉讼担保制度检讨及立法完善》，载《法学》2014 年第 5 期；丁勇：《德国公司决议瑕疵诉讼滥用问题研究及启示》，载《比较法研究》2013 年第 4 期。

从目前国内的研究现状来看，虽然民事诉讼担保的某些具体内

---

① 六篇论文分别为：程颜：《先予执行制度的立法完善》，辽宁大学 2014 年硕士论文；赵梦茹：《我国先予执行制度研究》，河南大学 2013 年硕士论文；李雁：《先予执行制度研究》，西南政法大学 2006 年硕士论文；蔡伟珊：《论我国先予执行制度的立法缺陷和完善》，广东商学院 2010 年硕士论文；马滔：《论我国民事诉讼中的先予执行制度》，湖南大学 2010 年硕士论文；许贵勇：《域外假执行制度与我国先予执行制度的比较研究》，西南政法大学 2010 年硕士论文。

容已有一定数量的研究成果，但总体而言研究状况并不理想，主要表现在：

第一，学者大多将民事诉讼担保的研究置于"民事保全程序"或"强制执行程序"的构建中去，并未将民事诉讼担保程序作为单独命题进行专题研究。从文献检索的结果中可以看出，无论是专著、硕博论文还是期刊论文，涉及"民事保全"和"强制执行"的数量都远超"民事诉讼担保"，这三者的关系将在论文正文进行详细探讨。正因为将民事诉讼担保程序置于民事保全程序或强制执行程序中进行研究，民事诉讼担保程序的现有成果更多的是关注保全担保与执行担保的个性，忽视了民事诉讼担保制度的共性以及各具体诉讼担保制度之间的内在联系，对民事诉讼担保程序的共同理论基础、制度价值的关注不够。

第二，对民事诉讼担保进行专题研究的学者有限，且大部分成果仅涉及民事诉讼担保中某一个具体类型的担保的实务操作或某一方面理论探究。目前我国没有以"民事诉讼担保"为研究内容的专著。在学位论文方面，也没有以"民事诉讼担保"为内容的论文，硕、博士论文空缺。在期刊论文方面，虽有三篇以"民事诉讼担保"为研究题目的论文，但这三篇论文都是对民事诉讼担保的具体适用问题进行规定，并未涉及民事诉讼担保制度的理论基础，也缺乏对其区别于民事担保的制度价值的研究。

第三，对民事诉讼担保进行诉讼法上的类型化研究的成果较少。我国现行立法中规定的民事诉讼担保包括五种类型：证据保全担保、保全担保、先予执行担保、执行担保、股东决议瑕疵诉讼担保。对于民事诉讼担保的研究成果均只侧重于民事诉讼担保中的某一方面，如财产保全担保、执行担保等。而对于民事诉讼担保体系的诉讼法上的研究竟然存在空白，这一诉讼法上的空白现状值得引起注意。

（二）域外研究现状

相较于我国民事诉讼担保的零散立法，域外国家和地区的民事诉讼担保制度则较为完善。

1. 大陆法系国家和地区

　　大陆法系国家和地区一般都有统一的成文民事诉讼法，民事诉讼担保作为民事诉讼程序中的重要部分，通常以专节的形式加以规定。如《德国民事诉讼法》第一编"总则"的第二章"当事人"中的第六节、《日本新民事诉讼法》第四章"诉讼费用"中的第二节、我国台湾地区"民事诉讼法"第一编"总则"的第六节等。除此之外，也有相关的单行法对于民事诉讼担保的具体规则进行明确。如《法国民事执行程序法》《日本民事保全法》等。

　　《德国民事诉讼法》将"担保"置于第一编"总则"的第二章"当事人"中，并作为单独的一节对其加以规定，该节的规定主要是针对诉讼费用担保的规定，共计6个条款，其中包括对诉讼费用担保的方法和数额、申请担保的条件、担保物的返还、担保的追加、提供担保的期间等内容的规定。同时，在第八编"强制执行"的第一章"通则"中对"执行担保"进行了规定，共计七个条款，包括对不提供担保的假执行、供担保的假执行、依申请不供担保的假执行等内容的规定。

　　日本的民事诉讼担保相关程序主要规定于《日本新民事诉讼法》《日本保全法》《日本执行法》和《日本商法》中，《日本新民事诉讼法》第四章"诉讼费用"中的第二节对诉讼费用担保作了专节的规定，共计七个条款，包括对提供担保命令、提供担保的方法、被告对担保物的权利、不提供担保的效果、撤销担保、更换担保等内容的规定。同时，该节第81条规定，该节规定也用于根据其他法律提起诉讼时应提供的担保；《日本保全法》对保全担保的适用进行了规定，并明确保全担保的具体程序适用诉讼费用担保的规定。《日本执行法》的第三章"关于保全执行的程序"中对保全担保的适用进行了规定，其中包括因不提供担保而撤销保全执行的规定，以及提存而撤销假扣押执行的规定；《日本商法》对股东决议撤销诉讼担保进行了规定。

　　在我国台湾地区，对民事诉讼担保的规定较为细致深入。我国台湾地区立法将诉讼费用担保置于"民事诉讼法"第三章"诉讼标的价额之核定及诉讼费用"中，并作为单独的一节对其加以规定，共计10个条款，其中包括对诉讼费用担保的要件、申请担保的限制、被告拒绝辩论权、提供担保的裁定、对担保裁定的救济、不提供担保的后果、提供担保的方法、担保的效力、担保物返还原因及程序、担保物的变换等内容的规定。该节第 106 条规定，其他依法令供诉讼担保可准用该节的规定。在第七编保全程序中对假扣押担保、解除假扣押担保、假处分担保进行了规定。2000 年颁布并施行的"台湾强制执行法"，其中对执行担保的适用进行了规定。

上述国家和地区成熟的民事诉讼担保立法，使得在域外学者的民事诉讼法专著中，涉及民事诉讼担保的很多。

2. 英美法系国家和地区

从立法上看，英国对于民事诉讼担保的规定有着自己的特色。1999《英国民事诉讼规则》专章对"临时性救济"进行了规定，但该规则正文并未对禁令担保进行规定，其"诉讼指引"第 25A 章第 5.1 条规定，禁令申请人向法院提供担保，其提供担保的范围应当是法院认为申请人应当承担的相对人所产生的损失。同时，"诉讼指引"亦规定了禁令申请人提供担保的时间，禁令申请人在提交申请通知书前提出申请的，应当在申请的工作日或次日提供担保。《英国民事诉讼规则》在"临时性救济"一章中对诉讼费用担保进行了专节规定，对诉讼费用担保的申请、适用条件、法院的自由裁量权进行了规定。《英国民事诉讼规则》对诉讼费用担保的适用条件进行了非常细致的规定：原告为自然人的，则原告是管辖区外的普通居民；以及无法适用《民事管辖和判决法》指定的《布鲁塞尔公约》或《卢加诺公约》的诉讼当事人；原告为公司或其他非法人团体的，则原告常驻于管辖区外；以及无法适用《民事管辖和判决法》指定的《布鲁塞尔公约》或《卢加诺公约》的机构；原告为公司或其他机构（不论在英国，还是在英国以外注册）的，且有理由相信，如法院责令原告承担被告诉讼费用，原告无法偿付被告诉讼费用的；原告在提起诉讼之后，为避免承担不利的诉讼后果，已变更地址的；原告在诉讼格式中未列明地址的，或者在诉讼格式中提供虚假地址的；原告仅为形式上的原告，且有理由相信，如法院责令原告承担被告诉讼费用的，原告无法偿付被告诉讼费用的；原告已就其资产采取措施，日后难以对其执行诉讼费用命令的。

美国《联邦民事诉讼规则》规定了禁令担保，除非禁令申请人提供担保，否则法院不得发出临时禁止令或预备禁止令。对于诉讼费用担保，美国是最早在股东代表诉讼中设立诉讼费用担保的国家，《1964 年示范公司法》《加利福尼亚州通用公司法》都对股东代表诉讼中的诉讼费用担保进行了规定，但目前，美国《联邦民事诉讼规则》和大部分司法管辖区都没有要求原告提起诉讼时提供这种费用担保。

五、研究方法

（一）规范分析法。在域外及我国的民事诉讼立法中，民事诉讼担保程序均在相关的法律文本中或多或少地予以体现。本研究将以规范分析法为手段，对域外成功的立法例进行分析借鉴，并对我国现行的相关立法规范进行剖析和检讨，从而提出完善我国民事诉讼担保程序的规则构想。

（二）比较研究法。在法学研究中适用比较研究法，可以依据一定的标准，针对不同的立法进行考察，寻找其异同，分析其优劣的方法。比较研究法可分为纵向比较和横向比较。纵向比较，可以理解为时间上的比较，即对同一事物在不同时期的形态进行比较研究，从而揭示其发展的一般规律。对于同一地区不同时期的民事诉讼担保制度进行研究，可以明确该制度产生的原因，探究其中的发展规律。对于民事诉讼担保制度而言，横向比较主要是对域外典型的民事诉讼担保立法的不同规定予以比较，分析异同，判断各自的优势和缺陷，进而探寻完善我国民事诉讼担保制度的可行路径。

（三）文献分析法。在法学研究中运用文献分析法，即是指对与自身研究内容相关的现有文献进行系统性的分析，从而获得相应原始资料的方法。通过对关于民事诉讼担保司法实践的相关数据进行分析，可以间接的了解民事诉讼担保的司法现状，进而分析其原因，通过对关于民事诉讼担保相关概念的研究文献的分析，可以在总结他人经验的基础上，针对我国民事诉讼担保司法实践中存在的棘手问题提出解决方案，并尝试对民事诉讼担保制度的科学构建，包括民事诉讼担保的适用条件以及民事诉讼担保的具体适用规则。本书将立足民事诉讼担保制度的立法现状、研究现状，在充分吸收域外成熟的民事诉讼担保理论养分的基础上，提出能够满足我国现实需求、解决我国民事诉讼担保程序理论及实践问题的设置方案。

第一章　民事诉讼担保制度概述

第一节　民事诉讼担保的内涵及特征

解决纠纷的过程必须遵循程序法所确定的基本程序规则，作为民事诉讼应急措施的保障之一的民事诉讼担保制度，也应当遵循程序法的基本规则。合理的程序规则应当建立在对具体制度的科学定位的基础之上，民事诉讼担保程序乃是民事诉讼中的一个子程序，这决定了民事诉讼担保制度的适用需要遵循程序司法的方法和准则。同时，民事诉讼担保也是一个实体法与程序法融合领域的问题，是担保制度与民事诉讼制度结合的产物，是公法私法化和诉讼程序契约化的体现。因此，对于民事诉讼担保制度的研究分析，应当在考察民事担保制度与民事诉讼制度相关理论的基础上，以其背后的基本理念为切入点对民事诉讼担保进行科学定位，以此来决定诉讼担保制度未来的发展方向，从而充分发挥民事诉讼担保制度激励正当诉讼、阻却恶意诉讼的功能，从而有效地实现民事诉讼担保的功能价值。

一、民事诉讼担保的内涵

（一）担保的概念

担保，英文表述为 security，是指通过将债务人的部分责任财产特定地用于偿还某一债权（抵押、质押）或者增加某一债权的责任财产范围（保证）等手段保障特定债权获得清偿的制度。也有学者认为，所谓的担保，即是指在债务人不履行其到期债务、发生法律规定或当事人约定的实现债权的情形时，一切可以保障债权人实现其债权的法律措施的统称。① 担保是合同、法律或判决加诸在债权人的普通特权之上的一种特权，担保制度的设置，即是为了排除或减少债务人无清偿能力的威胁，给债权人提供补充安全、增加其受清偿的机会。② 担保制度的雏形最初产生于公元前7世纪的古希腊城邦国家③，并在近代得以真正确立，其产生与社会生产水平的发展紧密相关，商品的交换日趋频繁、社会经济的逐步繁荣，社会生产力的不断发展促使人们产生保障交易安全的制度需求，从而最终促成担保制度的形成。担保制度的设立，既可以促进资金融通和商品流通，保障债权的实现，也可能通过担保借贷关系的安全实现来推动借贷关系的蓬勃展开，从而促进资金的融通。④

现代法上的担保通常包括人的担保、物的担保、金钱担保三类。不过，也有学者认为金钱担保是一种特殊的物的担保。人的担保，又称信用担保，是指由债务人以外的第三人以其财产和信用为债务清偿所提供的担保。⑤ 人的担保是一种古老的担保方式，其担保的机理在于扩充可供清偿债务的财产，使担保标的延伸到第三人的责任财产上，扩大了责任财产的范围。人的担保设定手续简便，完全取决于当事人的意思不需要经过繁琐的公示程序。但是，人的担保易受人的因素的影响，担保的可靠性较低。因为保证人的责任财产也是变化不定的，如果保证人的信用不佳，则债务仍存在不能完全履行的危险。物的担保，是指在债务人或第三人所提供的特定财产上设定的担保。在物的担保制度下，保障债权实现的责任财产特定化，债权人因对担保人的特定财产享有担保物权，不仅具有债

---

① 王利明：《物权法研究》，中国人民大学出版社2007年版，第319页。

② 沈达明：《法国、德国担保法》，中国法制出版社2000年版，第1页。

③ 何勤华：《外国法制史》，法律出版社1997年版，第60页。

④ 《担保法》第1条规定："为促进资金融通和商品流通，保障债权的实现，发展社会主义市场经济，制定本法。"

⑤ 参见高圣平：《物权法担保物权编》，中国人民大学出版社2007年版，第2页。

权人的地位，同时具有物权人的地位，在债务人未清偿债务的情况下，债权人既享有对担保物直接变价的权利，也可就供作担保的特定财产之变价价值，优先于后顺位的担保物权人和普通债权人受偿，或直接取得担保物的所有权等权利以抵偿债权。加之，担保物权本身具有追及效力，可追及担保物之所在而行使权利。物的担保是现代经济生活与立法活动中最为活跃的担保方式。金钱担保，是指以一定的金钱为标的物而设定的担保。金钱担保的机理在于通过一定数额的金钱的预先交付及其得失规则，对债务人产生心理压力，从而保障债权实现。

　　我国目前关于民事担保的立法规定主要集中在《中华人民共和国民法典》（下文简称为《民法典》）、《中华人民共和国海商法》《中华人民共和国民用航空法》等民事法律及相关司法解释中，程序法中也有零星的出现。1995 年开始施行的《中华人民共和国担保法》和 2007 年开始施行的《中华人民共和国物权法》都曾对担保物权进行规定。自 2021 年 1 月 1 日《民法典》开始施行后，《中华人民共和国民法通则》《担保法》《物权法》同时废止。① 《民法典》第四分编对担保物权进行了规定。依据《民法典》的规定，所谓担保物权，是指在借贷、买卖等民事活动中，

---

　　① 《民法典》第 1260 条规定："本法自 2021 年 1 月 1 日起施行。《中华人民共和国婚姻法》、《中华人民共和国继承法》、《中华人民共和国民法通则》、《中华人民共和国收养法》、《中华人民共和国担保法》、《中华人民共和国合同法》、《中华人民共和国物权法》、《中华人民共和国侵权责任法》、《中华人民共和国民法总则》同时废止。"《民法典》开始施行后，因 2021 年 1 月 1 日前的担保行为引起的担保纠纷案件，原则上仍需适用原《担保法》及司法解释的规定处理，但是适用民法典的规定更有利于保护民事主体合法权益，更有利于维护社会和经济秩序，更有利于弘扬社会主义核心价值观的除外。对于《民法典》施行后的担保行为引起的担保纠纷案件，《担保法》《担保法解释》的条文不得作为案件裁判的依据。《民法典》作为基本法，规定的是民事基本制度和原则问题，因此，对于《担保法》《担保法解释》条文中规定的不典型的问题，或一些关于民事诉讼程序的规定，《民法典》并没有吸收，对于这些不与《民法典》相冲突的内容，虽然不可以作为裁判的依据，但可以继续沿袭其审判思路审理相关案件。

债务人或债务人以外的第三人将特定的财产作为履行债务的担保，债务人未履行到期债务或发生当事人约定的实现担保物权的情形时，债权人依照法律规定的程序就该担保财产优先受偿的限制物权。① 设定担保的目的在于担保债权人债权的实现。《民法典》明确规定了担保物权的适用范围。担保物权仅适用于平等主体之间的财产关系，因身份关系而产生的权利义务关系不在担保物权的适用范围内，非平等主体之间形成的关系亦不在《民法典》中的担保物权的适用范围内。譬如，《税收征收管理办法》第 38 条规定："税务机关有根据认为从事生产、经营的纳税人有逃避纳税义务行为的，可以在规定的纳税期之前，责令限期缴纳应纳税款；在限期内发现纳税人有明显的转移、隐匿其应纳税的商品、货物以及其他财产或者应纳税的收入的迹象的，税务机关可以责成纳税人提供纳税担保。" 此种国家行政行为所产生的担保需求，并不在担保物权的适用范围内。担保物权包括抵押权、质权和留置权。按照担保物的不同，担保合同的生效要件有所不同：法律规定应当登记的特定财物必须登记，否则担保合同不具有法律约束力。法律规定自愿登记的财物，虽然不登记不会影响担保合同的效力，但是却不能对抗第三人。《海商法》《民用航空法》等亦对民事特别法对船舶抵押权、航空器抵押权等做了规定。

　　《民法典》开始施行的同时，最高人民法院颁布《关于适用〈中华人民共和国民法典〉有关担保制度的解释》（下文简称为《民法典担保制度解释》），自此，《民法典担保制度解释》替代最高人民法院《关于适用〈中华人民共和国担保法〉若干问题的解释》（2000 年）。对于《担保法解释》中与《民法典》规定一致的内容，《民法典担保制度解释》予以进一步的完善吸收，主要包括一般规定、保证、担保物权和非典型担保四个部分。

---

　　① 《民法典》第 386 条规定："担保物权人在债务人不履行到期债务或者发生当事人约定的实现担保物权的情形，依法享有就担保财产优先受偿的权利，但是法律另有规定的除外。"

（二）民事诉讼担保的概念

所谓民事诉讼担保，是指为了保障特定债权人的利益，法律通过特别规定，以将债务人部分责任财产，对某一债权特定化或扩大对某一债权责任财产的范围等手段保障特定的债权得到充分受偿的可能的制度。也有学者认为，民事诉讼担保，即在诉讼程序中，由供担保人提供一定数量的实物作为担保，以保障诉讼的顺利进行，当由于诉讼参与人的诉讼行为给他人造成损失时，人民法院可在供担保人所提供的担保物中，赔偿受担保利益人因其诉讼行为所遭受的损失的制度。① 民事诉讼担保是债的担保在诉讼过程中的体现，是由存在给付之债关系的诉讼双方当事人或与某第三人协商同意，为保证实现一方应该承担的义务（包括实体上的与程序上的）所采取的一种法律方式。② 担保是为他人设定债权或物权，为其所享有的权利遭到侵犯时提供的保障，在实体法上，提供担保通常是为履行相应的法定义务或合同义务，或者是为开启某一权限或预防行使某一权限，民事担保的主要功能在于保障债权的实现、促进资金融通和商品流通以及降低交易成本功能。在诉讼法中，担保是为了履行损害赔偿义务，为了开启或预防某些权限，间接地保障当事人的费用偿付或者损害赔偿请求权，尤其是保障由于实体上没有合法实施某一判决、假扣押、假处分而产生的，或者由于推迟实施而产生的债务人赔偿请求权。

作为民事诉讼制度中的一项重要内容，民事诉讼担保制度最早产生于古罗马时期。当时的诉讼被称为"法定诉讼"（legis action），法定诉讼采取严格的形式主义，因此，如果当事人的诉讼要求不同，诉讼的具体方式和做法也不同。据可考的文献，法定诉讼包括5 种方式，③ 其中一种为"宣誓决讼"（sacramentum）。所谓"宣

---

① 袁宝成：《完善我国民事诉讼担保制度》，载《法学》1989 年第 3 期。

② 陈斯：《制度完善：对民事诉讼担保制度的反思——以一种实务探讨的方式展开》，载《广东社会科学》2002 年第 6 期。

③ 法定诉讼的方式包括五种：关于执行的诉讼方式有拘押和扣押，关于解决权利的诉讼方式有宣誓决讼、申请任命仲裁人和要求返还。

誓决讼",是指当事人于诉讼进行中,各宣誓以证明其权利正当的程序。"宣誓决讼"的内容包含有双方当事人提供誓金①或担保人并由法官任命承审员进行审理的情形。② 近现代意义上的民事诉讼担保制度则主要始于 1877 年的《德国民事诉讼法》。

我国现行的民事诉讼担保制度主要是借鉴了《德国民事诉讼法》的有关规定,关于民事诉讼担保的立法规定主要集中在《民事诉讼法》《海事诉讼特别程序法》《著作权法》《商标法》《专利法》以及相关司法解释中。《民事诉讼法》中规定了五种担保:财产保全中由申请人提供的担保以及被申请人提供的反担保、申请先予执行中由申请人提供的担保、行为保全担保、证据保全时由申请人提供的担保、在执行程序中在被申请人要求暂缓执行时由被申请执行人提供的担保。《公司法》规定了一种担保:股东会决议瑕疵之诉中法院要求原告股东提供的担保。《海事诉讼特别程序法》中规定了海事保全中由申请人提供的担保以及被申请人提供的反担保、海事强制执行担保、海事证据保全担保。知识产权立法规定了诉前禁令。《最高人民法院关于适用〈中华人民共和国民事诉讼法〉的解释》规定了证据保全担保以及涉外仲裁中的证据保全担保,2001 年发布的《最高人民法院关于民事诉讼证据的若干规定》(下文简称为《民事证据规定》) 亦规定了证据保全担保,③ 2020 年修改后的《民事证据规定》针对《民事诉讼法解释》关于证据保全担保的规定对证据保全担保的具体操作进行了规定,明确了证据保全需要提供担保的具体情形以及担保方式和数额的确定。

---

① 《十二表法》第 2 表第 1 条规定:一案标的在 1000 阿司以上的,交誓金 500 阿司,不满 1000 阿司的,交 50 阿司。关于自由身份之诉,不论当事人家产多少,一律交付 50 阿司。因此,宣誓决讼又被称为"誓金诉"。参见周枏著:《罗马法原论 (下)》,商务印书馆 2001 年版,第 942 页。

② 周枏著:《罗马法原论 (下)》,商务印书馆 2001 年版,第 941 页。

③ 2001 年《民事证据规定》第 23 条规定:"当事人依据《民事诉讼法》第 74 条的规定向人民法院申请保全证据,不得迟于举证期限届满前七日。当事人申请保全证据的,人民法院可以要求其提供相应的担保。法律、司法解释规定诉前保全证据的,依照其规定办理。"

二、民事诉讼担保的特征

民事诉讼担保虽然属于广义的债的担保，但民事诉讼担保与民事担保两者属于不同范畴的法律行为，其内容和后果均有很大的不同。① 民事担保属于实体法范畴，民事诉讼担保属于程序法范畴，民事诉讼担保的后果不是单纯的实体法所能解决的，尤其是对担保效力的确认及其后果的处理更是如此。相较于民事担保，民事诉讼程序中的担保具有显著的自身特点，主要表现在以下几个方面：

1. 民事诉讼担保属于公权范畴。民事诉讼担保发生在诉讼过程中或者准备进入诉讼程序的阶段，任何一种具体的民事诉讼担保的发生都与诉讼活动有关，是基于一种特殊的情况，希望法院从事一种特殊行为而创设的法律关系。一般的民事担保发生在民事行为中，是平等主体所创设的一种民事法律关系。相对于源于实体法规定，属于私权范畴的民事担保，民事诉讼担保源于程序法的规定，其本质是一种民事诉讼法律关系，属公权范畴。

2. 民事诉讼担保对象的唯一性。民事诉讼担保的对象是法院，供担保人向法院提供担保，而非向受担保利益人提供担保。供担保人既可以是原告，也可以是被告，还可以是第三人，利害关系人向法院提出担保申请，是否允准由法院依据申请人的申请自由裁量，若法院审查后认为符合民事诉讼担保的适用条件，则可以裁定准予诉讼担保。法院准许民事诉讼担保的原因通常是一方当事人的诉讼行为存在会给对方当事人的合法权益造成损失的可能性。一般的民事担保以优先支配担保财产的交换价值为内容，以确保债务得以清偿为目的，担保的对象是债权人，担保作为一种从合同，依赖于主合同而产生，随着主合同的消灭而消灭。民事诉讼担保则是基于诉讼关系产生，也将随着诉讼的结束而结束。但诉讼结束并非民事诉讼担保消灭的惟一理由，申请人对担保申请的撤回以及当事人双方对争议对象达成一致意见，都可能产生消灭民事诉讼担保的后果。

---

① 肖厚国、孙鹏：《担保法律制度研究》，法律出版社 1998 年版，第128 页。

3. 民事诉讼担保债权范围的特定性。民事诉讼担保是为了保障特定债权人的特定债权而设定的。无论是民事诉讼中的哪类担保，都不是为债务人的所有债权人的债权的实现提供保障，在采用民事诉讼担保时，都应当使被担保债权的范围特定化，特定化的方法主要是由立法加以规定。如诉讼费用担保的担保范围，即原告败诉后，其应当偿付被告为诉讼进行所预支的诉讼费用。保全担保，保全申请人提供担保的，其担保的范围是，被申请人因不当的保全所可能遭受的损失；被保全人提供的担保，其担保的范围是，申请人因免于或解除保全所可能遭受的损失。执行担保的担保范围，是延迟履行可能给执行申请人带来的损失。民事诉讼担保债权特定化的目的，在于明确界定供担保人承担担保责任的范围和限度，防止被担保债权的随意膨胀而损害供担保人的利益。当然，民事诉讼担保范围的特定化也不是绝对的，比如在股东会决议瑕疵诉讼担保中，由于是为公司可能遭受的损害提供担保，该系列担保的数额只能是在一定范围内确定，因此要非常确定其数额是不可能的。

4. 民事诉讼担保目的的双重性。民事诉讼担保制度的设置，具有双重目的：保障受担保利益人因供担保人的诉讼行为而产生的损害赔偿请求权；遏制利害关系人对诉讼权利的滥用抑或是不当的行使权利。在民事诉讼中，利害关系人提供担保的直接目的在于保障受担保利益人的损害赔偿权。在诉讼保全阶段，保全申请人提供担保，是为了保障被申请人的合法利益不至于因申请人不当的保全申请而遭受损害，保全被申请人为请求法院解除保全而提供的担保，是为了保证解除保全后，即使被申请人有转移财产的情况，保全申请人的合法权利也可以得到顺利的实现。在执行阶段，被执行人提供担保的目的是阻却和延缓执行，以免被执行人因强制执行导致重大损失，同时又不至于因暂缓执行期间，被执行人丧失履行能力而最终无法履行判决。但同时，民事诉讼担保的设置，在一定程度上也可以防止当事人对诉讼权利的滥用。运用经济利益杠杆遏制利害关系人对诉讼权利的不当行使，避免给对方当事人的合法权益带来不必要的损失。譬如，在股东代表诉讼中设立诉讼费用担保，即可以运用经济利益杠杆，防止原告股东无理缠诉，阻止一些别有用心的股东滥用代表诉讼代位诉讼提起权，通过代表诉讼达到追求自己利益的目的，又可以维护公司的正常运营和正当权益，确保被告可以在原告股东败诉后可以从担保费用中获得赔偿。

5. 民事诉讼担保的生效需经法院审查认可。民事诉讼担保的申请人向法院提出担保申请后，若法院认为确有提供诉讼担保的必要，可作出提供担保的裁定。供担保人依据法院裁定提供确实、足额担保后，担保即可以生效，无须其他机关的介入。供担保人提供动产作为担保，要将动产移交管辖法院控制，提供不动产作为担保，则由法院向有关部门发出协助执行通知书，要求其在规定时间内不得办理担保财产的转移手续，不需要办理登记手续。民事担保的生效有时则需要履行一定的法定程序，譬如设立质押担保，需要将质押财产交给债权人，设立抵押担保、需要为抵押财产办理抵押登记手续。

6. 民事诉讼担保的法律后果不同。民事诉讼担保的法律后果是在法定的担保事由发生后，即供担保人没有及时有效地履行其偿付义务，法院可以直接执行供担保人的担保财产。在民事担保中，担保合同若未经审判程序，人民法院不得直接执行担保人的财产。

第二节　民事诉讼担保的形态

精准定位不同形态的民事诉讼担保，有助于在分析各具体形态的诉讼担保的共性与特性的基础上，对其作相应的制度设计。作为一种重要的诉讼制度，无论是大陆法系还是英美法系国家都明确规定了诉讼担保的适用范围和形态。如德国《民事诉讼法》中规定了诉讼担保四个方面的适用范围，即无因管理或没有授权代理人进行诉讼的担保、诉讼费用的担保、强制执行的担保、假扣押及假处分的担保。英国则在《最高法院规则》中规定法院在两种情况下可根据被告的申请命令原告提供担保：即原告是自然人时，通常居住在英国以外或者在英国没有实质性财产；原告是一家有限公司时，其信用证明表明，该公司将不能支付被告要求的诉讼费用。除此之外，法院在作出民事诉讼担保的裁决时还要考虑原告主观上是否善意，是否有理由胜诉等 6 种情况。我国立法规定了五种民事诉讼担保：证据保全中的担保、保全措施中的担保、先予执行措施中的担保和执行过程中的担保以及公司决议瑕疵诉讼中的担保。本节将对普遍设立的诉讼费用担保、保全担保、执行担保、股东决议瑕疵诉讼担保进行阐述。

一、诉讼费用担保

（一）诉讼费用

所谓诉讼费用（Litigation expenses），是指当事人进行民事诉讼的直接支出，即其依法应当向受诉法院交纳或支付的费用，诉讼费用主要包括法院费用和庭外费用。民事诉讼程序的主要目的在于保护当事人的私人权益，其与国家公共利益并没有太大的直接关涉。国家设置法院，为当事人之间的私人权利争执进行审判，于此过程中所产生的一切必要费用，自然应当由当事人负担。在现代法治社会，当事人启动民事诉讼程序，需依据法律的规定向法院交纳诉讼费用，是世界上大多数国家和地区的通例。诉讼费用的征收涉及当事人启动民事诉讼程序的问题，如何设定征收标准反映了立法对人民诉权的态度。目前，不同国家和地区对诉讼费用征收范围的规定不尽一致，但从各国的立法规定来看，诉讼费用的交纳范围通常包括诉讼准备程序的费用、出庭费用、委托法院执行员的费用等。并且诉讼费用的交纳通常依据案件的不同而适用不同的标准，财产案件和非财产案件诉讼费用的交纳适用不同的交纳标准。

在各个国家和地区，关于民事诉讼费用的法律规范在立法体例上并不相同，大多数国家和地区将其规定在民事诉讼法典中，但也有一些国家和地区将其单独立法，而在它们的民事诉讼法典中则仅对诉讼费用问题作原则规定，譬如在德国，其《民事诉讼法》第一遍"总则"第 2 章"当事人"的第 5 节，即是关于诉讼费用的规定，另外德国还有施行于 1975 年 12 月 5 日、最后修正于 1998 年 12 月 9 日的《诉讼费用法》；日本现行《民事诉讼法》第一编"总则"的第 4 章对"诉讼费用"作了原则规定，另有《关于民事诉讼费用等的法律》，此前则有《民事诉讼费用法》《民事诉讼费用印花法》《执行与送达人员程序费用规则》以及《诉讼费用临时措施法》。① 在我国，并无类似前述国家关于民事诉讼费用的专门法律。《民事诉讼法》仅用一个条文对民事诉讼费用制度作了极其简略的规定，关于民事诉讼费用制度的具体适用相继由最高人民法院颁布的相关司法解释及国务院制定的相关行政法规等予以规范。依据《民事诉讼法》的规定，当事人进行民事诉讼，应当按照规定交纳案件受理费。② 《诉讼费用交纳办法》，共八章五十二条，对民事诉讼费用的交纳范围、交纳标准、费用的负担等内容进行了规定。

（二）诉讼费用担保

所谓诉讼费用担保（security for costs）③（cost bond）④，是指当事人向法院提起民事诉讼时，为防止原告滥诉或败诉后不支付诉讼费用，法院依据相关当事人的申请，责令原告提供一定担保的制度。诉讼费用担保制度的设计理念在于，运用利益杠杆遏制别有用心的人提起民事诉讼、反诉或上诉，预防无理缠讼的恶性膨胀，并

---

① 林剑锋：《日本民事诉讼费用的制度与理论》，载《司法改革评论》2002 年第 2 期。

② 《民事诉讼法》第 118 条规定："当事人进行民事诉讼，应当按照规定交纳案件受理费。财产案件除交纳案件受理费外，并按照规定交纳其他诉讼费用。当事人交纳诉讼费用确有困难的，可以按照规定向人民法院申请缓交、减交或者免交。收取诉讼费用的办法另行制定。"

③ "security for costs"指"原告或上诉人以现金、实物或债券的形式向法院提供的对其败诉后应支付的诉讼费用的担保""诉讼中，被告要求居住地不在法院管辖地的原告提供的对可能判给被告的诸如诉讼费用的支付担保"。

④ "cost bond"指"诉讼的一方对最终判决其支付的诉讼费用提供的保证金。"参见《布莱克法律词典》，1990 年第 6 版，第 1357 页和第 346 页。原文如下："payment into court in the form of cash, property or bond by a plaintiff or an appellant to secure the payment of costs if such person does not prevail." "a security which a defendant in an action may require of a plaintiff who does not reside within the jurisdiction of the court, for the payment of such costs as may be awarded to the defendant." "bond given by a party to an action to secure the eventual payment of such costs as may be awarded against him."

在原告败诉后，保障被告因诉讼而预先支付的费用可以得到有效补偿。①

　　各国立法通常会对诉讼费用的负担进行专门的规定，民事诉讼中的诉讼费用的负担，原则上是由败诉的当事人承担。所谓诉讼费用的负担，是指在案件审判终了和执行完毕后，当事人对诉讼费用的实际承担。诉讼费用制度的设置主要有两个方面的目的：制裁民事违法行为、防止当事人不当行使其诉讼权利，甚至是滥用其权利，促进民事纠纷在各种解决机制上的合理分流，减轻人民法院的审判负担。② 因诉讼费用制度的功能和意义所致，民事诉讼中的诉讼费用负担，通常实行的是"败诉人负担"的一般原则。③ 在原告起诉和被告应诉前，双方当事人或其律师应当会对可能产生的诉讼费用风险进行估计。在诉讼开始之时，由各方当事人根据法院的命令预先交纳进行诉讼行为所必需的诉讼费用，如提出申请和实施诉讼所产生的法院费用、执行员费用以及律师费用等。法院作出诉讼费用最终负担的裁判，当事人应当依照法院的命令进行承担。如果法院判处对方当事人负担诉讼费用，则当事人享有针对其预付的诉讼费用向对方当事人提出赔偿的请求权，但如果必须负担诉讼费用的诉讼当事人没有任何资力、财产，这些规定将形同虚设，没有办法贯彻执行。因此，在原告符合特殊情况时，被告可以向法院提出申请，要求原告预先提供诉讼费用的"担保"，作为其日后有能

---

　　① 郑远民：《国际私法——国际民事诉讼法与国际商事仲裁法》，中信出版社 2002 年版，第 49 页。

　　② 诉讼费用制度的确立与适用，可以促使当事人在起诉前尽可能理智地选择纠纷解决方式，避免轻率地行使诉权提起诉讼，使其在达到维护自身合法权益的目的的同时，也减轻了人民法院的审判负担。司法实践中，诉讼费用制度的适用，某种程度上体现了对保障诉权和防止诉权滥用的平衡。另外，诉讼费用制度可以减少纳税人的负担和国家的财政开支，也有利于维护国家的司法主权和经济利益。

　　③ 诉讼费用原则上是由败诉一方的当事人承担。败诉一方当事人之所以会败诉，通常都是由于其违反了法律规定或合同约定，或滥用权利，或不履行义务，从而给对方当事人的合法权益造成了一定的损害。因此由败诉方当事人承担诉讼费用，其实质上具有一定的制裁性质。

力负担诉讼费用的保证，原告如果不提供担保，被告可以拒绝进行本案的辩论。反之，被告即使有不能赔偿诉讼费用的情形，原告也不可以要求被告预先提供担保。目前，诉讼费用担保主要适用于国际民事诉讼与股东代表诉讼中。在股东代表诉讼中设置诉讼费用担保，主要是为了运用利益杠杆遏制别有用心的股东通过股东代表诉讼攫取利益。股东代表诉讼涉及公司利益，为防止中、小股东滥用、不当利用股东代表诉讼，损害公司及其他股东的合法权益，在股东代表诉讼中设置诉讼费用担保，可以有效遏制不必要代表诉讼的提起。

1. 国际民事诉讼中的诉讼费用担保。民事诉讼中，如果介入了国际的因素，或者从某一具体国家来看介入了外国的因素，便构成了国际民事诉讼。① 国际民事诉讼案件主要包括三种：主体涉外的民事案件②，客体涉外的民事案件以及民商事关系的产生、变更或消灭的法律事实涉外的案件。国际民事诉讼中的诉讼费用担保，是指不具有本国国籍或在内国没有居所的人在内国法院提起民事诉讼时，应被告的请求或根据内国法律的规定，由内国法院责令原告提供担保，作为其起诉后法院可能决定要其负担的费用的制度。③在国际民事诉讼中适用诉讼费用担保，主要目的在于保护内国被告的合法权益，避免因为一个没有根据的诉讼给被告和法院国造成费用损失，也为了保证法院决定由外国原告负担诉讼费用的时候能够得到顺利执行。国际民事诉讼中的诉讼费用担保制度源于中世纪时的习惯法，特别是中世纪法国的习惯法和中世纪意大利城邦的法律，一般用来确保当事人一方为外国人时的判决得以执行。该制度

① 我国目前的有关立法中，一般称为"涉外民事诉讼"，但在国际私法著作中，则仍多称为"国际民事诉讼"。

② 所谓主体涉外的案件，主要是指作为民商事案件主体的自然人具有外国国籍或者无国籍，或者其住所地或惯常居住地在国外，或者是作为案件主体的法人为外国人。参见李旺：《国际民事诉讼法（第二版）》，清华大学出版社 2011 年版，第 1 页。

③ 刘仁山：《国际民商事程序法通论》，中国法制出版社 2000 年版，第37 页。

还曾以普通法规范的形式出现在中世纪的英国法中。目前，对于国际民事诉讼中的诉讼费用担保，主流观点认为其限制了外国人在内国法院的诉权，该制度会使内、外国人在同一案件中的诉讼权利处于不平等的状态。① 诸多国际条约都作出了在缔约国间废除诉讼费用担保的规定。1928 年的《布斯塔曼特法典》最早作出了免除诉讼费用担保的规定②，其后的海牙国际私法会议 1954 年的《民事程序公约》和 1980 年的《国际上便利诉诸司法的公约》都作出了在缔约国间废除诉讼费用担保的规定。③ 对于国际民事诉讼中的诉讼费用担保问题，我国经历了一个从要求作为原告的外国人提供担保到实行互惠条件下互免担保的过程。目前，我国的国内法并没有对国际民事诉讼中的诉讼费用担保进行具体规定，而是实行对等原则下的国民待遇制度，也就是在对等基础上免去外国人的诉讼费用担保。对于国际民事诉讼中的诉讼担保问题，我国经历了从国内法以国籍为基础要求外国人提供担保，到目前国内法不具体规定、由双边司法协助条约或协定来规定国际民事诉讼中的诉讼费用担保问题的阶段。

2. 股东代表诉讼中的诉讼费用担保。股东代表诉讼（Shareholder's Derivative Action），又被称为股东派生诉讼、间接诉讼，指的是当公司的合法权益遭受损害，而公司怠于通过诉讼向侵

---

① 张仲伯：《国际私法》，中国政法大学出版社 1995 年版，第 376 页。

② 《布斯塔曼特法典》第 383 条规定："关于诉讼费用担保的提供，在缔约各国内的本国国民和外国人之间，不得有所区别。"第 385 条规定："行使私诉权时"，如本国国民不需要提供担保，则对外国人亦不得要求担保。

③ 1980 年的《国际上便利诉诸司法的公约》第 14 条规定，任何缔约国的自然人或法人在缔约国之一的境内有惯常居所，而在另一缔约国法院作为原告或诉讼参加人进行诉讼时，该后一缔约国不得以该人是外国人或在该国无住所为理由，命令其提供不论任何名称的担保或提存。第 15 条规定，依据第 14 条或依起诉地国法免除提供担保或提存或缴款的原告或诉讼参加人在一个缔约国中被判定负担诉讼费用的裁判，在任何其他缔约国内，经过对该裁判享有利益的人的申请，应免费予以执行。

害公司利益的人追究赔偿责任时，符合法定条件的股东为了公司的利益，以自己的名义对侵害人提起诉讼，追究其法律责任的诉讼制度。① 股东代表诉讼可以有效保障公司内部法人治理结构健康运作、保护公司利益并间接保护股东利益。② 所谓股东代表诉讼费用担保，是指原告股东提起股东代表诉讼③时，法院在受理案件之前或在诉讼过程中，根据被告的申请要求具备一定条件的原告向被告提供一定金额的资金或财产，以使在原告股东败诉时，被告人能够从原告所提供的担保中获得对因诉讼产生的费用及可能遭受的损失进行担保的制度。④ 在股东代表诉讼中设立诉讼费用担保的目的在于，运用经济利益杠杆，防止原告股东无理缠诉，阻止一些别有用心的股东滥用派生诉讼代位诉讼提起权，通过代表诉讼的方式达到追求自己利益的目的，维护公司的正常运营和正当权益，同时确保被告可以在原告股东败诉后从担保费用中获得赔偿。⑤ 美国是最早在股东代表诉讼中设立诉讼费用担保的国家，1944 年美国纽约州首先在股东代表诉讼中确立了诉讼费用担保制度，初始确立该制度

① 股东代表诉讼作为国家司法权力参与和影响公司内部治理的一种外部作用机制，其确立是对传统诉讼理论的一种必要修正和有益补充，突破了公司独立人格和资本多数决的理念，为公司股东维护公司的利益、防止其自身利益受损提供了有效的途径。

② 刘桂清：《公司治理视角中的股东诉讼研究》，中国方正出版社 2005 年版，第 1 页。

③ 股东代表诉讼最早起源于英国，由英国衡平法院首创，源于 1864 年东潘多铅矿公司诉麦瑞威泽案的判例。该案例创设了这样一条规则：如果少数股东指控控制公司的人欺骗了公司，则该少数股东可以以公司的名义提起诉讼。然后英国法院通过该判例发展了一系列的相关规则，允许在某些法定的情形下股东可以发动代表诉讼。其后股东代表诉讼制度在美国获得全面发展。股东代表诉讼制度被誉为英美法系国家的一项"天才发明"，后来被大陆法系的国家陆续借鉴。参见赵旭东：《新旧公司法比较分析》，人民法院出版社 2006 年版，第 276 页。

④ ［日］滨田道代、顾功耘：《公司治理：国际借鉴与制度设计》，北京大学出版社 2005 年版，第 264 页。

⑤ 黄俊辉：《论股东派生诉讼费用》，载《企业经济》2006 年第 1 期。

的原因在于，司法实践中，大部分小股东在提起派生诉讼时没有任何的经济风险，且诉讼被律师掌控。① 目前，我国的公司立法并未在股东代表诉讼中对诉讼费用担保问题作出规定。

二、保全担保

（一）民事诉讼保全

所谓民事诉讼保全，是指法院为保障民事诉讼的顺利进行，或者保全实现民事诉讼的本案权利，及时、有效地保护当事人或者利害关系人的合法权益，在等待确定判决或执行本案判决时，依据当事人的申请，认为确有保护当事人权利的必要时，以裁定对对方当事人的财产或行为采取定暂时状态的程序。民事保全制度在发轫之初，主要是以确保将来的确定判决结果能够实现为基石的。但是现代社会的法律观念已经由传统的事后损害赔偿的救济，逐渐转向为事前的对损害的预防；相应地，诉讼保全的内涵也变得更加丰富，不仅包括传统的确保将来本案的执行，还包括暂时满足权利以确保现在权利不受侵害的执行。概言之，民事诉讼保全程序，即是暂定法律关系、事实状态的民事处分程序，其并非确定地实现申请人的诉讼请求，而是对现有状态的一种暂时确定，采取保全措施的目的，为权利实现提供保障，而非实现权利本身。通说认为，保全具有暂定性（假定性）②、迅速性

---

① 《纽约普通公司法》第 627 条规定："如果提起派生诉讼的股东所持股份、表决权信托证书或者受益人所代表的股份，在公司发行的任何种类的股份总额中所占比例低于 5%，或者其市场价值不超过 5 万美元的，法院有权根据公司的请求，责令原告股东提供诉讼费用担保。"

② 案件中的权利义务关系，应当经由本案诉讼确定，民事保全程序是发生在本案诉讼确定前，其目的的在于临时应急的权利保全，在通过本案使权利确定乃至权利实现之前，确保暂定的权利状态。因此就民事保全的性质而言，可以说具有暂定性。就另一方面而言，民事保全有保留本案判决所确定的权利，即具有假设权利存在的性质，原则上不允许超过这个保全目的，而使得债权人的权利获得终局的满足。

（紧急性）①、从属性（非终局裁判性）②、密行性③的特征。

民事保全制度的必要性来自司法保障请求权和依法治国原则：国家禁止私力救济，意味着国家必须确保法院的程序不因债务人的行为而落空。但在终局民事判决作成之前，可能有多种原因导致将来的判决失去意义，债务人的行为可能致使未来的强制执行无法实现；在漫长的诉讼进程中，可能需要暂时规制处于争执状态的法律关系；债权人还可能陷入危急之中而急需提前受偿等。民事保全制度，即旨在弥补民事诉讼程序的滞后性或期间漫长给当事人所造成的不利的制度，其以"保全权利的可实现性"为目标，④ 可以在诉讼程序终结前暂时保全现在的法律关系、事实状态，以确保将来的本案诉讼请求权可以获得实现。通过这种高效的权利保护，国家也就履行了其针对公民负担的司法保障义务。另外，设立民事保全制度也可服务于本案程序的发现真实的考量，保全措施的适用可使法院不至于因时间压力而匆匆作出本案裁判，由于本案审理程序的

---

①　民事保全制度，是为了确保通过本案诉讼或强制执行才能实现的权利，因此在本案诉讼确定前，避免发生财产隐匿、移转占有或所有权等情形。为了达到这个目的，民事保全措施的采取，应当具有紧急性。

②　在日本和我国台湾地区的通说中，均认为民事保全性质上应当属于本案诉讼的附随诉讼程序，即使在日本、我国台湾地区，已经将民事保全的规定，独立制定了"民事保全法"。

③　民事保全的申请，如果被债务人察觉，则民事保全可能变得没有意义，因此，为了不使债务人察觉，在申请到执行期间，有必要保持秘密。因此，可以说民事保全具有密行性。但是，对于行为保全，因为其往往是提前实现本案请求的内容，会对当事人的权益产生巨大的影响，因此，为了使法院能够正确判断有无采取行为保全的必要，在法院作出裁定前，应当为双方当事人提供陈述意见的机会。只有在法院认为如果使当事人陈述意见，将难以达到行为保全的目的时，才可以直接作出裁定，但这种情况只能作为例外规定。我国台湾地区"民事诉讼法"第538条规定："于争执之法律关系，为防止发生重大之损害或避免急迫之危险或有其他相类之情形而有必要时，得申请为定暂时状态之处分。前项裁定，以其本案诉讼能确定该争执之法律关系者为限。第一项处分，得命先为一定之给付。法院为第一项及前项裁定前，应使两造当事人有陈述之机会。但法院认为不适当者，不在此限。"

④　周翠：《中外民事临时救济制度比较研究》，清华大学出版社2014年版，第1页。

目的首先在于确认与实现民事权利，而保全制度以保全本案程序为己任，故其间接也以实现实体权利为最终目标。

为及时、有效地保护当事人或者利害关系人的合法权益，近代各国和地区的民事诉讼立法，一般都设立了民事诉讼保全制度。但是，由于受法律传统的影响或者出于立法技术的考虑，不同国家和地区的民事保全制度不尽相同，其名称也各具特色。世界各国和地区关于民事保全的立法例主要有以下几种情形：（1）规定在通常程序中，如苏联和我国大陆都是将保全程序规定在普通程序或总则里；（2）规定在执行程序里，如《德国民事诉讼法》、1979年之前的《日本民事诉讼法》；（3）将审判阶段的保全程序规定在民事诉讼法中，把执行阶段的保全程序规定在民事执行法中，如1979年之后的日本和我国台湾地区；（4）规定为特别程序；（5）单行立法，如《日本民事保全法》；（6）用判例形式确定保全程序的规则，如英国的马利华禁令；（7）作为临时救济性措施规定在普通诉讼程序中，如《美国联邦民事诉讼规则》《英国民事诉讼规则》；（8）没有专门统一作出规定，如法国。① 大陆法系的民事保全制度②，包括

---

①　李仕春：《民事保全程序基本问题研究》，载《中外法学》2005年第1期。

②　"民事保全"是大陆法上的概念，但即便同属大陆法系的法律，德国、法国、日本和我国台湾地区的立法对民事保全具体的称谓也各有特点。1877年《德国民事诉讼法》在第八编"强制执行"中，设第五章"假扣押"与"假处分"，并在理论上以"保全程序"来概括假扣押与假处分。1976年《法国新民事诉讼法》规定的"紧急审理程序"和"依申请作出裁定的程序"类似于保全程序。《日本民事诉讼法》最初在"第六编"规定了"假扣押与假处分"，没有出现"民事保全"的概念。1979年，日本施行《民事执行法》，使得"假扣押与假处分"一分为二，既在《日本民事诉讼法》第六编继续保留，同时在《日本民事执行法》第三章设"假扣押与假处分的执行程序"。1989年，日本又把两部法律中关于假扣押与假处分的规定合二为一，实施单行的《日本民事保全法》。也就是说，至此，日本在法律上对假扣押和假处分赋予了一个总概念："民事保全"。此外，日本的民事诉讼法学界也把民事保全称为"保全诉讼"、"保全处分"等。我国台湾地区的"民事诉讼法"，对民事保全制度的规定和称谓既带有明显的大陆法系痕迹，也有自己的特点。台湾地区现行"民事诉讼法"在第七编规定了"保全程序"，内容涉及假扣押与假处分。公布于1940年的"强制执行法"在第五章规定了"假扣押假处分之执行"。

假扣押①与假处分。假处分通常分为关于系争物的假处分②和定暂时状态的假处分③。假处分是为了维持现在秩序，并暂时满足债权人的权利，使债权人的权利不受债务人的继续侵害，因此亦称为满足性假处分。在英美法系国家，保全判决执行的临时性救济措施相当于大陆法系的民事保全程序。④ 但"临时性救济措施"并非完全等同于大陆法系的民事保全程序，两者的区别主要在于："临时性救济措施"包括证据保全，而在大陆法系传统的理论和立法中，民事保全并不包括证据保全，虽然证据保全有些时候与民事保全经

----

① 所谓假扣押，是指债权人就金钱请求或可以转换为金钱请求的请求，因日后有不能强制执行或难以执行的危险，向法院提出保全强制执行的申请，由法院裁定准许债权人申请采取暂时性的扣押措施。

② 所谓系争物的假处分，是指债权人就金钱以外的请求，因请求标的的现状变更，日后有不能强制执行或难以执行的危险，欲保全强制执行，由法院准许债权人申请所为暂时性处分措施。

③ 所谓定暂时状态的假处分，是指法院依债权人之申请就争执之法律关系定暂时状态，以确保权利所为的处分措施。参见李木贵：《民事诉讼法》，台湾元照出版有限公司 2010 年版，第 10~63 页。

④ 在英美法系国家，立法和司法实践使用非常频繁的"临时性救济措施"、"禁令"与民事保全程序有相似之处。所谓禁令，指的是法院作出的要求当事人为或者不为特定行为的命令。在美国，保全判决的方法属于临时性救济。临时性救济措施包括扣押、预备禁令和暂时限制命令、财产托管、民事拘捕、产权未决通知等。禁令并非等同于临时性救济措施。两者的区别之一就是，禁令既可能是临时的，也可能是最终的。而临时性救济措施，顾名思义，一般都是"临时"的。属于保全判决执行的临时性救济措施则只有预备性禁令（暂时性限制命令不属于禁令）。临时性救济措施突出了救济的临时性或者紧急性，尽管在实际上与判决的执行经常相关，但在立法宗旨上，保全判决的执行并不是临时性救济措施首先考虑的出发点，而民事保全除了由于立法的便宜而把确定临时状态的假处分也做了规定，但其基本宗旨则是保全判决的执行。因此，只有属于保全判决执行的临时性救济措施才相当于大陆法系的民事保全程序。参见李仕春：《民事保全程序基本问题研究》，载《中外法学》2005 年第 1 期。

常交织在一起。①

目前，我国的民事保全程序的分类有两个层次：一是根据是保持现状还是先予履行分为财产保全、行为保全和先予执行；二是根据裁定的时间把保全分为诉前保全和诉讼中保全。所谓财产保全，是指法院在诉讼开始前或在诉讼进行的过程中，为保证日后给付判决的顺利执行②，依据当事人的申请，在对案件进行全面审理之前，对对方当事人的财产采取暂时性强制保护措施的程序。所谓行为保全，是指法院应当事者或利害关系人申请，在不采取保全措施将给申请人造成难以弥补的损失的情况下，为临时救济申请人利益，并保证最终判决的执行，在对案件进行全面审理之前，责令被申请人（执行义务人）为一定的行为或不为一定行为，以保持现状的暂时性强制措施的程序。财产保全主要适用于财产的给付纠纷，保全的对象既包括实体财物也包括财产性权利。行为保全则适用于财产给付之外的案件，保全的对象并非债务人的财产而是行为。行为保全的目的主要在于避免债权人遭受不可弥补的损害，其功能重点在于预防性权利保护，而非暂时维持现状；而财产保全的目的在于保全未来的强制执行。所谓先予执行，是指人民法院在受理案件后、终审判决作出之前，根据一方当事人的申请，裁定对方当事人向申请一方当事人给付一定数额的金钱或其他财物，或者实施或停止某种行为，并立即付诸执行的一种程序。先予执行的着眼点是满足权利人的迫切需要，司法实践中，先予执行措施的目的往往不在于提前履行当事人的诉讼请求，而是在绝大多数情况下充任

---

① 在司法实践中，保全证据与民事保全往往同时进行，甚至发生竞合。比如在知识产权侵权案件中，债权人申请对侵权人的生产工具或者产品进行保全，这种保全既是证据保全又是民事保全。

② 财产保全的对象是双方争执的标的物，或者与争议有关的财物，适用财产保全的案件必然是给付之诉。具体而言，财产保全可以适用于：第一类，单纯返还金钱的案件；第二类，诉讼请求的实现可以转化为金钱给付的案件；第三类，请求返还特定物的案件；第四类，请求返还种类物的案件。

着预防性权利保护的功能，也即承担着行为保全的功能。① 从比较法的视角观察，我国的民事诉讼保全制度与大陆法系国家或地区的假扣押、假处分无论在性质上还是在功能上都有异曲同工之处，具体说来，我国的财产保全在功能上大致涵盖德国法上的对物假扣押与确保性假处分，并对应于英国法上的冻结令，行为保全相当于德国法上的定暂时状态的假处分或者英国法上的临时禁制令，先予执行则相当于德国法上的履行性假处分，法、日等国家立法中的假执行。

（二）民事诉讼保全担保

民事诉讼保全程序是一种倾向于保护申请人利益的快速审理程序，但是，程序保障和正当程序理念要求法院在判断是否准予保全时，也应当注意保护被申请人的合法利益。法院裁定采取保全措施是在权利义务关系尚未明确甚至是诉讼尚未提出之前，保全程序并未确认和理清实体权利义务关系，其裁定的依据并非案件经过全面审理后认定的案件事实，而是申请人单方提供的证据所证明的事实。有利于申请人的保全裁定所依据的事实，有可能和终审裁判所认定的事实是不相符合的。因此，民事诉讼保全的适用存在一定的司法风险，一旦申请人的保全申请不当，将使被申请人的利益遭受损害，即可能出现将不可弥补的损害风险转移给被申请人的情形。为了使保全更加具有正当性，在审理过程中不能一味地追求对申请人利益的保护，还需要适当地考虑被申请人的利益，甚至是公共利益。在现代法治社会，由民事保全程序中适用诉讼担保制度，是各国的通行做法。

所谓民事诉讼保全担保，即是为了配合诉讼保全而设定的一种临时性、预防性保障措施，是为防止被申请人因错误作出的保全裁定而遭受损失的救济措施。在诉讼保全制度中设定担保，可对申请人与被申请人之间的利益进行平衡，为当事人双方提供切实的程序

---

① 在我国民事诉讼法于 2012 年引入行为保全之后，可以预见到以行为为内容的先予执行的适用范围将会大幅度缩减，原因在于先予执行的适用要件相当严苛，如果法院严格适用该要件，先予执行并无太多适用的空间。

保障。民事诉讼保全担保的保障功能主要体现在以下两个方面：第一，诉讼保全担保可以弥补被申请人的损失。法院在判断是否准予采取保全措施时，如果认为相对于不采取保全措施时申请人所遭受的损失，保全不当给被申请人造成的损失相对较小，或者该损失是可以弥补的，为了满足保全的迅捷性要求，法院可以在要求申请人提供一定数额的担保后，裁定准予诉讼保全，如果诉讼保全裁定被撤销，被申请人因不当保全所遭受的损失亦可通过申请人提供的担保而得到及时、足额的补偿。第二，保全担保可以防止诉讼当事人滥用保全程序。

　　保全担保功能的发挥在不同的制度设置中会有不同的侧重。英美法系和大陆法系的民事保全在对待是否提供担保的问题上表现出不同的态度，两大诉讼阵营对此规定了不同的条件。这是因为两大法系在民事保全的程序保障标准不尽一致。在美国，诉讼保全的适用强调申请人对本案诉讼的胜诉可能。保全担保只是为了在裁定有误时，可以用来弥补被申请人因为被采取保全措施所遭受的损失，而加重申请人的负担，以抑制其对民事保全程序的滥用并不是至少主要不是担保的目的。保全担保更不是对申请人证明其请求权和保全的必要性方面的补正和替代，更不能代替双方的言词辩论。在英国，由于实践趋向于申请人获得中间禁令只需证明双方存在"严肃的争端"或者比此高一层次的"良好论据案情"，而且为了提高效率，避免本案化趋势，在不少紧急情况下，作出禁令之前并没有进行听证，而是凭申请的宣誓声明，因此加强了担保在民事保全程序中的适用，试图通过增加申请人的担保负担，有效控制保全程序被恶意滥用。① 在大陆法系国家和地区，如德国、日本和我国台湾地区，民事保全中的事实认定，往往没有言词辩论这种程序保障措施，因此保全担保在民事保全中的地位要远远高于英美国家。在我国澳门特区，法官在没有听取申请所针对之人的陈述时，亦可要求

---

　　① 李仕春：《民事保全程序基本问题研究》，载《中外法学》2005 年第1 期。

申请人提供担保。① 在大陆法系国家，在申请人来不及或暂时无法提供证据的情况下，保全担保甚至可以起到代替申请人的释明的欠缺。但在有情况表明申请人确实没有请求权的情况下，即使申请人提供了担保，也不会作出民事保全裁定。这就是说在大陆法系国家和地区，担保不仅仅是为了保护被申请人的合法权益，也是获得保全裁定的关键要件，起到了替代释明的作用，同时也用来控制无中生有地用保全程序达到其非法目的的情况的发生。在我国的民事诉讼保全程序中，申请人提供担保被设置为一个义务性的规定，提供担保成为启动诉前民事保全的必要条件，担保的作用被过分强调。我国《民事诉讼法》规定申请诉前保全必须提供担保，诉讼过程中的保全，则由法院自由裁量是否要求提供担保。但在司法实践中，为避免法院最终可能承担国家赔偿的责任，法院几乎要求所有的申请人都必须提供担保。

三、执行担保

（一）强制执行程序

所谓强制执行，是债权人基于一定的执行名义，请求国家以强制力，令债务人为私法上的给付，以实现其对于债务人私法上给付请求权的程序。② 强制执行并没有确定当事人之间的权利义务是否存在的司法作用，因此强制执行事件属于非讼事件而非诉讼事件。换句话说，强制执行是债权人依据执行名义，向法院申请执行，法院基于公法的法律关系，以强制力为债权人强制债务人履行私法上的义务，以实现债权人私法上的请求权的程序。③ 一切强制执行的发动，均须由债权人提出申请，因为强制执行的目的在于实现债权

---

① 我国澳门特区《民事诉讼法典》第 335 条第 2 款规定："只要基于具体情况认为属适宜者，即使未听取申请所针对之人陈述，法官亦得要求申请人提供适当担保，作为准予采取保全措施之先决条件。"

② 陈计男：《强制执行法释论》，台湾元照出版有限公司 2002 年版，第 1 页。

③ 张登科：《强制执行法》，台湾三民书局有限公司 2004 年版，第 1~2 页。

人对于债务人的私法上给付请求权，自然应当尊重债权人的意思。债权人自由处分其权利，国家自然没有运用国家强制力，积极干预的必要。强制执行制度的设计须满足三项要求：迅速的执行程序、可以确保债权人债权的实现、对债务人基本人权的保障。这三项要求具体到制度适用中，即是指在执行中，执行机构应当尽量缩短办案周期，及时采取执行措施，尽可能迅速地促使和强制债务人履行债务，以实现债权人的权益。同时强制执行应当遵循全面保护当事人合法权益的原则，在努力实现申请执行人（债权人）权利的同时，也应注意被执行人（债务人）合法权益的保护。强制执行的目的在于迫使债务人履行义务，实现债权人的权利，因此，保护债权人的合法权益是执行的出发点与基本目的。法律文书一旦生效，债务人应当在法定的期间主动履行义务，如果不主动履行，甚至拒绝或逃避履行，经债权人申请，执行机构即应采取有效的执行措施强制其履行，以确保债权人合法权益的实现。但是，迫使债务人履行义务，实现债权人权利的同时，也不可以置债务人的合法权益于不顾，应尽量减少因执行给债务人带来不必要的损害。

（二）执行担保

强制执行是债权人取得执行依据，请求国家适用强制力以实现其权利的程序。保护私权是强制执行制度的首要目的，同时由于强制执行已排除了债权人的自动救济而进入公力救济，以国家强制力来实现私权，因此，强制执行制度还具有维护社会公共秩序的目的。不过，在保护债权人权利及维护社会公共秩序，这双重目的常常出现冲突状态。原因在于，就保护债权人的权利而言，债权人不仅希望执行程序迅速，更希望其权利完全实现，然而就维护公共秩序而言，强制执行又需顾及债务人的适当利益，避免执行程序不当，侵害债务人人格的正当权利。所以，在执行程序的速度上，债务人是希望越慢越好。因此，如何将两者协调且不发生冲突是强制执行制度所要达到的目的和理想。① 执行担保制度，即是在对保护

---

① 江伟：《中国民事诉讼法专论》，中国政法大学出版社 1998 年版，第267 页。

债权人权利和维护社会公共秩序进行平衡的基础上，对双方当事人的利益进行合理平衡的制度。

所谓执行担保，是指在执行程序中，被执行人或第三人向人民法院提供信誉或财产担保，经人民法院审查确认担保成立，经申请执行人同意，人民法院依法决定对案件暂缓执行的制度。被执行人逾期不履行的，人民法院有权执行被执行人的担保财产或者担保人财产的制度。① 一般而言，执行程序开始后，人民法院应当依照法定程序迅速实施执行，非依法定程序不得停止，以便及时结束执行案件，实现申请执行人的权利。但是执行措施的适用，不仅需要时间和费用，而且往往影响被执行人的继续生产和经营，进而又影响其偿还剩余债务的能力。此时，如果由被执行人或第三人提供担保并经申请执行人同意而暂缓执行，则不仅有利于被执行人进行生产和经营，使其恢复清偿能力并自动履行债务，保证申请执行人权利的实现，而且可以节省执行费用和时间，符合程序的经济性要求。因此，在强制执行程序中适用诉讼担保的目的在于，在确保生效法律文书得以执行的前提下，保护被执行人的合法权益，使其不致因一时困难无力偿还债务而遭强制执行，同时，也可以使债权人的利益因债务人恢复生机的可能而得到更为充分的保障。执行担保制度既有利于被执行人的生产经营，也有利于申请执行人权利的最终实现。

执行担保一经成立，即具有法律效力，会使生效的法律文书暂缓执行（阻却执行），即进入执行阶段的生效法律文书在担保期限（该期限由执行法院根据实际需要酌定）内暂停执行；申请执行人无权在担保期限内申请强制执行。若被执行人或担保人对担保财产在暂缓期限内有转移、隐藏、变卖、毁损等行为的，人民法院可通过法定程序依职权恢复强制执行，不受执行担保期限的约束。执行担保的成立和其他生效法律文书一样，都具有强制执行的法律效力，一旦暂缓执行期限届满，被执行人逾期不履行义务的，人民法

---

① 张扬：《人民法院执行局（庭）长工作手册》，中国知识出版社2006年版，第93页。

院有权执行担保财产或裁定执行担保人的财产。

在我国的司法实践中，为了缓解"执行难"问题，由执行和解制度衍生出了"执行和解担保"，现行法律法规及司法解释对其均无明文规定，但是在民事执行程序中却被广泛应用。在司法实践中，执行和解担保，是指因被执行人暂时无法履行生效法律文书确定的给付义务或其他原因，双方当事人自行协商达成延期或分期履行的和解协议，申请执行人要求被执行人提供物保或第三人保证，以约束被执行人按约履行。从字面上看，"执行和解担保"与"执行担保"中，虽都包含"执行""担保"两个关键词，但两者却具有不同的属性。执行担保是被执行人向法院提供的担保，由法院决定担保是否成立的制度。成立的执行担保可以产生暂缓执行生效法律文书的效果，具有公法行为的属性。执行和解协议，本质上是当事人设立、变更、终止民事权利义务的契约，属于私法调整的范畴。执行和解协议中的担保条款，是执行和解协议的一部分，提供担保人是向申请执行人提供担保。执行和解中的担保当然没有强制执行力。因此，执行和解担保虽然也是产生于执行过程中，但并不属于诉讼担保的范畴。

四、股东决议瑕疵诉讼担保

（一）股东决议瑕疵诉讼

就股份有限公司的组织架构而言，股份有限公司有股东会、董事会及监事会三大机关。① 股东会决议，即集体决议机关就所申请事项，依照法律或公司章程规定的条件和程序召集会议，通过集体表决形成对公司重大事项进行决定的决议，公司决议所形成的意思可归结为公司意志。股东会作为股份有限公司的意思决定机关，是股份有限公司的最高权力机关，其决议事项涵盖股份有限公司的组

---

① 股东会是决定公司意思的机关，董事会是公司业务执行机关（包括执行股东会的决议事项），监事会则是监督董事会执行业务的机关。参见姚志明：《公司法、证券交易法理论与案例研究》，台湾元照出版有限公司 2013 年版，第 126 页。

织架构、业务存续等。股东会决议作为公司的意思表示，其本质是透过会议形式由多数派股东所作的意思决定，因此，只有其决议程序，即股东大会、董事会的召集和决议方法以及内容均合法公正才能发生法律效力。如果产生决议的程序或决议的内容上存在瑕疵，该决议则不能被认为是正当的团体意思，应对其效力作否定性的评价。具体而言，瑕疵决议可表现为不生效决议①、无效决议②、可撤销决议③以及非决议④四种形式。对这些瑕疵的股东会决议进行法律上的救济，不仅是公司健康发展的需要，也是公司各利益相关者利益实现的重要保障机制。而诉讼作为法律救济的重要途径之一，相比于其他救济手段更具有权威性和强制性。

所谓股东决议瑕疵诉讼，是指股东等相关主体，依据法律规定，针对公司决议存在瑕疵，以公司为被告，向法院提起要求确认决议无效，或撤销公司决议的诉讼。股东决议瑕疵诉讼主要包括决议撤销之诉、决议无效确认之诉。对于无效的股东大会决议，任何人可以任何方式，不受时间限制地就股东会决议提出权利主张，公司无效之诉未设定特殊的除斥期间。公司决议无效之诉，是一种确认之诉，其主要目的在于对存在争议的股东会决议或者董事会决议本身的效力进行确认。因此，其无法对受害的当事人的利益上的损失进行合理的救济。如果有瑕疵的决议在执行中造成了股东实际利益的损害，只能另外提起损害赔偿之诉来维护其合法权益。股东决议撤销之诉，是一种形成之诉，股东会决议的撤销，涉及众多股

---

①　不生效决议，是指决议缺乏生效要素，如缺乏必需的股东、第三人或其他机关的批准或商事登记簿登记等。

②　无效决议，通常是指那些具有严重瑕疵的股东会决议。我国台湾地区"公司法"规定，股东大会决议违反法律或章程规定的，决议无效。

③　可撤销决议，是指违法决议，尽管该决议在形式上是生效的，如果董事会有理由认为其可撤销，那么在撤销期限届满前或者判决生效前应暂缓该决议的实施。例外的情形是，不实施股东大会决议会给企业带来更大的损失。

④　非决议，指的是缺少最基本构成要件或最低前提条件的股东大会决议，比如，决议并非由公司股东大会作出。

东，对公司正常运营有着较大的影响。为求慎重，股东撤销权的行使，必须诉请法院或仲裁机构为之。股东请求法院撤销有瑕疵的股东会决议的权利，即撤销诉权，是形成诉权。倘若无人在除斥期间内提起决议撤销之诉，则决议瑕疵因时间的流逝而获得治愈，从而变成具有确定法律效力的决议。[1]

考察域外立法，多数国家和地区的公司立法均确立了股东决议瑕疵诉讼制度。作为大陆法系股东会决议瑕疵立法源头和典范的德国，主流观点认为决议瑕疵诉讼具有双重功能，不仅可以维护受违法决议侵犯的少数股东利益，还可以消除公司决议违法性、确保公司内部决议行为合法性，后者甚至是决议撤销之诉首要和根本的功能。据此认为，股东所享有的决议撤销权虽是个别股东权，但原告股东不仅是为了其个人利益，更是为了公司和其他股东利益甚至是公共利益，为了维护公司决议行为合法性这一更高的目的而提起诉讼的。由于公司决议瑕疵诉讼具有超越个体利益保护之上的、维护公司决议合法性的"公益之诉"性质，股东所享有的撤销权并不以决议侵犯其个体利益为条件。在德国的公司立法中，关于股东大会决议的瑕疵，以撤销为原则，以无效为例外。公司决议不论是程序违法还是内容违法，都可构成撤销的原因；而无效决议，则采取列举的方式，明文规定无效的事由。[2]

（二）股东决议瑕疵诉讼担保

股东决议瑕疵诉讼是为了维护股东的利益所创设的制度，股东出资购买股票的主要目的是追求个人的经济利益，为确保此利益不

---

[1] 刘俊海：《公司法学》，武汉大学出版社 2010 年版，第 200 页。

[2] 《德国股份法》第 243 条第 1 款规定："股东大会的决议可以因违背法律或者章程而以诉之方式撤销。"当立法规定的可撤销的情形发生时，并非所有的股东都可以提起撤销之诉。第 245 条规定，享有撤销权的人为：1. 出席股东大会的任何一名股东，但以其已对决议表示异议并作出笔录为限；2. 未出席股东大会的任何一名股东，但以其以不法方式未被准许参加股东大会，或大会未按规定召集，或决议的内容未按规定公告为限。参见杜景林、卢湛译：《德国股份法、德国有限责任公司法、德国公司改组法、德国参与决定法》，中国政法大学出版社 2000 年版，第 108~110 页。

被侵犯，任何股东均有合法的权益请求法院审查股东大会决议的合法性①。但股东决议瑕疵诉讼在运行中也可能出现股东为了妨碍公司的运作而滥用间接诉权，致使公司疲于应付的情况。股东决议瑕疵诉讼的滥用现象，简单说来是指现实中小股东提起诉讼并不是出于维护自身权利或决议合法性的目的，而是通过诉讼阻碍公司重要决议的及时执行来给公司施压，迫使公司以向起诉股东支付和解补偿金的方式来换取其撤诉。② 部分不良股东仅仅持有被告公司的微量股份，以维护所有受损股东利益乃至公司决议合法性为名行掠夺和勒索公司之实，不仅使股东决议瑕疵诉讼以司法纠正违法决议的制度功能因和解撤诉而难以发挥，更对公司的正常经营乃至整体国民经济都产生了严重的负面影响。

　　为了有效制约一些别有用心的原告股东滥用诉讼权利，影响公司的正常经营，损害公司及相关利益主体的合法权益，一些国家和地区的公司立法针对股东决议瑕疵诉讼引入诉讼担保制度。股东决议瑕疵诉讼担保，即股东在因股东会或者股东大会、董事会的会议召集程序、表决方式违反法律、法规或者公司章程，或者决议内容违反公司章程而提起股东决议瑕疵诉讼时，法院可以应被告的请求，要求股东提供相应的担保。按照一般的理解，诉讼担保的规定旨在防止股东滥用诉讼给公司造成损害，大陆法系国家和地区立法在设置股东决议瑕疵诉讼时，通常规定被告要求原告提供担保的前提，是原告股东提起诉讼存在恶意。如《日本公司法》规定，被告向法院申请要求提起股东决议瑕疵诉讼的原告提供担保，应当证明原告提起诉讼是出于恶意。③ 在韩国的相关立法中，依规定被告

---

　　① 姚志明：《公司法、证券交易法理论与案例研究》，台湾元照出版有限公司 2013 年版，第 147 页。

　　② 丁勇：《德国公司决议瑕疵诉讼滥用问题研究及启示》，载《比较法研究》2013 年第 4 期。

　　③ 《日本公司法典》第 836 条规定，对于股东提起的要求确认决议无效或撤销决议的诉讼，法院可根据被告的申请要求非担任董事、监事、执行官或清算人的起诉股东提供担保。被告申请要求原告提供担保时，应当证明原告提起诉讼是出于恶意。

提出股东决议瑕疵诉讼担保申请，应证明原告起诉是出于恶意。①
我国股东会决议瑕疵诉讼中的诉讼担保的规定承袭自日韩的相关立
法，我国《公司法》第 22 条在股东决议瑕疵诉讼中引入了诉讼担
保制度。② 我国公司法并未言明股东决议瑕疵诉讼担保的立法目
的，但理论上均认为瑕疵诉讼担保需以被告公司证明股东的起诉具
有恶意为前提。但是对于原告基于恶意滥用权利与原告基于善意进
行合法的权利主张之间的判断是一个很难的课题。日本的相关判例
和通说认为，恶意无需达到原告知晓诉讼会给公司带来损失的程
度，而是指一般的"害意"或者刁难之意，即原告的起诉不是出
自维护作为股东的正当利益，而是出于不当损害公司利益的意图。
不过，由于轻易认定"害意"而让原告提供担保等于间接禁止诉
讼，一般认为，只有在原告被认为明显以故意为难公司为目的提起
诉讼时，裁判所才可以命令其提供担保。③ 被告公司对于原告的恶
意承担举证责任，法院在认定原告股东具有恶意的情形下，依裁量
可命令原告提供担保，原告拒不提供的由法院裁定驳回其起诉。德
联邦最高法院的判决中，认为"当股东提起撤销之诉的目的，是
以一个很自私的方式要使被告的公司支付他无请求权且正当下亦不
能提出的给付"，可将其认定为撤销之诉的滥用。④ 在实务中，权
利滥用通常表现为，股东借由提起撤销之诉要求公司支付高的不合

---

① 《韩国商法典》第 377 条、第 380 条对股东提起的要求确认决议无效
或不存在和撤销决议之诉，规定法院可根据公司的请求命令非担任董事或监
事的股东提供相应的担保，对此被告必须证明原告起诉是出于恶意。

② 《公司法》第 22 条规定："公司股东会或者股东大会、董事会的决议
内容违反法律、行政法规的无效。股东会或者股东大会、董事会的会议召集
程序、表决方式违反法律、行政法规或者公司章程，或者决议内容违反公司
章程的，股东可以自决议作出之日起六十日内，请求人民法院撤销。股东依
照前款规定提起诉讼的，人民法院可以应公司的请求，要求股东提供相应担
保。"

③ 张凝：《日本股东大会制度的立法、理论与实践》，法律出版社 2009
年版，第 292 页。

④ 姚志明：《公司法、证券交易法理论与案例研究》，台湾元照出版有
限公司 2013 年版，第 147 页。

理的金钱支付，如股东利用其撤销之诉为筹码，要求公司支付其所要的金钱，并承诺收到"价款"后将撤回此撤销之诉。

　　德国立法中也曾有诉讼担保的规定，德国 1937 年《股份法》第 199 条第 4 款规定，如果公司能使法院确信其享有或者会产生对原告股东的赔偿请求权，那么诉讼法院可以依公司申请要求原告股东向公司提供担保。但在 1965 年《股份法》的修改中删除了诉讼担保的规定。德国学者认为，在普通的民事诉讼中，原告与被告处于平等的诉讼地位，除非原告申请保全措施主动打破这一平衡，否则并无提供担保的义务。1937 年《股份法》偏离民事诉讼的基本原理和规则，单独对决议瑕疵诉讼中的原告股东施加诉讼担保义务，显然是对原告的差别对待。这种担保义务打破了原被告双方诉讼权利和义务的平衡分配。因被告只需申请即可启动诉讼担保程序，且对错误申请的情形无需承担任何责任，被告公司完全可以在股东起诉后"例行"地申请担保。因此，德国学者认为决议瑕疵诉讼担保会对股东的起诉维权产生极大的"吓阻"作用，最终使决议瑕疵诉讼制度本身形同虚设，因此，德国立法删除了诉讼担保的规定。

第二章　民事诉讼担保的
基本理论研究

第一节　民事诉讼担保的性质

所谓性质，即从客观角度对事物进行认知的形式。科学界定民事诉讼担保程序的性质，对于该类诉讼程序的研究意义重大。首先，明确民事诉讼担保程序的性质有利于明确界定民事诉讼担保程序的本质属性，从而将其与民事关系中的担保做进一步区分，从而凸显其独特性，且有助于对性质上相同的各具体诉讼担保类型进行体系化构建。其次，明确民事诉讼担保程序的性质有助于其制度的完整构建。可以对民事诉讼担保性质的准确界定为基础，对民事诉讼担保程序的各项制度设置进行分析与把握。最后，明确民事诉讼担保程序的性质有益于发现并弥补我国现有相关规定的不足之处。我国民事诉讼立法对民事诉讼担保的相关规定不成体系，较为分散，主要集中于具体诉讼担保类型的适用上，具体的适用规则散见于相关的司法解释中，不成体系且诸多规则的设定方面也有不妥。明确民事诉讼担保制度的性质，也便于对现有诉讼担保规则的设置进行检验，从而发现不符合民事诉讼担保性质的规则，以便对其进行探究与修正，包括后文中对于我国民事诉讼担保程序提出的完善建议，均是以民事诉讼担保程序性质的准确界定为前提的。目前关于诉讼担保的性质，学理上主要有三种观点：公法行为说、私法行为说和混合说。

1. 公法行为说。所谓公法行为，是指具有公法效力，能够产生公法效果的行为，如立法行为，行政法律行为，司法行为等。①
该说认为，民事诉讼担保的适用能够产生公法效果，应当属于公法
行为。其理由在于：第一，民事诉讼担保的担保对象是法院，供担
保人应当依据担保裁定向人民法院提供担保。第二，民事诉讼担保
的成立取决于法院的审查认可，担保申请人向法院提出申请，法院
如认为确有必要适用民事诉讼担保的，可作出诉讼担保裁定，供担
保人应当依据裁定提供担保，法院与供担保人之间的地位是不平等
的。第三，在法定的担保事由发生后，即供担保人没有及时、有效
地履行其偿付义务时，法院可以直接执行供担保人的担保财产。第
四，民事诉讼担保目的具有双重性，民事诉讼担保制度的设置，不
仅是为了保障受担保利益人的损害赔偿请求权，还是为了在一定程
度上遏制权利人对诉讼权利的滥用。公法行为说是目前的有力说。
公法行为说主张民事诉讼担保的具体适用不应完全参照《民法典》
的规定，民事诉讼担保不需要签订担保合同，管辖法院具有审查、
认可民事诉讼担保的职责。这一观点得到了我国最高人民法院相关
司法解释的支持。② 人民法院同意当事人以财产提供担保，不需要
向有关部门办理登记手续。《民法典》规定的是民事关系中的担保
依法设立的程序，是物权设立的公示条件；民事诉讼程序中的担保
是《民事诉讼法》规定的、为确保权利人在诉讼程序中实现权利
的措施。民事诉讼担保的成立以人民法院决定接受或同意为标志，
不需要按照《民法典》的规定办理任何登记手续。人民法院向有
关部门发出协助执行通知书，要求其在规定的时间内不予办理该财
产的转移手续，是以保证财产安全、方便财产处分为目的，与担保

---

① 舒国滢：《法理学导论》，北京大学出版社 2012 年版，第 141 页。

② 《担保法司法解释》第 132 条规定："在案件审理或者执行程序中，
当事人提供财产担保的，人民法院应对该财产的权属证书予以扣押，同时向
有关部门发出协助执行通知书，要求其在规定的时间内不予办理担保财产的
转移手续。"《担保法司法解释》已经废止，《民法典》及《民法典担保制度
解释》并未吸收其中的一些关于民事诉讼程序的规定，但是对于这些不与
《民法典》相冲突的内容，虽然不可以作为的裁判依据，但可以继续沿袭其审
判思路审理相关案件。

关系是否成立无关。①

2. 私法行为说。所谓私法行为，是只具有私法性质和效力，产生私法效果的行为，如民事法律行为、商事法律行为。该说认为，民事诉讼担保法律关系是民事担保的组成部分，属于私法范畴。民事诉讼担保的成立需要双方当事人形成合意，并订立担保合同，民事诉讼担保应当适用民事担保的相关规定。供担保人和受担保利益人是民事诉讼担保的当事人，双方地位平等。私法行为说认为，民事诉讼程序中，供担保人提供财产作为担保物，也是属于在特定财产上设定的担保物权，即属于担保物权，亦应以一定的公示方法使不特定的第三人知晓担保物上的权利负担，因此，民事诉讼中的供担保人以财产作为担保物的，也应当按照《民法典》的规定，向有关部门办理登记手续。目前，很少有人主张绝对的私法行为说。

3. 混合说。混合说认为，民事诉讼担保法律关系，是一种复合型法律关系，由两个基本层面和三个方面构成：（1）受担保利益人向法院提出担保申请；（2）法院审查决定担保的实施；（3）供担保人向法院提供担保。这三方关系构成了民事诉讼担保法律关系的基本框架。同时，这三方面关系又构造了两个基本层面，即供担保人与受担保利益人组成的诉讼担保关系层面，以及管辖法院对诉讼担保的审查决定层面。第一个层面是私法上的关系，后一个层面是公法上的关系。混合说在理论和实务界有广泛的支持者。混合说主张当事人双方订立担保合同，管辖法院负责审查、认可合同。民事诉讼担保的适用应首先适用程序法的规定，其次适用实体法的规定。

对民事诉讼担保性质的界定，直接关系到民事诉讼担保体系的构造，是其具体法律适用的基础。如果采用"公法行为说"，将民事诉讼担保法律关系定性为公法范畴，则应适用《民事诉讼法》的基本原理和规则；如果采用"私法行为说"，认为诉讼担保法律

---

① 曹士兵：《中国担保诸问题的解决与展望》，中国法制出版社 2001 年版，第 381~382 页。

关系应当属于私法范畴，则应适用《民法典》的相关规定。对于这三种学说，"私法行为说"将司法程序中的担保等同于纯粹的民事担保，显然混淆了不同的法律关系，因此，"私法行为说"不足称道。目前的争论集中在"公法行为说"与"混合说"上，二者均赞成管辖法院对民事诉讼担保的审查认可行为，但对于是否需要签订担保合同存在分歧。主张"混合说"的学者认为，供担保人和受担保利益人应当先就担保事项达成一致，签订合同，然后将达成一致的事项提交法院审查。譬如，在执行担保中，执行双方当事人应当将达成一致的事项以书面的形式提交执行法院予以审查，这也是尊重当事人民事处分权的表现。"混合说"认为当事人对于订立担保合同具有处分权，但是当事人的处分权排除执行法院的审查监督权，显然不可能与审查监督权同时并存于一个诉讼担保中：要么由当事人处分，要么由法院审查决定。"混合说"在一个本来他们认为应当完全由当事人主宰的领域中强行嵌入公权力干预的因素，这是匪夷所思的。由此可见，在"混合说"中，民事诉讼担保的理论基础处于自相矛盾的状态之中。

笔者认为，在以上三种学说中，只有"公法行为说"才能正确诠释民事诉讼担保的法律性质。民事诉讼担保属于司法程序中的担保，由供担保人向法院提供担保，其体现的是公法上的法律关系。民事诉讼担保不同于《民法典》所规定的平等主体之间的民事担保法律关系，其在法律效力上可以直接产生实体和程序上的双重法律效果。但具体来说，民事诉讼担保不仅具有"公法"性质，还具备"担保提存"的性质。

所谓担保提存，是指为消除担保财产面临的因担保财产自身属性或者因担保人、担保权人以及第三人的行为导致的危险，保全担保权，将担保财产或其替代物予以提存，并于条件成就时，担保权人可就提存财产实行其担保权的行为。① 担保提存是提存的一种，所谓提存，是指依照法定条件和程序，对债务人或担保人为债权人

---

① 赵志刚：《担保提存论》，载《法学论坛》2011 年第 6 期。

的利益而交付的债之标的物或担保物（含担保物的替代物）进行寄托、保管，并在条件成就时交付债权人的活动。① 也有日本学者认为，提存是指将金钱、有价证券及其他财产寄存于作为国家机关的提存部门，再由他人自提存部门领取该财产，进而达到特定目的的制度。② 提存行为的基本架构为：提存人（债务人或担保人）将提存财产交第三人（提存部门）寄托或保管，条件成就时由该第三人将提存财产交付债权人。提存可分为清偿提存和担保提存，所谓清偿提存，是指债务人或其他清偿人，将清偿的标的物交付于供保管机关或保管人。③ 清偿提存以清偿债务为目的，具有债的消灭和债之标的物风险责任转移的法律效力。④ 担保提存以担保债务清偿为目的，具有保证债务履行和替代其他担保形式的法律效力。⑤ 我国《民法典》在规定担保物权的物上代位性时亦对提存作出了相应规定，第 390 条规定："担保期间，担保财产毁损、灭失或者被征收等，担保物权人可以就获得的保险金、赔偿金或者补偿金等优先受偿。被担保债权的履行期限未届满的，也可以提存该保险金、赔偿金或者补偿金等。"在被担保债权的履行期未届满时，可以对保险金、赔偿金或补偿金等代位物进行提存，将其交予提存部门，代位物提存的主体是担保人，其可以自行决定是否将代

----

① 我国司法部 1995 年 6 月 2 日颁布的《提存公证规则》第 2 条规定："提存公证是公证处依照法定条件和程序，对债务人或担保人为债权人的利益而交付的债之标的物或担保物（含担保物的替代物）进行寄托、保管，并在条件成就时交付债权人的活动。为履行清偿义务或担保义务而向公证处申请提存的人为提存人。提存之债的债权人为提存受领人。"

② ［日］矶村哲：《注释民法》，有斐阁 1970 年版，第 278 页。转引自赵志刚：《担保提存论》，载《法学论坛》2011 年第 6 期。

③ 史尚宽：《债法总论》，中国政法大学出版社 2000 年版，第 834～835 页。

④ 《提存公证规则》第 3 条第 1 款规定："以清偿为目的的提存公证具有债的消灭和债之标的物风险责任转移的法律效力。"

⑤ 《提存公证规则》第 3 条第 2 款规定："以担保为目的的提存公证具有保证债务履行和替代其他担保形式的法律效力。"

位物提存，也可以应担保物权人的要求在双方协商的基础上进行提存。①

提存制度在民事诉讼担保制度中也得到了应用，德国、日本以及我国台湾地区等国家和地区的立法都在诉讼担保制度中引入了提存制度。日本《新民事诉讼法》规定，供担保人提供担保，应当向管辖命令提供担保的法院所在地的法院所管辖区内的提存所，以提存现金或法院认为适当的有价证券的方法或者以其他最高法院规则所规定的方法提供担保。日本《民事执行法》特别规定了执行担保的提存性质。② 我国台湾地区"民事诉讼法"中也规定了诉讼担保的提存性质，③ 在诉讼担保中，供担保人提供的担保，通过向人民法院移交担保物或由人民法院扣押权属证书，并向有关部门发出协助执行通知的方式予以提存，以便管辖法院在供担保人逾期不履行其偿付义务时，可对担保财产采取措施使受担保利益人获得清偿，当供担保人完成其偿付义务时，将担保物发还供担保人。这一制度过程与提存并无二致。在我国的民事诉讼立法中，亦存在担保提存，《民事诉讼法》规定，利害关系人向法院申请诉前保全担保，应当提供担保。民事诉讼担保的立法用语虽为"担保"，但该"担保"不同于《民法典》所言的担保。依据《民法典》等的规定，担保财产要么由担保人占有，如抵押担保，要么由担保权人占有，如质押、留置担保，绝对不会出现由（担保权人和担保人之外的）第三人占有担保财产的情形。因申请保全措施而提供的担

---

① 最高人民法院民法典贯彻实施工作领导小组：《中华人民共和国民法典物权编理解与适用（下）》，人民法院出版社 2021 年版，第 1010 页。

② 日本《民事执行法》第 15 条规定，要提供执行担保，应用提存的方法向发出担保命令的法院或向执行法院所在地的地方法院辖区内提存所提存金钱或者法院认为合适的有价证券，或用最高法院规则所规定的其他方法。该法第 39 条规定："当提出证明为免于强制执行而提供担保的文书时，执行法院必须停止强制执行。"参见白绿炫：《日本新民事诉讼法》，中国法制出版社 2000 年版，第 208 页。

③ 我国台湾地区"民事诉讼法"第 102 条第 1 款："供担保应提存现金或法院认为相当之有价证券。"

保，需要供担保人将担保财产交付给人民法院保全。对照提存的基本架构，可知民事诉讼中的担保，名为"担保"，实为担保提存。

因此，笔者认为，民事诉讼法中的诉讼担保应当解释为民事诉讼程序中的提存制度。民事诉讼中，供担保人所谓的"向法院提供担保"，应当理解为"向法院提存担保物"。因此，应将民事诉讼担保的性质界定为"公法-提存"。

第二节　民事诉讼担保的制度价值

所谓价值，是指在主体与客体的相互关系中，客体的存在、作用以及它们的变化对于一定主体需要及其发展的某种适合、接近或一致。价值可能存在于物质之上或精神层次之上，也可能是理智或感情上的产物。价值可能是经过计算之后成本与结果之间的差距，亦可能是经设定的目标与现实状况之间的落差。价值一词广泛应用于各种领域，其在意义上和用法上的扩展，最初始于政治经济学，本意是指交换价值或使用价值。从哲学的角度上讲，价值的本意则为，一种高尚的、至少是令人满意的品质存在，它们或者本身是值得羡慕的，或者对于某种目的来说是有用的。① 马克思曾指出，"价值"这个普遍的概念是从人们对待满足他们需要的外界物的关系中产生的，是人们所利用的并表现了对人的需要的关系的物的属性。价值反映了主体（人）与客体（自然、社会）的关系，揭示了人的实践活动的动机和目的。一个事物是有价值或者有用的，其判断标准一般有两个：一是它对于实现某一外在目的而言是否有用和必要；二是该事物本身是否具有一些内在善的本质，这种本质的有无应从该事物本身而不是从任何外在的事物身上来判断。

以法律价值的功能为标准，可将法律价值分为目的性价值和工具性价值，亦即内在价值和外在价值。目的是活动主体在观念上事先建立的活动的未来结果；手段是实现目的的方法与途径。人的目

---

① ［美］弗兰克纳：《伦理学》，三联书店 1987 年版，第 166 页。转引自王福华：《民事保全制度研究》，中国政法大学 2005 年版，第 166 页。

的反映人的法律需求，根据需求选择和创造一定的手段，通过法律实践活动来满足法律需求。法律中的内在价值，即目的性价值，是指法律程序自身所拥有的独立的内在优秀品质，其本身即是值得人们追求的事物；法律中的外在价值，亦即工具性价值，即如果某一事物是达到或实现某一外在目的的必要或充分的手段。

一、民事诉讼担保的外在价值

对于担保，法国《拉鲁斯大百科全书》认为，担保是债务人对债权人提供履行债务的特殊保证。《牛津法律大词典》则将担保定义为，加强或增加对某人承担的责任，特别是付款或还债的责任的保证。从对担保的界定可以看出，担保制度的功能在于保障债权的实现。① 换言之，债权的满足是担保存在的全部价值和目的，没有债权，担保也就失去了存在的意义。这一信条源于古罗马时代，② 并延续至今。作为广义的债的担保的一种，民事诉讼担保当然的具有保障债权的功能。同时，民事诉讼担保是司法程序中的担保，民事诉讼担保是民事诉讼程序中的一个子程序，它来源于人们在漫长的民事诉讼实践过程中对权利救济的总结，人们在民事审判实践中对牵涉民事诉讼担保或类似的行为程序不断改进、选择以使之达到高度抽象、富于效率、公正合理的标准。在现代民事诉讼中，相较于民事担保，民事诉讼担保已具有自身独有的特征与价值。

第一，保障利害关系人或当事人的合法债权的实现。从民事诉

① 徐洁：《担保物权功能论》，法律出版社 2006 年版，第 20 页。

② 乌尔比安在《论告示》第 73 卷指出："如果债务被清偿，且被全部清偿，质押便被解除。我们必须指出，如果质权因期限届满或债以别的任何一种方式消灭，同样适用该规则。"参见 [意] 桑德罗·斯契巴尼选编：《物与物权》，范怀俊译，中国政法大学出版社 1999 年版，第 171 页。查士丁尼在《法学阶梯》第三卷第十四编中写道："接受质物的债权人亦以要物方式负债，因为可对他提起质物之诉，他有义务返还其所受领的质物。"参见 [罗马] 查士丁尼：《法学总论——法学阶梯》，张企泰译，商务印书馆 1997 年版，第 171 页。

讼担保的本质上来看，其制度设置的首要目的在于保障利害关系人或当事人损害赔偿请求权的实现。在民事诉讼程序中，担保申请人向法院提出担保申请，证明其合法权益有可能因对方当事人的诉讼行为而遭受损失，法院可以裁定命令利害关系人提供担保。譬如，在内国没有住所、营业所的外国人提起民事诉讼，被告向法院提出诉讼费用担保时，法院可以裁定命令原告提供担保。如果原告败诉，且不偿付被告为诉讼所支出的费用时，法院可以直接执行其担保财产。民事诉讼担保是民事诉讼立法所规定的保护公民和法人权利的重要保障措施之一，可以保障供担保人能够如期、足额履行其偿付义务。民事诉讼担保的制度功能在于，排除或减少供担保人无清偿能力的威胁，给受担保利益人提供补充安全、增加其受清偿的机会。在法定事由发生时，即供担保人没有如期、足额地履行其偿付义务时，管辖法院可以直接执行其担保财产，以保障受担保利益人损害赔偿请求权的实现。民事诉讼担保的担保范围是特定的，即受担保利益人因供担保人的不当诉讼行为所遭受的损失。

第二，民事诉讼担保具有维护法院生效判决的严肃性和权威性的作用。被告为防止败诉的原告拒绝偿付其预支的诉讼费用行为的发生，向法院提出担保申请；在民事保全担保中，被申请人为防止担保申请人无法偿付其因不当的保全措施而遭受的损失，而向法院提出保全申请，都是当事人在以公力救济的方式确保其合法债权得以实现。也就是说，通过民事诉讼担保这一司法程序，确保由法院判决确认的权利不至于落空。这也是民事诉讼担保存在的意义所在。当这一目的达到后，法院的生效判决的严肃性、权威性自然也得到了维护。在长期的民事诉讼实践中，民事诉讼担保制度为维护利害关系人和当事人的合法权益能够得到切实有效的保障，防止胜诉判决成为"空头支票"，强化司法权威起到了相当的积极作用。

第三，遏制利害关系人或当事人对其民事诉讼权利的滥用。所谓滥用诉讼权利，是指行使权利人对权利的行使违背了法律赋予该权利的本旨，譬如，在股东代表诉讼中，原告股东提起诉讼的目的不是为了维护公司的合法权益，而在于通过诉讼牟取个人私利；在行为保全中，保全申请人提出保全申请的目的，不在于避免难以弥补的损害。民事诉讼担保制度可以在一定程度上遏制诉讼权利人对其权利的滥用，通过对经济利益杠杆的运用，防止当事人滥用诉讼权利，阻止一些别有用心的当事人，通过"正常"的诉讼权利的行使达到追求自己利益的目的，维护对方当事人的合法权益，同时也保障诉讼程序正常进行。

二、民事诉讼担保的内在价值

如前所述，民事诉讼担保制度的外在价值、工具性价值表现为保障利害关系人或当事人的合法债权的实现、维护法院生效判决的严肃性和权威性、遏制利害关系人或当事人对其民事诉讼权利的滥用是不可或缺的。对大众而言，价值应当是追求公平、正义、利益等物质或感情上的满足，判断程序制度的价值不仅仅需要判断其工具性价值，亦要探究其内在价值，该制度本身是否存在善的本质。德国学者亚图·考夫曼（Arthur Kaufmann）曾经说过："生活事实必须具有规范的资格，必须与规范产生关系，必须符合规范，如同Radbruch 所说的，我们必须'从现实的世界探索前进到价值的世界，以便在其中发现对这种经验现象有意义的理念'。"① 迈克尔·D. 贝勒斯指出：研究法律程序的一种方法是要研究程序的价值和利益。这些价值或利益与它们对审判结果的准确性的影响是不同的，即使公正、尊严和参与等价值并未增进判决的准确性，法律程序也要维护这些价值。② 在民事诉讼担保制度中，公正、效率即是当事人诉讼活动的内在目的本身。

（一）民事诉讼担保的公正价值

从理论上讲，绝大多数的诉讼程序的设计有特定的价值实现之考量。这种价值的核心就是公正的审判和程序的正义。在司法制度

---

① ［德］亚图·考夫曼：《类推与"事物本质"——兼论类型理论》（Analogie und Natur der sache-Zugleich ein Beitrag zur Lehre vom Typus），吴从周译，台湾学林文化事业出版社 2003 年版，第 87 页。转引自黄翰义：《程序正义之理念》，台湾元照出版有限公司 2016 年版。

② ［美］迈克尔·D. 贝勒斯：《法律的原则——一个规范的分析》，张文显等译，中国大百科全书出版社 1996 年版，第 32 页。

中，实体公正是指立法在确定人们实体权利义务时所要遵循的价值标准，如平等、公正、合理等。程序公正是指法律适用方面的公正，只要严格依法办事，或者说严格地执行和遵守体现实质正义的法律和制度，就符合形式公正。① 在英美法中，程序公正观念经历了从自然公正观②到正当程序观③的演变过程。"正义不仅应得到实现，而且要以人们看得见的方式加以实现"（Justice must not only be done，but must be seen to be done）。程序公正是立法者在程序设计、司法者在程序操作过程中所要实现的价值目标。"程序的本质特点既不是形式性也不是实质性，而是过程性和交涉性"，④ 因此程序公正本质上是一种"过程价值"，它主要体现在程序的运作过程中，是评价程序本身公正与否的价值标准。

正当程序的设计对于任何适用该程序的行为都是平等的，因而它是公正的，对于作为子程序的民事诉讼担保制度而言也概莫能外。从注重程序公正的理念切入，在民事诉讼担保领域，程序公正的独立价值也应受到应有的关注，诉讼担保程序作为民事诉讼的子程序，其存在基于人们寻求正义的愿望，因此，其制度设计和司法运作应导入程序正义理念，如此，民事诉讼担保制度才能契合于社会现实，才会成为生活中的法，才具有生命力。在民事诉讼担保程

① 樊崇义：《诉讼原理》（第二版），法律出版社 2009 年版，第 156 页。

② 自然公正的概念起源于自然法，通常表示处理纷争的一般原则和最低限度的公正标准，又叫做"诉讼程序中的公正"，其中具体内容包括：（1）任何人不能自己审理自己或与自己有利害关系的案件；（2）任何一方的诉词都要被听取。参见［英］戴维·M. 沃克：《牛津法律大辞典》，光明日报出版社 1998 年版，第 628 页。

③ "正当程序"一词首次由詹姆斯·麦迪逊在起草《权利法案》时提出，并被美国联邦宪法确立为一项基本原则。它具有一种技术上的精确含义，只适用于法院的诉讼过程和程序。正当程序有以下三个特征：（1）有权向不偏听不偏信的裁判所和正式法院陈述案情；（2）有权知道被指控的事由；（3）有权对控告进行辩解。参见龚祥瑞：《西方国家司法制度》，北京大学出版社 1993 年版，第 128 页。

④ 季卫东：《法律程序的意义——对中国法制建设的另一种思考》，载《中国社会科学》1993 年第 1 期。

序的设计和运作中应当体现正当程序的基本精神。民事诉讼担保程
序乃是民事诉讼程序中的一个子程序，民事诉讼担保程序由一系列
阶段或环节组成，同其他诉讼程序一样，由当事人申请、法院作出
裁决、当事人执行担保裁定等构成。这决定了民事诉讼担保的体系
构造、具体的适用程序、司法过程中的操作，也应体现程序公正这
一基本价值，加之民事诉讼担保程序涉及当事人的某些实体权利，
依据"有权利即有救济"之法则，在民事诉讼担保中为当事人提
供程序保障是必要的。程序公正的判断依据或具体形态是同动态的
诉讼过程联系在一起的，离开程序这种一般公正实现的过程和途
径，就无法说明程序公正标准的设置。① 民事诉讼担保制度对反映
程序公正的一般标准包括以下三个原则：法官中立原则，当事人平

---

① 美国学者泰勒认为评价某一法律程序是否公正的价值标准有：（1）
程序和决定的参与性；（2）结果与过程的一致性；（3）执法者的中立性；
（4）决定和努力的质量；（5）纠错性；（6）伦理性。Tom R. Tyler, What is
Procedural Justice, in Law and Society Review, 22 (1988). 转引自樊崇义：
《诉讼原理（第二版）》，法律出版社 2009 年版，第 159 页。美国学者戈尔丁
（Golding）认为程序公正应当包括九项内容：（1）任何人不能作为有关自己
案件的法官；（2）结果中不应包含纠纷解决者个人的利益；（3）纠纷解决者
不应有支持或反对某一方的偏见；（4）对各方当事人的意见均给予公平的关
注；（5）纠纷解决者应听取双方的辩论和证据；（6）纠纷解决者只应在另一
方当事人在场的情况下听取对方的意见；（7）双方当事人应得到公平机会来
对另一方提出的辩论和证据作出反应；（8）解决的诸项内容需应以理性推演
为依据；（9）分析推理应建立于当事人作出的辩论和提出的证据之上。参见
张文显：《当代西方法哲学》，吉林大学出版社 1996 年版，第 204 页。我国有
学者认为，程序规则的科学性、程序的控权性（从人权角度看），当事人双方
的平等性、诉讼程序的透明性、制约与监督性共同构成了程序公正的标准和
要素。参见陈桂明著：《诉讼公正与程序保障——民事诉讼程序之优化》，中
国法制出版社 1996 年版，第 12~15 页。迈克尔·D. 贝勒斯指出：研究法律
程序的一种方法是要保护程序的价值和利益。这些价值或利益与它们对审判
结果的准确性的影响是不同的，即使公正、尊严和参与等价值并未增进判决
的准确性，法律程序也要维护这些价值。参见迈克尔·D. 贝勒斯著：《法律
的原则——一个规范的分析》，张文显等译，中国大百科全书出版社 1996 年
版，第 32 页。

等原则，程序自由原则。

1. 法官中立原则。所谓的法官中立原则，是指在诉讼构造中，法官与双方当事人保持同等的司法距离，对案件保持超然和客观的态度。法院或者法官作为诉争案件的裁判者，他是公平的象征，是程序性正义的实现者。① 在民事诉讼程序中，诉讼担保程序的启动一般需要由有申请民事诉讼担保权的人向法院提出申请，无论是通过对审辩论，还是依申请作出裁定，法院对申请人提出的担保申请进行初步的审理，只有符合一定的实质条件，法官才能依据自由裁量权作出裁定。法官的决定是经过审理后作出的，而这种决定通常是以裁定的形式作出。

2. 当事人平等原则。当事人平等原则包括两层含义：一是当事人享有平等的诉讼权利；二是法院平等地保护当事人诉讼权利的行使。诉讼权利平等的意义在于保证当事人各方处于平等地位，以便形成立场上的对立性和竞争性，这就是所谓的"对峙"。法院应当保障当事人在诉讼中处于平等的诉讼地位，在民事诉讼担保程序的运作中应当平等地对待当事人，使诉讼担保程序和具体的裁定内容能为当事人理解，从而消弭双方当事人在程序进行中的对峙和敌意。在民事诉讼担保程序中，诉讼担保保障的是受担保利益人因供担保人的诉讼行为而产生的损害赔偿请求权，立法赋予一方当事人进行某种诉讼行为，就应当赋予另一方当事人以保障的途径。平等的保护也并不是完全否定基于合理立法目的的"差别对待"，对于当事人中的弱者，立法上应给予他们一定程度的特殊保护。譬如在财产保全担保中，法院依据当事人申请作出保全裁定，以保证最终判决的有效执行。财产保全制度是对保全申请人利益的保护，但法院也可以要求保全申请人提供担保，保障撤销保全后，被保全人因不当保全所产生的损失可以得到有效的补偿。但民事诉讼担保不同于对实体进行审理的一般诉讼程序，它是临时的应急措施，而不是终局的实体权利义务的确认，所以它在程序规则和程序保障的要求上也会不同于审判程序。

---

① 季卫东：《法律程序的意义》，载《中国社会科学》1993 年第 1 期。

3. 程序自由原则。程序自由价值反映了诉讼价值的主体性。程序自由的标志在于诉讼主体合乎目的地支配诉讼程序，选择、判断和接受诉讼程序。① 民事诉讼担保程序的自由价值主要体现在诉讼当事人可以理性、自愿地选择担保程序。担保程序始终与选择联系在一起。诉讼程序排斥恣意却并不排斥选择，卢曼认为："所谓程序，就是为了法律性决定的选择而预备的相互行为系统。"② 我国台湾学者邱联恭认为："依国民之法主体性、程序主体权等原理，纷争程序当事人即程序主体，亦应为参与形成、发现及适用'法'之主体。"正是由于当事人在诉讼过程中居于主体地位，故而应由当事人推动诉讼进程，并且有权根据自己的利益和判断来选择适用或拒绝适用一定的程序事项，而作为诉讼法律关系另一方的法院则应当尊重当事人的选择。利益或权利可能会受到裁判或诉讼结局直接影响的人应当有充分的机会富有意义地参与诉讼过程，并对裁判结果的形成发挥其有效的影响和作用。③ 具体来说，在涉及当事人利益的诉讼程序中，应从实际上保障其具有参与该程序以影响裁判形成的程序权利。在民事诉讼担保制度中，担保的提供与否涉及利害关系人的实际权益，应当由利害关系人自己选择是否适用该制度。

（二）民事诉讼担保的效益价值

诉讼效益是表征成本（投入）与收益（产出）之间关系的范畴。诉讼效益包括两个基本要素：经济成本与经济收益。经济成本是指程序主体在实施诉讼行为的过程中所耗费的人力、物力、财力和时间等司法资源的总和，在诉讼中，经济成本主要包括人力资源、物力资源、财力资源、时间资源四个方面的内容，这四项内容构成了一项诉讼过程中必须投入的经济成本。对于法院而言，诉讼收益是指其收取的诉讼费用的数额；对于当事人而言，则是指预期

---

① 樊崇义：《诉讼原理》（第二版），法律出版社 2009 年版，第 153 页。

② 转引自季卫东：《程序比较论》，载《比较法研究》1993 年第 1 期。

③ 参见陈瑞华著：《刑事审判原理论》，北京大学出版社 1997 年版，第 66 页。

利益的实现或预期不利益的避免。尤其对败诉人来说，只要不利判决所带来的结果优于其他解决纠纷的手段所产生的结果，那么当事人就获得正效益。诉讼效益反映的是经济成本与经济收益之间的比值关系。一般来说，以较少的经济成本投入获得既定水平的经济收益，或者以既定的经济成本投入获得较高水平的经济收益，都意味着程序效益的提高。

作为民事诉讼程序的一个子程序，民事诉讼担保在运作中应当是一个能够产生一定程序法上的效果，同时又必须支付一定代价，占据一定诉讼周期的行为。这样就必然地产生这个子程序中的经济成本与经济效益的问题：诉讼当事人通过民事诉讼担保程序得到了什么样的程序上的利益，同时又支出了什么样的代价，换言之，经济成本和经济效益同样是民事诉讼担保程序中需要考量的价值。以理查德·A. 波斯纳为代表的经济分析法学家甚至认为：为了提高审判活动的经济效益，应当把最大限度地减少经济资源的耗费作为审判活动的唯一目标，并在设计和评价审判程序时将其作为一项主要价值标准①，效益之于民事诉讼担保的重要性，正如美国著名法理学家艾克曼所概括的那样，他在对运用效益理论原理解释法律制度时指出："这种思想路线提供了一个分析结构，使我们能够对由于采用一个法律规则而不是另一个法律规则的结果而产生的收益的规模和分配，进行理智的评价。这种分析是特别重要的，因为它常常揭示出，法律规则的潜在影响可能与推动制定该规则的立法机关或法院的目标（至少在表面上）大不相同。所以，只要不把经济学作为唯一的评价原则误用，而是理智地运用它，就能使学生揭开修辞学的帷幕，抓住躲在法律问题背后的真正的价值问题。"②

在民事诉讼担保程序中，对于程序效益原则的体现主要表现在两个方面：诉讼效率原则以及诉讼经济原则。诉讼效率通常是指程

---

① 参见肖建国著：《民事诉讼程序价值论》，中国人民大学出版社 2000 年版，第 3 页。

② ［美］艾克曼：《财产法的经济基础》，转引自王福华：《民事保全制度研究》，中国政法大学 2005 年博士论文，第 15 页。

序主体以最快的诉讼终结案件，它强调以最少的时间耗费来解决纠纷，因而不少学者用"诉讼及时"这一概念指代诉讼效率。诉讼效率反映了诉讼效益中时间方面的内涵，因为诉讼中时间的浪费或诉讼周期的拖延，往往意味着程序主体在单位时间内诉讼活动效率的降低，并同时造成人力、物力、财力资源耗费的增加。民事诉讼中的担保程序，在一定程度上可以补强当事人的释明，当事人对担保事由的证明程度并不需要达到"证明"，对担保必要性进行"释明"即可，法院担保裁定的作出，也不需要经过长期的对案件事实的审理认定，因此，民事诉讼担保制度可以保障诉讼程序的顺利进行，提高诉讼效率。诉讼经济原则是程序效益的费用标准，在民事诉讼过程中，程序主体实施一定的诉讼行为必定伴随着相应的金钱耗费，法院要投入一定的物力资源，当事人则要支付案件受理费、法院司法行为的费用以及当事人诉讼行为的费用。当事人支出占了民事诉讼耗费的绝大部分。诉讼经济原则的主旨是尽量降低当事人的诉讼耗费，使当事人以最小的金钱投入获得最大的收益。因此，与诉讼经济原则有关的制度安排主要是降低诉讼费用，简化诉讼程序。民事诉讼担保制度的设置，是为了保障受担保利益人的损害赔偿请求权，遏制利害关系人不当行使诉讼权利。因此诉讼担保制度可以减少不必要的诉讼开支，节约司法资源，体现了其经济性。

（三）程序公正与诉讼效益的关系

理想的诉讼价值应当以"均衡"为原则，在兼容并蓄的基础上实现公正与效率的协调一致，均衡发展。程序公正与诉讼效益都属于民事诉讼担保的内在价值，具有一致性。首先，在民事诉讼担保制度中，公正与效益是相互包含、相互制约的。诉讼效益作为满足程序主体需求的一种价值，其中内含着公正的精神。民事诉讼担保制度的设置在一定程度上可以理解为以最经济的方式兼顾双方当事人的合法权益。同时公正与效率两种价值经常处于紧张关系之中：其一，在民事诉讼担保制度的适用中，对诉讼效益的追求在一定程度上会限制程序公正的实现。因为诉讼效益的追求的是缩减当事人和法院在诉讼担保过程中的经济成本，由此必然需要精简诉讼担保的适用程序。程序公正固然是民事诉讼担保的崇高理想，但程序公正并不是不计一切代价购买来的，对程序公正的追求必然要受到诉讼效益的制约。其二，一般情况下，程序公正的增强会直接导致诉讼效益的降低。这是因为，程序公正性的增强要求民事诉讼担保制度充分地保障当事人的程序参与权和提出证据进行辩论的权利，要做到这一点，就要提高诉讼担保程序的繁琐性和复杂程度，因而诉讼效益随着程序公正的增强而降低了。要在民事诉讼担保程序中把握好程序公正和诉讼效益的关系，应当坚持两点，以公正为基础，以诉讼效益为关键。

1. 以程序公正为基础

程序公正和诉讼效益都是设计和评价民事诉讼担保制度的内在标准和尺度，但是，公正性是民事诉讼担保制度及其程序永恒的生命基础。自然公正、正当法律程序等程序公正观念历史久远而犹存的原因就在于它们构成了最基本的公正程序规则，它不仅适用于司法程序，也适用于非司法程序。程序公正的基础地位是就整个诉讼制度而言的，公正在民事诉讼领域始终带有根本性，任何一项具体的诉讼制度必须遵循最低限度的程序公正标准，这是程序设计的最低要求。因此，程序公正应当是民事诉讼担保制度中最基本的一种价值目标。当事人对民事诉讼担保程序产生的不公正感和人们对担保程序过程不公的否定评价可能会动摇民事诉讼担保程序的根基。

2. 以诉讼效益为关键

社会生活的变化决定法律的变化，因此，法律必须贴近社会生活，回应时代的要求才有生命力。当代经济发展的主题是最大限度地优化利用和配置资源，用法律规范表现出来，就有必要在民事诉讼担保程序中充分运用经济学的效益原理和方法，把效益作为分配权利和义务等法律资源的基本标准之一。

在诉讼制度中，当事人诉讼义务的设定和法院审判权力的定位，都是为当事人行使诉权的需要而启动、配置和运行的。民事诉讼担保程序，只有当其满足了最低限度程序公正要求时，才能为当事人诉讼权利的行使提供可靠的程序保障。在此基础上，诉讼效益价值方有实现的可能。

第三节　民事诉讼担保中的利益衡量

美国大法官杰克逊曾说过："司法程序的公正与合法是正义必不可少的构成要素。国家建立司法制度的最大目的，就在于通过法律这一窗口，给与每一个公民以公正的关怀，对每一个人的权益给与同等的关注。"① 在民事诉讼担保程序中对各方当事人的利益加以衡量，给予平等保护是落实民事诉讼权利平等原则的具体实践。

一、民事诉讼担保程序中的程序利益概说

程序利益保护是引导民事诉讼法修正走向、实务运作的一项法理。这项法理的主旨在于：依据宪法上的保障自由权、诉讼权、财产权、平等权及生存权等基本权的规定旨趣，诉讼当事人及程序的利害关系人应被赋予程序主体地位、享有程序主体权。依据此项程序主体性原则，立法者及程序制度运作者，对于程序主体即当事人及利害关系人，就关涉其利益、地位、责任或权利义务的审判程序，应从实质上保障其有适时、适式参与该程序以影响裁判如何形成的机会。为此，就诉讼程序如何利用及运作而言，程序主体权者，除可请求受诉法院实现其系争实体利益以贯彻此项利益所属基本权受保障的意旨之外，为贯彻自己同时另受保障系争外同类基本权的意旨，也可请求法院保护其衍生自该基本权且独立并存于上述实体利益的程序利益。通常，程序利益是指因简化程序的利用或避免使用繁琐、缺乏实质利益的程序所可节省的劳力、时间或费用而言，所以诉讼程序的进行或运作假若未能致力于此，或竟然反而造成劳力、时间、或费用的浪费，即属于使当事人蒙受程序上的不利益。这种不利益的发生，不仅对于系争实体利益，同时也对于系争标的以外同受宪法保障的上述基本权，导致其遭减损、消耗或限制的结果，应非所许。从而，立法者于设计诉讼制度时或法院在运作

---

① 参见陈瑞华：《看得见的正义》，中国法制出版社 2000 年版，第 168 页。

程序时，应当致力于赋予程序主体有平等追求程序利益的机会，否则即违背了程序权保障的基本要求。

程序利益保护论，最初始于我国台湾地区，其不同于德国、日本等国家的有关诉讼经济或促进诉讼等概念。程序利益保护论是根植于宪法上基本权保障规定及其所承认的价值理念，指向于平衡保护、实现受该价值理念所肯定的系争外利益、地位，是以伸展公民的法主体性及当事人的程序主体地位为目标，虽然并非全然否定程序主体地位在一定范围内亦可能受到制约，但毕竟有所不同于向来偏重意图减轻法院负担或抑制当事人诉讼行为，且忽略程序主体权保障观点的诉讼经济论或诉讼促进论。

民事诉讼制度既然是实现权利、救济权利被侵害的制度，那么有关诉讼程序和子程序的设计就既要优先考虑司法资源的公平、效率地利用，又要兼顾对诉讼滥用的抑制，迄今为止，还没有哪种制度能够真正解决这个矛盾。民事诉讼担保程序的运作也面临着这样的困境。双方当事人在民事诉讼担保中都有各自的程序利益，诉讼担保程序的启动不能以牺牲一方当事人的程序利益为代价。否则就会侵害公民的诉权、加剧司法资源利用上的不公正。在民事诉讼担保程序中对当事人双方的诉讼利益施以平等保障，其根据在于：第一，在民事诉讼担保程序中，当事人应当处于平等的诉讼地位，在此基础上确保利害关系人参加、当事人平等地对话、保障当事人充分地陈述主张、平等地对待当事人。其次，在民事诉讼担保程序中贯彻平等原则，也是宪法原则在民事诉讼中的具体化。我国宪法明确规定"公民在适用法律上一律平等"的原则。根据这一原则，在我国民事诉讼中也应当确立诉讼当事人平等的原则，以便这一宪法原则得到落实。因为只有诉讼当事人诉讼地位平等的情况下，才能真正做到适用法律一律平等的要求。再次，在民事诉讼担保程序中平等保障双方当事人的诉讼权利，也是当事人平等民事实体法律地位在诉讼中的体现。民法调整的社会关系的性质决定了民法的平等自愿这一"公理性原则"。实体法领域中的"公理性原则"也必然要在民事纠纷解决的领域中得到具体体现和延伸。

二、民事诉讼担保中申请人的程序利益之维护

民事诉讼制度是为实现民事权利、对被侵害的民事权利实施救济的制度，作为民事诉讼构成部分的民事诉讼担保制度，也要研究如何保障权利、实现权利及救济权利。为此，在民事诉讼中应对当事人的平等权、自由权及财产权等基本权利加以保障。在民事诉讼担保程序设计上，应当从给予参加程序的当事人以进行充分的攻击防御机会这一意义上来研究程序保障问题的，对于民事诉讼担保制度这一子程序而言，其程序规则的设计应当是正当、合理的，同样应当遵循正当程序的基本理念和诉讼规则。在民事诉讼担保制度的最低要求限度上，应当以保障申请人的程序利益为底线。民事诉讼担保程序中程序利益的保障大致包括以下几个方面：民事诉讼担保程序上的主张权、平等权、及时获得担保裁判权、程序公正的请求权等。（1）民事诉讼担保程序上的主张权。民事诉讼担保程序的启动、变更和终结，依赖于当事人的诉讼活动。这一子程序的启动是被动的，而且诉讼担保的受理者和裁决者应当是中立的。（2）民事诉讼担保程序中的平等权。对于民事诉讼中的担保，尤其是对于公司诉讼中的担保事项而言，两大法系国家的民事诉讼均采用极为慎重的态度，对民事诉讼担保的程序适用进行限制性的规定。（3）及时获得担保裁判权。为提高民事诉讼担保程序运作的快捷性，以最大限度地保障申请人的利益，在诉讼担保裁判的作出环节，裁判的形式就要简化。同时对申请人提供的证据进行审查等各方面也更为灵活简便。最后裁判书的制作也比以前更为简化。其目的都在于促进诉讼的进行，防止诉讼的迟延，也确实保障了程序效率的提高。（4）程序公正的请求权。民事诉讼担保程序所涵盖的各个环节，从当事人申请到法院对申请的审理，从法院作出诉讼担保裁定到当事人对担保提出异议，从法院对诉讼担保异议的审理再到当事人的上诉，呈现出诸多且复杂的程序组合。因此，建构合理的民事诉讼担保程序及其规则应当着眼于根据各个程序的具体性质确定不同的审理方式，使各个程序环节具有程序保障的针对性并使诉讼担保程序个别化。其核心则是限制法院的程序裁量权的过度膨

胀和滥用。

三、民事诉讼担保中被申请人的程序利益保障

诉讼程序既保障当事人的利益，也保护决定者的权利。这种能够统合当事人各方立场、统合制度设立者与利用者立场、统合决定者与决定对象立场的合理而公正的程序的建设，应当能够得到人们的理解和支持。① 民事诉讼担保制度的设计也应体现或彰显这种利益保障的基本精神。这也是民事诉讼立法平等保护双方当事人诉讼权利原则的延伸。民事诉讼担保中，法院在维护担保申请人权利的同时给供担保人带来的却可能是一种负担或是不利益。民事诉讼担保的适用，将影响被担保人对其财产的所有权，影响其对自己财产的占有、使用、收益、处分的权利。在民事诉讼担保制度中，法院为什么有权为保护担保申请人的民事权益而限制另一方当事人的财产权？况且，其所保护的担保申请人的损害赔偿请求权是推定和拟制的，带有不确定性，而其所限制的被申请人的财产权却是确定的。同时，在法院对案件作出判决之前，无论是在法院受理案件之前还是在受理案件过程中，任何组织或个人都无权对案件下定论。采取民事诉讼担保措施是否违反了这一原则呢？笔者认为，在民事诉讼担保中，正是因为利害关系人和当事人负有不使自己的诉讼行为侵犯到他人合法利益的义务，担保申请人才有权以其权益有可能因被申请人的诉讼行为而遭受损失为由，向法院申请诉讼担保。义务先定论是民事诉讼担保得以适用的理论基础。"当法律意图保护的社会关系受到妨碍、侵害时，司法机关可以根据法律的规定追究妨害或侵害行为者的责任，使该社会关系得到保护。"民事诉讼担保就是在这种妨碍、侵害有发生的危险时，进行的一种预先的保护，旨在避免法律所保护的社会关系产生日后无法弥补的情况。对于供担保人来说，他承担的是一种先义务；而对于担保申请人来说，他享受的是一种先权利。没有供担保人的义务的承担，就不可

---

① 参见季卫东：《法律程序的意义》，载《中国社会科学》1993 年第 1 期。

能有担保申请人权利的享受。在法律追求的基本价值目标中，自由和秩序地位凸显。而在这两者之间，法律追求的首要目的不是自由，而是秩序。因为这种生活状态满足着社会成员的基本需要，从而对社会成员有益。只有这样，法律追求的另一目标，也是更为根本的目标——正义，才有可能真正体现，司法程序正义则是实现正义的最基本的方式。

第三章 域外民事诉讼担保制度
之比较考察

第一节 英美法系国家的民事诉讼担保制度

一、英国

作为抵制诉讼规范法典化最强烈的国家，英国在 1999 年，推出了成文法典——《英国民事诉讼规则》。在这一部法典（包括"诉讼指引"）中，集中反映了英国在民事诉讼制度方面的全部改革成果。英国是一个诉讼制度十分发达的国家，作为现代英美法系民事诉讼的源头，英国民事诉讼制度对整个英美法系的民事诉讼体制建构起到了十分重要的作用。英国民事诉讼法典以及法典化过程、指导思想、各种具体制度的重构和修正对我国民事诉讼制度的发展和完善具有十分重要的借鉴作用。① 英国的民事诉讼立法中，对诉讼费用担保以及禁令担保进行了相应的规定。

（一）禁令担保

在英国的保全制度中，禁令是由衡平法院发展出来的一种由法院以自由裁量给予的救济，其目的在于弥补普通法法院所给予的法律救济的不足。它包括中间禁令和终局禁令。当事人通过向法庭申请中间禁令，要求禁止被申请人采取某些行为从而达到在诉讼过程中维持现状的目的。通常英国法官在受理有关中间禁令的申请的时

---

① 参见徐昕译：《英国民事诉讼规则》，中国法制出版社 2001 年版，第 2 页。

候主要考察两个方面，即原告能否提出证据证明其有可能最终胜诉；原告能否证明，由于得不到禁令而遭受的损失将超过被告的活动因禁令暂时所加的限制遭受的害处与不便。如果原告能够证明以上两点，他就能够取得禁令。《英国民事诉讼规则》对"临时性救济"进行了专章的规定。

《英国民事诉讼规则》正文并未对禁令担保进行规定，但其"诉讼指引"第 25A 章第 5.1 条规定，禁令申请人向法院提供担保，其提供担保的范围应当是法院认为申请人应当承担的相对人所产生的损失。同时，"诉讼指引"亦规定了禁令申请人提供担保的时间，禁令申请人在提交申请通知书前提出申请的，应当在申请的工作日或次日提供担保。① 另外，英国高等法院冻结令示例样本中规定了命令的例外，即如果相对人向法院支付相应数额的保证金，向法院提供担保的，或者以申请人诉讼代理人同意的其他方式，提供相应金额的担保，则本命令可停止生效。申请人向法院的保证书示例样本中规定，申请人在法院规定的日期或在此日期之前提供担保的，提供在英格兰和威尔士有营业机构的银行签发的担保函，担保金额为××，则法院可根据前款作出任何命令。担保函签发后，申请人随即可向相对人送达法院命令副本。②

（二）诉讼费用担保

中世纪的英国法中就曾对诉讼费用担保进行了规定，依据当时的规定，对于非内国居民的原告，除非其可以对对方当事人指定一

---

① 《英国民事诉讼规则》第 5.1 条规定："除法院另有指令外，任何禁令皆须载明如下事项：（1）申请人向法院提供担保，就法院认为申请人应承担相对人（或送达或通知命令的其他任何当事人）所产生的损失，作出赔偿……（4）如在提交申请通知书前提出申请的，应于申请的工作日或次日提供担保并支付有关费用。"参见徐昕译：《英国民事诉讼规则》，中国法制出版社 2001 年版，第 463 页。

② 参见徐昕译：《英国民事诉讼规则》，中国法制出版社 2001 年版，第 467 页。

个将承担履行有关判决责任的人，否则外国人不能在英国法院提起诉讼。① 对于诉讼费用担保制度，英国的法官们曾一度认为其适用是不合理的，因为诉讼费用担保制度会对贸易造成障碍，同时会在当事人之间产生不公平。法官们认为接受被告申请，要求非当地居民原告提供诉讼费用担保是"违背规则"并"妨碍正义程序"的。但是在 18 世纪晚期，其他欧洲法院开始要求非当地居民的原告提供诉讼费用担保，要求包括英国居民在内的非法院地原告在提起民事诉讼时提供诉讼费用担保。根据这种发展，英国的法官们认为让外国原告，包括爱尔兰和苏格兰的原告，提供诉讼费用担保是恰当的。至此，英国 18 世纪末期确立了诉讼费用担保制度。1885 年，英国国会对诉讼费用担保制度进行了立法。1964 年，英国国会修改了有关诉讼费用担保的法例，《最高法院诉讼规则》、1985 年的《公司法》赋予了被告要求原告提供诉讼费用担保的权利。② 但英国 2006 年的《公司法》股东代表诉讼一节中并没有诉讼费用担保的规定。1999 年《英国民事诉讼规则》在"临时性救济"一章中对诉讼费用担保进行了专节规定，该节对诉讼费用担保的申请、适用条件以及法院的自由裁量权进行了规定。

1. 诉讼费用担保的申请

被告应当在第一次案情管理会议上提出首次诉讼费用担保申

---

① 参见萨瑟著：《国际民事诉讼法》，1967 年版。转引自李双元、谢石松著：《国际民事诉讼法概论》，武汉大学出版社 2001 年版，第 350 页。

② 《最高法院诉讼规则》第 23 号命令规定："（a）原告的惯常住所位于诉讼管辖地外……，在考虑了与案件相关的所有其他因素后，只要法庭认为正当，法庭可以命令原告为被告的诉讼费用或法庭认为正当的其他程序所产生的费用提供担保。"1985 年《公司法》第 6 章第 726 节对有限责任公司在诉讼中的费用问题做了专门规定："在英格兰和威尔士的诉讼或其他法律程序中，若原告是一家有限责任公司，如果有可靠的证据足以令人相信若被告胜诉，该公司不可能支付被告的诉讼费用，则管辖该纠纷的法院可以就这些诉讼费用要求原告提供足够的担保，并在原告提供担保前中止所有程序。在苏格兰的诉讼或其他法律程序中，若原告是一家有限责任公司，如果有可靠的证据足以令人相信若被告胜诉，该公司不可能支付被告的诉讼费用，则管辖该纠纷的法院可以命令原告提供担保，并在原告提供担保前中止程序。"

请，其方法是提交以书面证据支持的申请通知。书面证据应涉及寻求诉讼费用担保的理由，以及与法院行使自由裁量权有关的一切因素，例如请求人财产的所在地，执行诉讼费用裁定的任何困难，以及被告对付请求可能花费的费用。被告提出该项申请，必须通知诉讼的请求人，并在举行该申请听证会之前三天向诉讼请求人送达。由于小额诉讼案件对收回诉讼费用所加的限制，这类案件不适宜申请诉讼费用担保。诉讼费用担保裁定只能针对作为诉讼请求人行事的一方当事人作出。换言之，诉讼费用担保裁定，能对任何处于诉讼请求人地位的人作出，尽管此人不是严格意义上的"诉讼请求人"。① 对具备下述条件的非诉讼请求人，也能作出诉讼费用担保裁定：（1）为避免自己被要求支付诉讼费用的可能性，把请求转让给请求人的人；（2）曾资助或约定资助请求人的诉讼费用、作为交换请求人可能在诉讼中取得的款项和财产份额的人。②

2. 给予诉讼费用担保的条件

《英国民事诉讼规则》对诉讼费用担保的适用条件进行了详细

---

① 《英国民事诉讼规则》第25.12条规定："（1）任何诉讼程序中的被告，皆可依本节之规定，申请法院作出诉讼费用担保命令。（2）申请诉讼费用担保的，须有书面证据支持。（3）如法院作出诉讼费用担保命令的，则应：（a）决定诉讼费用担保的金额；以及（b）指令诉讼费用担保的方式以及提供担保的期间。"

② 《英国民事诉讼规则》第25.14条规定："（1）被告可请求法院对原告之外的其他人做出命令，以及有下列情形之一的，可对该人作出诉讼费用担保命令：（a）法院考虑案件的所有因素，认为作出诉讼费用担保命令公平合理的；以及（b）符合本条第2款设置的一项或多项条件的。（2）诉讼费用担保的要件为，该人（a）为避免可能对其作出的诉讼费用命令，已将诉讼权利转让给原告的；或者（b）为取得原告在诉讼中可能收回的任何款项或财产份额，已承担或同意承担原告的诉讼费用。"《英国民事诉讼规则》第48.2条规定（有利于或不利于诉讼外第三人的诉讼费用命令）："（1）法院在考虑是否根据第51条（诉讼费用由法院自由裁量）行使权利，作出有利于或不利于诉讼外第三人的诉讼费用命令时：（a）须追加该人为确定诉讼费用之程序当事人；以及（b）须给予该人出席审理程序之合理机会，法院在审理程序中将进一步考虑有关事项。"

的规定：①

（1）如果诉讼请求人是个人，在以下两种情况下可以适用诉讼费用担保：（a）通常居住在管辖区外。（b）根据布鲁塞尔公约或洛迦诺公约对他不能强制执行请求的人。对于"通常居住在管辖区之外"，一般来说，通常的居住是按照请求人的习惯、正常的住所所确定的，与其相对的情形是暂时的、偶然的居住。这是一个事实和程度的问题。一个英国的商事海员不应该认为是通常居住在国外。打算移民的人，在他离开本国之前，不应当视为通常在国外居住。

（2）如果诉讼请求人是公司，或其他注册法人，符合以下三种情况之一，可以适用诉讼费用担保：（a）通常驻在管辖区外；（b）根据布鲁塞尔公约或洛迦诺公约对他不能强制执行请求的注册法人；（c）诉讼请求人是公司或其他团体（无论其在英国境内，还是境外），法院有理由相信，如果判令它支付，它将不能支付被告的诉讼费用。

大多数公司虽然居住在它的注册国，但严格说来是居住在它的

---

① 《英国民事诉讼规则》第25.13条规定："（1）有下列情形之一的，法院可作出诉讼费用担保命令：（a）法院考虑案件的所有因素，认为作出诉讼费用担保命令公平合理的；以及（b）符合本条第2款设置的一项或多项条件的；或者有关法规许可法院责令诉讼费用担保的。（2）诉讼费用担保的要件包括：（a）原告为自然人的，则原告是管辖区外的普通居民；以及无法适用《民事管辖和判决法》指定的《布鲁塞尔公约》或《卢加诺公约》的诉讼当事人；（b）原告为公司或其他非法人团体的，则原告常驻于管辖区外；以及无法适用《民事管辖和判决法》指定的《布鲁塞尔公约》或《卢加诺公约》的机构；（c）原告为公司或其他机构（不论在英国，还是在英国以外注册）的，且有理由相信，如法院责令原告承担被告诉讼费用，原告无法偿付被告诉讼费用的；（d）原告在提起诉讼之后，为避免承担不利的诉讼后果，已变更地址的；（e）原告在诉讼格式中未列明地址的，或者在诉讼格式中提供虚假地址的；（f）原告仅为形式上的原告，而非作为本规则第19章规定的诉讼代表人之原告，且有理由相信，如法院责令原告承担被告诉讼费用的，原告无法偿付被告诉讼费用的；（g）原告已就其资产采取措施，日后难以对其执行诉讼费用命令的。"

中央控制和管理地。英国的司法判例中认为，判断公司是否"通常驻在管辖区外"，需要考虑以下因素：公司目的条款中的内容；注册地点，其从事经营的真正地点；账目保管地点；董事开会或居住地点；主要营业所在地；公司秘书居住地等。如果是共同请求人，其中数人居住在管辖区外，对居住在管辖区外的请求人，可以做出诉讼费用担保裁定。

除了以上两项适用条件外，诉讼请求人有以下情况，法院亦可要求其提供担保：诉讼开始后，请求人为逃避诉讼结果而改变其地址；请求人在其请求格式中，没有写上地址或在请求格式中写的是错误的地址；请求人为名义上的请求人，并且有理由相信，如果要求他支付，他将无法支付被告的诉讼费用；请求人已经对其财产采取措施，使得针对他的诉讼费用裁定无法强制执行。

3. 法院的自由裁量权

案件一旦被确定属于作出裁定的理由的范围之内时，法院就有是否作出诉讼费用担保裁定的自由裁定权。法院在行使自由裁量权时，需考虑案件的全部环境情况，以及作出诉讼费用担保的裁定是否公平。此时应考虑的事项包括：

第一，请求人的请求是否是善意的而不是一项骗局。判断诉讼请求人是否"善意"，需要考虑以下因素：（a）请求有无合乎情理的胜诉前景；（b）被告在他的案情陈述中或在别处曾否做过自认；（c）有无向法院存入一笔相当大的金额。

对于"胜诉的前景"，法院在判断诉讼费用担保的必要性时，有时需要考虑担保申请人胜诉的前景，即审理时成功的希望。部分法院会把诉讼费用担保申请扩大到与审理相似的调查，认为除非存在高度的成功或失败概率，否则不应深入探讨案情。如果对请求人的起诉没有答辩，而作出诉讼费用担保的裁定，几乎肯定是不公平的。在这种情形下，被告无论如何不大可能收回诉讼费用，作出担保裁定往往会产生阻止请求人继续进行诉讼的效果。部分法官认为，应考虑请求人向法院付款或做出坦率的提供担保建议。这样做说明请求有实质性。

　　第二，被告是否在利用诉讼费用担保，压迫性地扼杀一项诚实的请求。对于"扼杀一项真正的请求"，能够从请求人的请求是否为骗局的推论中得到回答。如果请求人的请求有很好的成功机会，法院在作出裁定之前会犹豫，因为裁定实际上会产生阻止请求人继续诉讼的效果。凡是法院认为应该作出裁定时，法院会将担保的金额规定在不会阻止请求人继续进行诉讼的水平上。为此目的，法院会考虑请求人从亲友那里集资的能力，或者——如果是公司——从其董事、股东或其他有利害关系的人处筹集资金的能力。由于这方面的消息完全在请求人的知情范围内，一般应由请求人说服法院，担保裁定将会阻止其继续进行诉讼，但有时法院愿意作出这样的推论，即如果作出担保裁定，公司将无法进行诉讼。

　　第三，提出申请是否存在拖延。对于"拖延诉讼"，被告申请诉讼费用担保，应该在诉讼程序的初期提出。申请提出较迟，本身就可能构成拒绝作出裁定的理由。在有些案件中，申请因在审理的前几天或几个小时之前才提出，因而遭到拒绝。

　　第四，原告是否通常居住在管辖区外。原告是否经常居住在管辖区外，执行诉讼费用裁定的难易，是考虑给予担保的一项重要因素。因此，在很大程度上，取决于请求人的资产所在地。"在管辖区之外"，是指在英格兰和威尔士、苏格兰和北爱尔兰以外。当诉讼中存在几个共同原告，而其中有些原告的居所在境内时，不得要求这些原告提供任何担保。原告的居所是否在国外的问题应该由被告通过宣誓来证实。由于强制执行的有效性是需要考虑的最重要的事项，因此以下因素如果存在，即应加以考虑：（a）请求人在管辖区内是否有许多财产，如果他有很多财产，就是不作出裁定的重要因素。当诉讼请求人在境内拥有足以支付有关费用的不动产或动产时，或当被告占有原告一笔足以作为担保的款项时，不能要求他提供费用担保。辖区内的资产包括请求人在其诉讼中希望收回的损害赔偿。（b）这些财产的固定性和持久性程度，以及请求人是否

78

与本国即英国有重要的关系。（c）请求人是否无钱。① （d）请求人在世界各地转移财产的能力。（e）为公共服务而居住于国外的英国国民也享有提供费用担保的豁免。被告在他出庭以后的任何诉讼阶段，都可以请求原告对他的花费提供担保。

4. 担保的金额

在英国司法实践中，担保的金额是法院认为适合一切情况的金额。所担保的可以是诉讼的全部费用和直至诉讼进行到某一阶段的诉讼费用，例如开始审理时的诉讼费用；也可以包括过去和将来的费用。② 对于诉讼费用数额的确定，由法官自由裁量。凡是诉讼请求人要求大额损害赔偿，但是只是得到名义上的、象征性的损害赔偿时，一般法院裁定他要支付被告的诉讼费用。如果得到的损害赔

① 如果诉讼请求人是个人，无钱不是对其作出诉讼费用担保裁定的理由，所根据的原则是，并不能因为个人无钱而阻止其求助司法保护。但公司既然是人造的人，则不需要这样的保护。被告有义务证明，作为实施请求人的公司，在被告最终胜诉的情形下，没有能力支付诉讼费用。证明公司已处于清算状况中是证明公司无力支付诉讼费用的初步证据。对无钱的公司作出诉讼费用担保的裁定，其理由是保护被告，使其在强制执行诉讼费用裁定时免遭真正的困难。

② 依据《英国民事诉讼规则》的规定，在决定哪一方当事人应支付某项申请或全部诉讼程序的诉讼费用时，应当遵循两条主要原则：诉讼费用的数额，由法院自由裁量；一般情况下，败诉方承担胜诉方的诉讼费用。法院在行使关于诉讼费用的自由裁量权时，应考虑一切环境情况，尤其是以下事项：（1）当事人遵守任何应适用的诉讼前议定书的程度；（2）当事人提出、追诉或辩论某一项主张或争议点的合理程度；（3）当事人追诉、或答辩诉讼或某一项争议点的方式；（4）胜诉方是否夸大请求的价值；（5）一方当事人是否仅仅是部分胜诉；（6）是否向法院付款，或提出可接受的和解建议。第1项是强制实行诉前议定书的方法之一。第2项和第5项表明法院在处理诉讼费用时，需要考虑全部胜诉的当事人就诉讼中提出的各项争议点方面实际取胜的程度。这种规定体现了《民事诉讼规则》识别案件真正争议点，并只针对这些争议点进行审理的目标。第3项是针对不合情理的行为，即针对不能合理地进行合作的当事人。第4项针对那些增大请求、以便在高等法院起诉或把案件纳入与其不符的高一级轨道的情形；该款同时也用来针对那些夸大请求，从而使被告难于估算请求的真正价值，并无法提出和解建议或向法院付款的情形。

偿比名义损害赔偿高，但只是请求的一部分，则适用诉讼费用由诉讼结果确定的规则。胜诉方的不当行为，可能导致诉讼费用由诉讼结果确定的原则的不适用。法院能考虑其在诉讼程序之前或诉讼程序中的不当行为。不当行为的性质及其后果，对于规则是否适用十分重要。除了不允许收回诉讼费用外，法院还有其他权力可以行使，包括：（1）命令按照补偿原则①支付诉讼费用；（2）命令立刻支付中间诉讼费用，不得等到审理之后；（3）命令支付诉讼费用的利息。

　　一方当事人的诉讼费用的产生，从当事人首次咨询律师开始一直持续到律师的聘任终止时为止。这个时间也许持续到判决执行之后。当事人首先要做的，是支付自己的律师的账单。律师的账单包括律师对案件所做工作的报酬，加上大律师费和专家费，② 以及法院的费用。尽管每一个当事人主要对自己的律师费用负责，但通常的情况是胜诉方取得针对败诉方的诉讼费用的裁定。但在对费用的估定时存在不同的估定基础：一方面是当事人应向自己的律师支付的费用，另一方面是胜诉方从败诉方可收回的费用。其结果通常是，即使胜诉方也已向自己的律师支付了一定的费用，但败诉方仍必须同时既向自己的律师支付费用，又要支付对方当事人的律师费用的相当大的一部分。

　　诉讼费用裁定在审理结束、中间听证会结束和强制执行程序结束的同时作出或判决之后作出。强制执行程序的费用，往往加在判决中。一般来说，关于谁应当支付因提出请求而产生的诉讼费用的

---

　　① 　所谓补偿原则，是指一方当事人向另一方支付的诉讼费用不能超过胜诉方应向其律师支付的金额。依据英国判例，凡是胜诉方的律师们曾经向他们的客户暗示不需要考虑支付其费用，法院可以认定败诉方没有支付费用的义务。如果律师与客户之间为进行诉讼，以没有费用为基础做出安排相当于一个不合法的协议，如果胜诉，该客户不能得到诉讼费用的裁定。参见徐昕《英国民事诉讼规则》，中国法制出版社2001年版，第264页。
　　② 　律师费用分为非讼争费用和讼争费用。讼争费用是指案件的程序在法院开始后的费用。在程序之前的预备工作以及在裁判庭程序和质询时所做的工作，视为非讼争工作。

问题，应当等到请求最终得到处理后才能确定，而不论这种处理是否是通过双方同意、中间程序还是经审理完成的。这是因为，按照通常的规则，胜诉的一方将从败诉的一方收回诉讼费用，而案件的结论只是在取得判决时才知道。因此，一般不允许当事人以申请中间裁定的方式命令对方提供资金作为支付诉讼费用的担保。但一般认为下述的情形是个例外，即被告冒着风险，即使最后胜诉也无法收回诉讼费用。这种裁定只能对处于请求人地位的人，并且只能在判决之前作出。在提供担保之后，该裁定在上诉阶段能予以保持，但受法院自由裁量的约束。诉讼费用担保裁定经常要求请求人作为担保向法院支付金额，便于支付对被告有利的诉讼费用裁定，同时在提供担保之前停止诉讼的进行。

诉讼费用担保裁定，通常要求向法院付款，但也能使用债券或保证金。律师的债务承担，是替代办法，直至提出担保为止，诉讼将停止进行。如果请求人未能遵守裁定，提出担保，被告能申请撤销诉讼。如果请求人提供了担保，则诉讼继续进行。审理后如果被告胜诉，将从担保的资金中支付其诉讼费用。如果请求人胜诉，第一审法官一般接受请求人向他提出的将其向法院支付的担保金或其他担保物交还给请求人的申请。如果被告想要上诉，法院有决定是否停止解除担保的自由裁量权。随着诉讼程序的进行，如果情况发生变化，请求人可以提出增加担保或改变担保条件的申请。

二、美国

1938 年美国最高法院制定《美国联邦地区法院民事诉讼规则》①，简称《联邦民事诉讼规则》（FRCP）。这部《联邦民事诉讼规则》对美国各州民事诉讼法有重大影响，现在多数州的民事诉讼规则是根据这一规则制定的，《联邦民事诉讼规则》实际上成为美国最有代表性的民事诉讼法。《联邦民事诉讼规则》对禁令担保进行了相应的规定。

---

① 《联邦民事诉讼规则》，1938 年 9 月 16 日生效，1997 年 1 月 6 日修改，共计 11 章 86 条。

（一）禁令担保

美国对暂时性救济的法制规范主要是《联邦民事诉讼规则》，该规则第八章规定了"临时性和终局性财产救济方法"，其中第 64 条"对人和财产的扣押"，即为保全程序之设置，依该项规定，在诉讼开始时或在诉讼进行中，为了保证该诉讼的终局性判决能够顺利执行，依据地区法院所在州的法律所规定的条件和方式，对人或财产进行扣押的救济方法，应符合以下条件：（1）联邦现行制定法规定其适用的范围；（2）适用上述救济方法的诉讼应依本规则规定开始和进行，或如果是从州法院移送的案件，移送后应依本规则进行。第 65（a）对临时禁制令作出原则性的规定，临时禁制令的核准与否应主要考虑四个程序问题：在核准临时禁制令前通知相对人；法院在临时禁制令的审理开始后，必要时可以命令本案的实体审理提前与禁制令的审理整合至一并审理；若法院核准临时禁制令，申请人必须提供法院认为适当的担保；法院核发临时禁制令时必须附带理由，并应对临时禁制令的核准条件，及所欲限制的行为作合理说明。① 由于 FRCP 是对程序加以规范，并未对法院核发临时禁制令的实质要件加以规定，因此是否核准临时禁制令的要件由法院依判例法决定。

知识产权案件中，《专利法》要求法院依据衡平原则及其认为合理的条件发布禁制令。② 美国主管专利上诉案件的 CAFC③ 确定

---

① 冯震宇：《从美国司法实务看台湾专利案件之假处分救济》，载《月旦法学杂志》2004 年第 6 期。

② 美国《专利法》第 283 条规定："依本法规定，为防止专利权益受到危害，对于诉讼有管辖之法院得依衡平原则及法院认为合理之条件，发布禁制令。"

③ 美国联邦巡回上诉法院（the United States Court of Appeals for the Federal Circuit），简称 CAFC。CAFC 是美国 13 个上诉法院之一，其管辖权是基于案件的事项（subject matter）而不是地理位置来确定的，它受理来自美国专利商标局（PTO）的关于专利审查案件、美国联邦地区法院（DCT）专利侵权案件和来自美国国际贸易委员会（ITC）的"337 调查"案件的上诉，对于同属知识产权范畴的商标和著作权的相关案件，CAFC 不具有管辖权。

了核发临时禁制令的判断标准：（1）证明有可能在本案诉讼胜诉；（2）证明若临时禁制令未被核准，申请人将立即遭受无可弥补的损害；（3）核准或拒绝临时禁制令对利害关系人的可能损害；（4）公共利益。在实务中，对于此四项判断标准并非逐一加以考量。CAFC 曾经在判例中指出，若提出临时禁制令申请的权利人能清楚的证明该专利的有效性与被侵害的事实，则地方法院应推定有无可避免的损害发生。因此法院在决定是否核发临时禁制令的最重要的考虑因素，就是申请人在本案诉讼中获得胜诉的可能性，亦即法院需要对案件的实质性问题进行审查。比如对于专利案件，法院第一步先决定专利权的范围，也就是申请专利范围，其次，法院应根据已经解释的申请专利范围与被侵害专利的物或方法进行比较。美国法院在处理专利案件相关的临时禁制令申请时，采较审慎的态度，不会随便地核准临时禁止令的申请：一方面，临时禁制令易导致诉讼投机，临时禁止令可以有助于知识产权的保护，但是临时禁制令亦可使申请人达成超越临时禁制令原本避免无可弥补的损害的目的。甚至在某些场合，还可以造成权利人以投机的方式运用临时禁制令，以获取最大的利益的情形。另一方面，临时禁制令的程序往往比本案判决更为复杂，法院在决定临时禁制令时，必须依照与实体审判相同的原则与程序去判断原告是否有获得本案胜诉的可能性，这就等于法院在本案程序尚未完成前，就必须根据有限的证据决定实体问题。这两方面的原因使得美国法院不愿轻易作出核准临时禁制令的决定。

《联邦民事诉讼规则》认为禁令是一种"非常的法律救济"，即一种必须严格依据法律才能给予当事人的救济。除非禁令申请人提供担保，否则法院不得发出临时禁止令或预备禁止令。① 如果审理结果证明作出的中间禁令是错误的，被申请人由于禁令所遭受的损失应当获得补偿。因此供担保人提供的担保金额应是法院认为适当的，用于支付被错误地禁止或限制的当事人可能遭受的损失或损

---

① 《联邦民事诉讼规则》第 65 条（c）规定："除非申请人提供担保，否则不得发出临时限制令或初步禁令。"

害。然而，如果仅仅是存在某些错误，那么只在原告有义务提供担保的范围内对被告实施赔偿。如果禁令申请人是美国国家或其官员或其机构，不得要求其提供担保。① 美国民事诉讼立法对保证人的诉讼程序进行了规定，当禁令担保以保证书或者伴随一个或多个担保的协议或其他承诺的形式提出时，保证人均应服从法院管辖，并且不得取消委托法院书记官作为送达涉及保证人依据保证书或其他承诺所负责任的文书的代理人。保证人的责任不需要通过诉讼而根据申请即可被执行。申请书及法院规定的申请的通知书应当向法院书记官送达，书记官在保证人的地址已知的情况下，应立即将申请书的副本邮寄送达保证人。②

（二）诉讼费用担保

从 18 世纪末开始，美国许多法院开始要求原告提供诉讼费用担保。《最高法院大法官庭的辩护执业实践》一书中提道："为了……防止被告或答辩人……诉讼费用的权利得不到赔偿，形成了

---

① 《联邦民事诉讼规则》第 65 条第 3 款明确规定："除非申请人提供担保，否则不得发出临时禁止令或预备禁止令。提供的担保金额应是法院认为适当的，用于支付被错误地禁止或限制的当事人可能遭受的损失或损害。上述担保要求不得对美国国家或其官员或其机构提供。本规则第 65 条之 1 的规定，适用于本条所规定的基于保证金或承诺的担保。"《联邦民事诉讼规则》第 54 条第 4 款规定："（1）律师费以外的费用。除美国制定法或本规则有明文规定外，只要法院不作出别的命令，律师费以外的费用当然补偿给胜诉方当事人。但是，对美国政府及其官员和机构提起诉讼的费用，只有在法律许可的范围内才能由对方负担。这些费用应在接到通知的一日以后由书记官评定。对评定的费用，如果当事人在 5 日之内提出申请，法院应对书记官的处分行为进行审理。"

② 《联邦民事诉讼规则》第 65 条之 1 规定："不论在任何时候，本规则包括《关于海事和海商补充规则》在内，都要求或允许当事人提供担保，并且担保以保证书或者伴随一个或多个担保的协议或其他承诺的形式提出时，每个保证人均应服从法院管辖，并且不得取消委托法院书记官作为送达涉及保证人依据保证书或其他承诺所负责任的文书的代理人。保证人的责任不需要通过诉讼而根据申请即可被执行。申请书及法院规定的申请的通知书应当向法院书记官送达，书记官在保证人的地址已知的情况下，应立即将申请书的副本邮寄送达保证人。"

一条规则，即如果原告是非当地居民，法院会命令他提供担保。"
法院要求非当地居民原告提供诉讼费用担保，以确保被告胜诉后可
以从原告那里获得诉讼费用的赔偿，对当地居民原告则没有这样的
要求。在美国，州法院强制非当地居民当事人出现在法院的权力就
如同一个国家的法院对居住在外国的个人的影响一样受限。美国的
法院在司法管辖权上采纳了地域限制原则，各州视其他州为外国，
法院司法权的行使上也存在地域限制，任何州法院都无权超越地域
限制，将他州的人或财产纳入其判决之中。因此，为了确保胜诉被
告的诉讼费用求偿权，法院要求非法院地原告提供诉讼费用担保。
美国早期诉讼费用担保制度的特点在于：州与州之间在诉讼费用担
保问题上视同为国与国之间的关系，大多数州以原告居住地来判断
是否提供诉讼费用担保。

　　美国是最早在股东代表诉讼中设立诉讼费用担保的国家，1944
年美国纽约州首先在股东代表诉讼中确立了诉讼费用担保制度，初
始确立该制度的原因在于，司法实践中，大部分小股东在提起派生
诉讼时没有任何的经济风险，且诉讼被律师掌控。[①] 美国《1964
年示范公司法》曾规定，在股东代表诉讼中，公司有权向法院提
出申请，要求原告为公司或其他被告在代表诉讼中支出的合理费用
（包括律师费用）提出担保，除非原告拥有至少相当于 25000 美元
市值的股份或不低于 5% 的任何类别的已经发行的股票。关于股东
代表诉讼费用担保的规定，大量地减少了恶意诉讼，但也在很大程
度上使得股东代表诉讼虚设。其规定的"费用担保"制度在阻止
"恶意股东诉讼"方面具有三大缺陷：首先，这种方法的打击面过
宽，因为它对有依据的诉讼及无依据的诉讼有着同样的冻结效果。
其次，这些法令构成了对小股东的不公平或歧视。因为它只要求持

---

　　① 《纽约普通公司法》第 627 条规定："如果提起派生诉讼的股东所持
股份、表决权信托证书或者受益人所代表的股份，在公司发行的任何种类的
股份总额中所占比例低于 5%，或者其市场价值不超过 5 万美元的，法院有权
根据公司的请求，责令原告股东提供诉讼费用担保。"参见刘金华：《股东代
位诉讼制度研究》，中国政法大学 2007 年博士学位论文，第 115 页。

股较少的股东提供担保，即使小股东提起的诉讼有着合理的诉讼理由。最后，这些法令通常不能实现所宣称的目的，因为它们可以被绕过。例如，原告可以通过各种手段避免这些法令的适用，其中最典型的做法就是，原告通过提起属于联邦法院管辖的诉讼事由来避免州的费用担保规定或者鼓励其他股东加入诉讼，以避免费用担保规定的适用。基于此，1984 年修改后的美国《示范公司法》删除了关于股东代表诉讼中的费用担保法令，即不以法律条文强制性地规定原告提起股东代表诉讼的前提是诉讼费用担保，而采用费用转移立法，即诉讼终结后，如果法庭认定诉讼的提起或维持没有合理理由或是基于不当目的的话，法庭可以要求原告向被告支付其在抗诉过程中支付的合理费用，包括代理费。① 美国《公司治理原则》第 7.04（c）部分对费用担保做了如下规定："除非普遍适用于民事诉讼的成文法或司法规则另有规定，否则，不得收取保证金、承诺金或其他费用担保。"可见，7.04（c）之规定，从根本上拒绝使用费用担保的方法阻止"恶意股东诉讼"。② 目前，美国《联邦民事诉讼规则》和大部分司法管辖区都没有要求原告提起诉讼时提供这种费用担保。但是诉讼费用担保法令的存在有其合理性，其在遏制恶意派生诉讼上的作用是不可忽视的。

1982 年加利福尼亚州规定，对于诉讼费用担保，被告需要承担一定的证明责任，《加利福尼亚州通用公司法》（下文简称为《通用公司法》）第 800 条列举式的规定只要原告所在公司、作为被告的董事和经理能够证明下列两种情形之一的，法院即可根据其请求，责令原告股东提供诉讼费用担保：原告股东对被告（原告所在公司除外）提出的诉讼请求，缺乏使原告所在公司或公司股东受益的合理可能性；被告（原告所在公司除外）根本没有参与

---

① 1984 年《示范公司法》第 7.64 条授权法院，当其认为诉讼无正当诉因时，要求原告或被告承担包括律师费在内的花费，以此防止股东提起无根据的或边缘的股东代表诉讼。参见［美］罗伯特·W. 汉密尔顿著：《美国公司法》（第 5 版），齐东祥、刘海平等译，法律出版社 2008 年版，第 411 页。

② 陈碧珍：《股东派生诉讼费用担保的美国法发展及借鉴》，载赵旭东：《公司法评论》，人民法院出版社 2006 年第 2 辑，第 134 页。

原告追诉的行为。法院如果认为被告不能证明原告股东的诉讼请求不存在使公司受益的可能，则原告无须对诉讼请求提供费用担保。《通用公司法》规定，被告应当在法庭向公司或被告发出传票后 30 天内，向法庭申请原告提供担保。加州立法如此规定的法理在于，如果在终审判决前都允许被告提出担保申请，那么原告股东在提起诉权时的持股额高于法定最低额，但是在被告要求其提供担保时，由于股价下降，原告持股额低于法定最低额，原告是否需要提供担保，法庭一般认为应视持股数额的降低是原告自己处分行为还是被告公司行为而定。如果在诉讼提起之后因公司行为（管理层自私或欺诈性的恶意行为）欺诈改变了股东持股比例，则被告丧失要求提供担保的权利。所以加州立法明确规定了被告向法院申请诉讼担保的时间，杜绝在诉讼过程中发生的争议。①

美国纽约州 1994 年修订后的《纽约州普通公司法》规定，如果提起派生诉讼的股东所持股份、表决权信托证书或者受益人所代表的股份，在公司发行的任何种类的股份总额中所占比例低于 5%，或者其市场价值不超过 5 万美元的，法院有权根据公司的请求，责令原告股东提供诉讼费用担保。在规定的标准以上的股东不需要提供担保，在这个标准以下的原告股东则需要提供担保，担保的费用主要包括律师费和证据的调查费。随后，佛罗里达、威斯康辛、新泽西等州纷纷效仿纽约州的立法模式，并根据自身实际情况确立了不同的持股比例和市价标准。如新泽西州提供担保的数额为 2 万 5 千美元；加利福尼亚州和得克萨斯州规定，最低限额的裁量权属于法院。在美国，大约有十个州采纳了这种诉讼费用担保的立法模式。②

三、英美法系民事诉讼担保立法小结

（一）立法体例概述

英美法系国家的民事诉讼立法并未对民事诉讼担保规则进行统

---

① 陈碧珍：《股东派生诉讼费用担保的美国法发展及借鉴》，载赵旭东：《公司法评论》，人民法院出版社 2006 年第 2 辑。

② 郁光华：《建立适合中国国情的公司派生诉讼制度》，2010 年 3 月 2 日载于找法网，http://china.findlaw.cn/gongsifalv/qyjf/psss/15789_6.html。

一的规定，关于民事诉讼担保的类型、适用条件的规定散布在美国的《联邦民事诉讼规则》、英国的《民事诉讼规则》中；调整民事诉讼担保适用的具体规定，则一般是以判例为主要形式。

（二）民事诉讼担保适用的相关规定

1. 禁令担保

《英国民事诉讼规则》正文并未对禁令担保进行规定，而是在其"诉讼指引"对禁令担保的范围和时间进行了规定。依据美国《联邦诉讼规则》的规定，禁令申请人提供担保，是法院发出临时禁止令或预备禁止令的前提条件，担保金额由法院自由裁量决定，其范围是被错误地禁止或限制的当事人可能遭受的损失或损害。如果禁令申请人是美国国家或其官员或其机构，不得要求其提供担保。相较于英国民事诉讼立法对禁令担保的规定，美国立法对禁令担保的适用规则做了更为详细的规定。

2. 诉讼费用担保

《英国民事诉讼规则》对诉讼费用担保的申请、适用条件以及法院的自由裁量权进行了详细的规定，司法判例中对诉讼费用担保范围的确定也进行了规定。美国《联邦民事诉讼规则》中没有要求原告提起诉讼时提供诉讼费用担保，但部分州的公司立法对股东代表诉讼费用担保进行了详细的规定，《加利福尼亚州通用公司法》、1994 年修订后的《纽约州普通公司法》即为其中的代表。

第二节 大陆法系国家和地区的民事诉讼担保制度

一、德国

《德国民事诉讼法》① 将"担保"置于第一编"总则"的第二

---

① 《德国民事诉讼法》颁布于 1877 年 1 月 30 日，至今已有 130 余年的历史。该法历经一百余次修订。该法分为十一编，共有 1109 条，有关强制执行程序与仲裁程序的规定均包含在内。

章"当事人"中，并作为单独的一节对其加以规定，该节的规定主要是针对诉讼费用担保的规定，共计六个条款，其中包括对诉讼费用担保的方法和数额、申请担保的条件、担保物的返还、担保的追加、提供担保的期间等内容的规定。同时，在第八编"强制执行"的第一章"通则"中对"执行担保"进行了规定，共计七个条款，包括对不提供担保的假执行、供担保的假执行、依申请不供担保的假执行等内容的规定。

（一）诉讼费用担保

1. 诉讼费用担保的适用条件

《德国民事诉讼法》第110条对诉讼费用担保的适用条件进行了规定，从两个方面对适用条件进行了设置：应当提供担保的情形与不需要提供担保的情形。原告在欧盟任一成员国或者在欧洲经济共同体条约的任一签约国没有经常居所时，依据被告的申请，法院应当要求原告提供担保。另外，有关占有本地土地登记权利的诉讼、有关证券、票据和追索权问题的诉讼，依据国际法上的条约，不要求原告提供担保的；依照国际法上的条约，对被告的偿付诉讼费用的判决可以执行的；原告在德国有足够的不动产或物上担保的债权，原告为反诉原告，原告由于公共的请求而提起诉讼，均完全免除外国原告提供费用担保的义务。①

2. 诉讼费用担保的适用规则

《德国民事诉讼法》第108～113条对诉讼费用担保的适用规则进行了规定。设定诉讼上的担保时，关于应提供的担保的种类，由法院依自由裁量决定。法院未作规定，并且当事人也没有其他合意时，应当由有权在国内营业的信贷机构以书面形式提供不可撤回

---

① 《德国民事诉讼法》第110条规定："（1）原告在欧盟任一成员国或者在欧洲经济共同体条约的任一签约国没有经常居所时，因被告的要求，应就诉讼费用提供担保。（2）在下列情形，无提供担保的义务：1. 依照国际法上的条约不要求提供担保的；2. 依照国际法上的条约对被告的偿付诉讼费用的判决可以执行的；3. 在国内的原告有足够偿付诉讼费用的不动产或有物上担保的债权的；4. 反诉；5. 由于公共的请求而提起的诉讼。"参见丁启明译：《德国民事诉讼法》，厦门大学出版社2015年版，第29页。

的、无条件和无期限的担保，或者通过提存金钱或提存实体法所规定的适于提供担保的有价证券，以为担保。依据《德国民法典》的规定，有价证券仅在它们是不记名、有市场价格且属于可被监护人的金钱对之投资的种类时，才适于提供担保。附空白背书的指示证券，与无记名证券相同。利息证券、定期金证券、红利证券和更新证券，必须连同有价证券一并提存。以有价证券提供担保的，只能以市场价格的 3/4 为数额。对于诉讼费用担保的范围，由法院以自由裁量确定，但法院确定担保数额，应当以被告大概支出的诉讼费用总额为准，被告因反诉而发生的诉讼费用不计入。对于诉讼费用的承担，败诉的当事人应当负担诉讼的费用，是应当偿付对方当事人因达到伸张权利或防卫权利的目的而支出的必要费用。应偿付的费用也包括当事人必要的旅费，以及对方当事人因必须遵守七日而花费时间所受的损失。胜诉当事人应当偿付律师的法定报酬和支付费用。律师如果是未经受诉法院许可的，并且是未住在受诉法院所在地的，其旅费只在因达到伸张权利或防卫权利的目的所必要的限度内予以偿付。胜诉当事人对于经受诉法院许可的律师，因其住所或办事处不在受诉法院或该法院的分院所在地而支出的额外开支，不予偿付。律师有数人时，其费用以不超过一人的费用为限，或以律师必须更换时为限予以偿付。律师在办理自己的案件时，关于报酬和费用的收取，以其作为受委托的律师所能收取的报酬和费用为限。已提供的担保不足时，被告还可以请求补充担保。供担保人以提存金钱或有价证券的方式提供担保的，有权以合适的有价证券调换所提存的金钱，或以其他合适的有价证券或金钱调换所提存的有价证券。提供担保的原因消灭时，命供担保或许为担保的法院应以申请确定期间，命因担保而受利益的当事人表示同意返还担保物，或者证明他已就其请求提起诉讼。如果不能证明在期间内已提起诉讼，期间经过后，法院应依申请命令返还担保物；如果是用保证的方式作出担保，法院应命令解除保证。驳回返回担保申请的裁定，申请人可以提起即时抗告。

（二）　强制执行中的诉讼担保

《德国民事诉讼法》对假执行担保主要从三个方面进行了规

定：不需要提供担保的假执行、需要提供担保的假执行以及依申请不提供担保的假执行。不需要提供担保而宣告假执行的判决，主要包括以下几种：（1）根据认诺或舍弃而作出的判决；（2）缺席判决，以及对迟延期日的当事人依现存的记录而作出的判决；（3）以异议为不合法而驳回异议的判决；（4）在证书诉讼、票据诉讼或支票诉讼中所作的判决；（5）对于在证书诉讼、票据诉讼或支票诉讼中所作的保留判决宣告不予保留的判决；（6）驳回或撤销假扣押或假处分（暂时命令的判决）；（7）在出租人与承租人，或与次承租人之间，或在同一房屋的承租人与次承租人之间，请求继续租房的租赁关系而发生的诉讼，以及因对承租人或次承租人在租赁房屋中的物品行使留置权而发生的诉讼的判决；（8）判令负担支付扶养费的义务、负担因剥夺扶养请求权而支付定期金的义务、负担因伤害他人身体或健康而支付定期金的义务的判决，但以该项义务是在起诉后和起诉前三个月为限。

除了不需要提供担保而宣告假执行的判决以外的判决，在提供一定数额的担保后，宣告假执行。对金钱债权假执行的，担保数额应当占被执行数额的特定比例。如果是维持缺席判决的判决，应当宣告在提供担保后，方对缺席判决继续执行。判令债务人支付一定金钱的判决，宣告于提供担保后准予假执行的，只在以下两种情形下，债权人方可不提供担保而要求强制执行：（1）已扣押动产的；（2）在强制执行中对不动产已进行担保抵押权或船舶抵押权的登记者。债权人只在提出担保后才能从抵押的标的中得到满足。如果债权人可以根据主请求实施执行，在债权人没有预先提供他所应提供的担保之前，债务人可提供担保以免除强制执行。

债权人不能提供担保或显著困难的，如果停止执行将使债权人受到难以弥补的或难以预见的损害，或者因其他原因对债权人显失公平，特别是债权人迫切需要该项给付以维持其生活或维持其职业时，可以对判决依申请不供担保而宣告假执行。法院命令债权人提供担保或准其担保后，如债权人提出附有假执行宣告的判决已经确定的证明，法院应依申请命令发还担保。担保是人的保证时，法院应命令解除该项担保。

如果执行将使债务人受到不可弥补的损害，即使债权人已经提供担保，法院应依申请准许债务人提供担保或通过提存以免除执行。债务人提供担保或提存后，应当将扣押的金钱或出售扣押物的价款提存。如果债务人不能提供担保或提存时，对判决应不宣告假执行，或对判决的执行加以限制。债权人比债务人有更大利益的，不准许债务人的申请。对于不提供担保的假执行，法院可以命令，只在提供判决后，对判决予以假执行。

二、法国

法国的民事诉讼担保相关程序主要规定于《法国新民事诉讼法典》和《法国民事执行程序法》中，《法国新民事诉讼法典》第十五编"判决的执行"第三章"假执行"中，对民事诉讼担保进行了规定；《法国民事执行程序法》对民事诉讼担保的方法进行了规定。从立法梳理上看，虽然法国关于民事诉讼担保未形成统一规整的体系，但其对于民事诉讼担保的相关程序设定同样是细致严密的，并且具有自身独特的程序设计。

（一）假执行担保的适用条件

《法国新民事诉讼法典》规定，紧急审理裁定、对正在进行的诉讼规定先予执行措施的裁定、命令采取保全措施的裁定以及审前准备法官同意给予债权人预付款项的裁定，当然具有先予执行力。除依法当然假执行之情形外，只要法官认为有假执行之必要，并且假执行与案件的性质相符合，在法律不禁止的情况下，应当事人的请求或者依职权，得命令假执行。通过先予执行，胜诉的一方当事人可以有效地防止败诉方的"拖延伎俩"：迟迟不运用上诉救济途径，借以推迟立即执行判决。但是，另一方面，对于"诚实的"败诉方当事人来说，先予执行也会带来很大的风险。例如，假定一审判决在上诉审被驳回，但该判决却已经先予执行，一审败诉的当事人就有可能因此受到不可弥补的损失。正因为如此，有必要对给予败诉方当事人以保护的手段作出规定，这种保护手段可以在某种特定的程序中实施。由胜诉方当事人设置保证，可以减少先予执行给败诉方带来的危险。假定一审败诉的当事人经提起缺席判决异议或向上诉法院提出上诉有可能使一审判决被驳回或改判，但在此时该判决却已经被先予执行，这样肯定会给败诉方当事人造成巨大的物质与精神损失。在此情况下，受到先予执行损害的人应当享有赔偿损害的权利，例如：恢复原状、给予损害赔偿。比较可取的做法应当是：不能因获得先予执行的原胜诉方没有支付能力而有可能使先予执行的受害人得不到补偿或赔偿。考虑到债务人的正当利益，允许法院在某些特定情况下强制规定胜诉方有义务（就先予执行）设置保证。《法国新民事诉讼法典》规定，宣告假执行的法庭，可以对此种执行附加设立担保。这是对假执行规定的正常回应。实际上，法庭也只有在可能限制先予执行的决定给败诉方造成的危险时，才会运用其得到承认的这种广泛权利。因此，法官可以自由地决定是否要求胜诉方当事人提供担保。在此问题上，只要求法官应当清楚地具体说明其意志。如果法官认为有必要设置担保，则应当在判决中指明。要求胜诉方设置担保，目的是要为败诉方当事人提供某种安慰，不过，进一步对败诉方给以保护：被判支付扶养费、抚养费、补偿性年金或预付款以外的款项的当事人，得经法官允许，寄存前款或者寄存足够的有价证券，以担保支付被判处款项的本金、利息与费用，以此避免假执行。在对身体伤害判处赔偿而支付本金的场合，法官亦可命令该项本金交给款项扣押人，由其定期向受害人支付经法官确定数额的钱款。

由判决命令设置的担保"应当充分，以备任何返还或补偿之需"，因此，设置担保的数额应当足以确保受害人就其受到的损失所主张的损害赔偿。已经受到上诉的裁判决定的先予执行，只能由申请执行的人承担风险而得到实施，在（受到上诉的）该裁判决定被上诉法院撤销的情况下，请求先予执行的人应当赔偿因执行判决可能（给被执行人）造成的损失；且无须提出请求先予执行的人有过错。预备性或者临时性裁判决定的先予执行，只能由申请执行的人承担风险而得到实施，并且应由其负责赔偿因执行此种裁判决定可能（给被执行人）造成的损害后果。紧急审理裁定的先予执行，只能由申请先予执行的人承担风险而得到实施，并且应由其负责赔偿因执行此种裁定可能造成的损害后果，无须提出先予执行申请人有过错。可以先予执行的裁判决定没有执行，在该项裁判决定被上诉法院撤销时，不得引起赔偿。在判决的先予执行以提供担保为条件时，只有在已经提供此种担保之日才具有执行力。赔偿还包括以先予执行的名义支付的款项的法定利息。以提供不充分的担保为条件的先予执行，为法律所禁止。判决的先予执行以提供担保为条件时，仅在已经提供此种担保之日，该判决才能具有执行力。

（二）假执行担保的方法

关于担保的形式问题，法国《新民事诉讼法典》规定提供"物保或人保"。由此想到可以提供货币或有价证券作为保证。当请求先予执行的人提议寄存有价证券、保险凭单、商业票据作为保证时，法院应当在其判决中对此种担保的数额、性质与设置方式作出裁决。如果提供现金作为保证金，该款项应当寄存至"信托寄存处"，或者，如果有一方当事人提出请求，可以将款项现金寄存至受委派的第三人之手。如果法官接受第二种担保方式，则要对寄存方式进行确认。在第三人提出反对意见时，仍可以借助"信托寄存处"进行寄存。如对所设立的担保的价值不能立即做出评判，法官得要求各方当事人于确定的日期，携带证明，前来向法官证明应提供担保的价值。在此情况下，法官作出审理决定，不得对其提出上诉所做决定应当在判决的原本上与副本上载述。

《法国民事执行程序法》第 250 条到第 263 条对民事诉讼担保的方法进行了规定。依据法官的批准书，或者依据法律规定准许据以实施保全措施的执行根据，可以就属于债务人的不动产①、商业营业资产②、公司股份或有价证券设置担保。

1. 不动产。不动产抵押权的先行登记，以向抵押权登记处存交两份登录表为之。不动产抵押权登录表仅载明以下事项：

---

① 债权虽然有依据，但其收取受到威胁时，执行法官可以批准就不动产进行临时抵押权登记。

② "商业营业资产"，是指属于商业或工业经营管理所必要的有形财产与无形财产。例如，物资、工具、商品、租赁权、商用名称、标志、专利、商标、顾客群体，等等。顾客群体是商家的重要营业资产，也是商家声誉的重要体现。

（1）指明债权人、债务人以及选定的住所。（2）指出法官的批准书或者据以要求进行抵押权登记的根据；（3）指明债权的本金及附带款项的数额。

2. 商业营业资产。就商业营业资产设置无形动产质押，以向商事法院书记室存交两份抵押登录表为之。登录表应写明以下事项：（1）指明债权人及其在该商业营业资产所在的商事法院辖区内选定的住所，并且指明谁是债务人；（2）指明法官的批准书或者据以要求进行登录的凭证；（3）指明债权本金与附带款项的数额。

3. 公司股份。用公司股份设质（设立无形动产质权），以向公司送达写明以下事项的文书为之：（1）指明债权人与债务人；（2）指明法官的批准书或者据以要求设置担保的根据；（3）指明债权本金与附带款项的数额。此外，如果涉及的是登记注册的民事合伙（民事公司），设质文书应当在"公司与商事登记处"进行公告。用公司股份设质对设质人的全部股份有效，但如设质文书中另有明确规定时，不在此限。

4. 有价证券。用有价证券设质，以送达申请书为之。送达的申请书应当写明以下事项，否则无效：（1）指明债权人与债务人；（2）指明法官的批准书或据以要求设质的凭证；（3）指明债权本金与附带款项的数额。设质对所有有价证券均有效力，但如设质文书中另有明确规定时，不在此限。

在存交不动产抵押权登录表或送达设质文书之后最迟 8 日，应以执达员文书通知债务人，否则抵押权与质权均失效。通知文书应当写明以下事项，否则无效：（1）法官的裁定书的副本一份，或者据以设置担保的凭证的副本一份；但是如所涉及的是经公证的债务或者是国家、地方行政部门以及它们的公共机构的债务，仅需提及凭证的日期与性质以及债务的数额。（2）用极为明显的字体指出债务人可以请求撤销担保。临时公告在 3 年期间保留担保效力。担保得延展相同期间。①

---

① 《法国民事执行程序法》，罗结珍译，中国法制出版社 2002 年版，第 672 页。

三、日本

（一）民事诉讼担保立法概述

日本的民事诉讼担保相关程序主要规定于《日本新民事诉讼法》《日本保全法》《日本执行法》和《日本商法》中，《日本新民事诉讼法》第四章"诉讼费用"中的第二节对诉讼费用担保作了专节的规定，共计七个条款，包括对提供担保命令、提供担保的方法、被告对担保物的权利、不提供担保的效果、撤销担保、更换担保等内容的规定。同时，该节第81条规定，该节规定也用于根据其他法律提起诉讼时应提供的担保；《日本保全法》对保全担保的适用进行了规定，并明确保全担保的具体程序适用诉讼费用担保的规定。《日本执行法》的第三章"关于保全执行的程序"中对保全担保的适用进行了规定，其中包括因不提供担保而撤销保全执行的规定，以及提存而撤销假扣押执行的规定；《日本商法》对股东决议撤销诉讼担保进行了规定。

（二）民事诉讼担保的具体规定

1. 诉讼费用担保的规定

原告在日本国内没有住所、事务所及营业所时，根据被告的申请，法院以裁定命令原告提供诉讼费用担保。原告提供的担保不足时，法院可以裁定命令原告补足担保。被告对金钱支付请求的一部分无争议，如果该部分金额足以担保的，原告可以不提供担保。被告明知有应当提供担保的事由，仍对本案进行辩论或者已经在辩论准备程序中陈述，则不可再提起诉讼费用担保申请。提出诉讼费用担保申请的被告，在原告提供担保之前，可以拒绝应诉。法院作出的诉讼费用担保裁定中，应当确定担保的金额及应当提供担保的时间，诉讼费用担保的金额，以被告在诉讼中支出的费用的总额为标准。原告提供担保应当向管辖命令提供担保的法院所在的地方法院所管辖区内的提存所，以提存现金或法院认为适当的有价证券的方法或者以其他最高法院规则所规定的方法提供担保。原告提供担保后，可以向法院提出申请，请求更换担保。被告就诉讼费用，对于提存的现金和有价证券，具有优先于其他债权受偿的权利。原告在应提供担保的期间内不提供担保时，法院不经过口头辩论，可以以判决驳回其诉讼。但是，在法院作出判决前，原告提供担保的，则不在此限。①

日本民事立法在股东代表诉讼中，也规定了诉讼费用担保制度。股东在提起派生诉讼之后，如果被告澄清了原告股东是出于恶意，且申请法院命令原告提供担保，法院可命令原告提供担保。命令下达之后，如果原告在一定的期间内不提供担保，法院可以驳回原告的起诉。根据日本学者的观点，原告所谓的"恶意"，只需原告股东明知有害于被告董事即可，无须有不当地陷害被告董事的意思，因而，"恶意"只是针对董事的而非针对公司的。概而言之，日本将是否有必要提供费用担保交给法院来判断，判断的标准是原告股东对股东派生诉讼的提起是否基于恶意，同时，被告在申请法院责令原告提供担保时须负证明责任。否则，原告不必承担诉讼费用担保的义务。

2. 保全担保的规定

日本的保全体系类似于德国规定，当事人提出保全申请，对于应保全的权利或权利关系及保全的必要性，应进行释明。是否命令当事人提供保全担保，由法院自由裁量决定。法院可发出保全命令，使人提供担保，或者可以在认为一定的适当期间内提供担保作为实施保全执行的条件，或者可以不使人提供担保。债务人对保全命令，可以提出保全异议申请，法院认为其申请为有理由时，可以要求其提供担保或以提供担保为条件，在对保全异议的申请作出撤销、变更的裁判之前的期间内，可以命令停止保全执行或撤销已经进行的执行处分。法院在对于保全异议作出的裁定中，应当认可、变更或撤销保全命令。在裁定中，法院可以规定在认为适当的一定期间内使债权人提供担保或者增加担保，并在认为适当的一定期间内以债权人对所增加的金额提供担保作为实行或继续实行保全执行

---

① 参见白绿炫编译：《日本新民事诉讼法》，中国法制出版社 2000 年版，第 53 页。

的条件。民事保全中的供担保人提供担保，应当向作出应提供担保命令的法院或管辖保全执行法院所在地的地方法院管辖区内的提存所，以金钱或作出应提供担保命令的法院认为适当的有价证券提存的方法，或者以最高法院规则所规定的方法提供。但是，当事人之间缔结特别合同的，依据该合同。①

3. 执行担保的规定

对于执行抗告作出的裁判生效之前，抗告法院可使其提供担保或不提供担保，命令停止执行原审法院裁判或者停止民事执行程序的全部或部分；或者使其提供担保，命令继续执行。案件笔录在原审法院内时，原审法院也可命令这些处分。执行担保中的供担保人提供担保，应用提存的方法向发出担保命令的法院或向执行法院所在地的地方法院所辖区内提存所提存金钱或者发令法院认为合适的有价证券，或用最高法院规则所规定的其他方法。但是，当事人已作特别合同时，依该合同。

4. 股东瑕疵诉讼担保的规定

《日本商法》规定了股东决议瑕疵诉讼，股东大会召集程序或表决方法违反法令或章程，或显著不公正；决议内容违反章程以及有特别利害关系的股东行使表决权形成不当决议的，股东可以提起公司决议撤销之诉。其中，决议内容违反章程最初是决议无效的原因，1981 年商法典修正，将其修改为决议可撤销的理由，因为基于章程是公司内部的自治规则，股东大会决议可对其进行变更，无需赋予其与法令相同的效力。原告股东提起股东决议瑕疵诉讼，应自决议之日起 3 个月内提起。股东提起撤销决议之诉时，法院可依公司的请求，命令该股东应当提供相应的担保。但该股东为董事或者监事时，不在此限。请求股东大会决议不存在的确认之诉及以股东大会决议的内容违反法令或者章程为理由提起的请求决议无效的确认之诉，准用撤销决议之诉的规定。

---

① 参见白绿炫编译：《日本新民事诉讼法》，中国法制出版社 2000 年版，第 270 页。

四、我国台湾地区

我国台湾地区对民事诉讼担保的规定较为细致深入。我国台湾地区相关规定将诉讼费用担保置于"民事诉讼法"第三章"诉讼标的价额之核定及诉讼费用"中，并作为单独的一节对其加以规定，共计十个条款，其中包括对诉讼费用担保的要件、申请担保的限制、被告拒绝辩论权、提供担保的裁定、对担保裁定的救济、不提供担保的后果、提供担保的方法、担保的效力、担保物返还原因及程序、担保物的变换等内容的规定。该节第 106 条规定，其他依法令供诉讼担保可准用该节的规定。在第七编保全程序中对假扣押担保、解除假扣押担保、假处分担保进行了规定。2000 年颁布并施行的"台湾强制执行法"，其中对执行担保的适用进行了规定。正因其成熟的规定，在台湾学者的诉讼法专著中，涉及诉讼担保的很多。"公司法"还对股东代表诉讼费用担保进行了规定。

（一）诉讼费用担保

1. 诉讼费用担保的申请

诉讼费用，包括当事人因进行民事诉讼而向法院交纳和支付的费用。依据我国台湾地区的"民事诉讼法"中规定，不是因为诉讼的提起或进行而支出的费用，纵使和诉讼有关，也不属于民事诉讼中的诉讼费用。如当事人或法定代理人出庭的时候所支出的旅费、包括食宿及路费、收集证据所支出的费用、当事人在争执现场照相所花的底片及冲洗费用，以及录音时购买录音带的费用，都不属于诉讼费用。当事人所支出的费用，如果不是为了伸张权利所必要而支出的费用，都不是民事诉讼中的诉讼费用，例如，申请假扣押所提出的担保金并非诉讼费用；因诉讼的提起必须购买司法状纸，但是购买状纸一套已经够用的时候，如果当事人开了五套的状纸费用，其超过部分法院应该在确定诉讼费用额度的时候加以剔除。①在我国台湾地区的民事诉讼中，当事人自己选任律师代理诉

---

① 参见我国台湾地区"民事诉讼法"第 91 条、第 92 条、第 390 条、第 526 条、第 533 条。

讼而支出的律师费，不是其"民事诉讼法"规定中的诉讼费用。台湾学者认为，台湾在制度上并不采律师诉讼主义，其"民事诉讼法"所规定的诉讼代理人不限于律师，所以当事人是不是委任律师，由当事人自行决定，也可以自己诉讼，也可以委任律师诉讼，因此，委任律师所支出的律师费就不能算在诉讼费用之内。但是法院或审判长为当事人选任律师为诉讼代理人，又法院或审判长为当事人选任律师作为特别代理人时，此时支出的律师费是诉讼费用的一部分。

依据我国台湾地区"民事诉讼法"的规定，在国际民事诉讼中适用诉讼费用担保的条件包括两项：（1）原告在台湾没有住所、事务所及营业所。（2）由被告提出诉讼费用担保申请。被告如果已经进行言词辩论，则不可再提出申请，被告事后才知道应当提供担保的事由，则不在此限。有以下三种情形之一的，原告没有提供担保的义务：（1）原告请求中，被告没有争执的部分足以赔偿诉讼费用；（2）原告在台湾地区有资产且足以赔偿诉讼费用；（3）原告是经法院准予诉讼救助者。法院裁定原告提供诉讼费用担保，在原告提供担保前，被告可以拒绝进行言词辩论。

我国台湾地区的公司立法，也在股东代表诉讼中规定了诉讼费用担保制度，股东提起诉讼时，法院应被告的申请，可以命起诉的股东，提供相当的担保；如败诉，导致公司遭受损害，起诉的股东，对于公司负赔偿责任。原告股东提起股东代表诉讼，只要被告向法院提出申请要求原告提供担保，法院就应当依据被告的申请，作出提供担保的裁定，而不需要确定原告股东是否存在恶意或满足其他条件。

2. 诉讼费用担保的方法和范围

对于诉讼费用担保的数额，由法院自由裁定，以被告在各审应支出的费用总额为准。诉讼中发生担保不足额或不确定的情况时，诉讼现在系属的法院，应当依据被告的申请，再以裁定命原告补供担保。关于申请担保的裁定，可以进行抗告。原告在法院裁定所定的提供担保的期间内不供担保的，法院应当以裁定驳回其起诉。但在裁定前已经提供担保的，不在此限。法院命令供担保人提供担保的裁定中，可以记载供担保人需要提供的现金数额，供担保人如果想要提存有价证券，可以申请法院裁定确定其认为与市价相当的证券的名称和数量。担保的客体可以是现金和法院认为相当的有价证券，但不可以请求以土地所有权状变换现金的担保。① 供担保人提供现金或有价证券作为担保后，受担保利益人就担保物，与质权人享有同样的权利。但当事人另有约定的，不在此限。供担保人提供担保，也可以由保险人或经营保证业务之银行，或该管区域内有资产之人出具保证书代替。被告就诉讼费用，对于提存物，享有与质权人同样的权利。在当事人不履行其应当偿付给对方当事人相应费用的义务时，提供保证书的人有直接就保证金履行赔偿的责任，不能主张民法上的债务保证关系，不具备先诉抗辩权。出具保证书的人，在原告不履行所负义务时，有就保证金额履行的责任以解释说明。法院可以依据被告的申请，直接向出具保证书的保证人为强制执行，无需另行起诉。②

3. 担保物的变换与返还

法院可以依据被告的申请，直接对具保证书人为强制执行。当事人可以约定变换担保方法，法院也可以依据供担保人的申请，以

---

① 我国台湾地区"最高法院"1959 年台抗字第 93 号判例："供担保之提存物，供担保人有须利用之者，固得由供担保人申请法院许其变换，惟提存物为有价证券者，祇得易以现金或其他有价证券，此观'民事诉讼法'第一百零二条第一项前段所定，供担保限于现金或与现金相当之有价证券自明，抗告人竟请以土地所有权状变换现金之担保，自无可许。"

② 对于司法实践中"命以新台币供担保之裁判，应供担保之当事人申请为许其提存有价证券之裁定，可否准许？"的问题，我国台湾地区"最高法院"1964 年度第 3 次民、刑庭总会会议决议（二）认为："民事诉讼法"第壹百零二条第一项规定，供担保应提存现金或法院认为相当之有价证券，但当事人别有约定者，不在此限。是知此一规定，系专为供担保应提存何物而设，裁判之命以新台币供担保，祇系抽象的表明其数额，供担保时，原则上，固应比照此数额具体的提存现金，但欲提存有价证券，亦无不可，不过以经法院认为相当之有价证券为限而已，故应供担保之当事人申请为许其提存有价证券之裁定者，法院苟认为相当，自得准许，此与"民事诉讼法"第一百零五条所定之变换提存物问题无关。

裁定准许其变换担保方法。假如担保人本来所提出的担保物是保证书，而申请裁定变换成现金或有价证券的时候，则法院就可以斟酌情形裁定准许变换担保物。①

为公平对待原告，我国台湾地区"民事诉讼法"亦规定了返还担保物的程序。有下列各款情形之一的，法院应当依据供担保人的申请，以裁定命返还其提存物或保证书：（1）应供担保之原因消灭者；②（2）供担保人证明受担保利益人同意返还者；（3）诉讼终结后，供担保人证明已定 20 日以上之期间，催告受担保利益人行使权利而未行使，或法院依供担保人之申请，通知受担保利益人于一定期间内行使权利并向法院为行使权利之证明而为证明者。

（二）保全担保

申请人提出保全申请，应当对请求及保全的原因进行释明。在对保全必要性进行释明时，主要是对三个方面的内容进行释明：胜诉可能性；难以获得偿付的损害；对双方利益的衡量。保全必要性的判断基准，大致上可以说，由于等待本案诉讼的确定，债权人所

① 我国台湾地区"最高法院"1954 年台抗字第 122 号判例："供担保应提存现金，或法院认为相当之有价证券，如应供担保之原告不能依前项规定为提存者，法院得许由该管区域内有资产之人具保证书代之……所谓供担保之提存物或保证书，得由当事人约定变换外，法院得依供担保人之申请，以裁定许其变换，系指已为提存或已具保证书供担保后复请变换之情形而言，与应供担保之原告不能为提存者，法院得许以保证书代之之情形迥异，故保证书得易以提存物或仍易以他人之保证书，但将提存物易为保证书，则属于法无据，不应准许。"

② 在我国台湾地区的司法实务中，"被告因免为诉讼保全而供担保"被认为是属于"供担保的原因消灭"的情形之一，但另有学者认为，被告为免受诉讼保全而提供的担保，旨在担保其就本案诉讼，将来可以获得确定的胜诉判决，如果受败诉判决，其担保可以赔偿原告因此而遭受的损失。诉讼保全的本案诉讼既然尚未确定，将来原告仍有获得胜诉判决的可能，因为被告提供担保而免于保全，只是原告丧失提前保全所能获得的利益，并使原告负担被告在将来可能丧失或减少资力的风险，将来如果原告就本案诉讼获得胜诉的确定判决，而被告因为免受保全而提供的担保已被返还，此时与要求其体用担保的制度是背道而驰的。参见吴明轩：《关于宣告假执行规定之适用》，载《月旦法学教室》2003 年第 6 期，第 102 页。

预想的损害，与准许保全裁定所产生的损害，两相比较衡量，债权人的一方会比较大，则可以判断有保全的必要。因此，赋予保全必要性的基础事实，不能仅止于以债权人的主观威胁感，还必须基于客观而具体的事由。① 如果法院认为实施保全处分，对被申请人将造成较大的损害，也可以命债权人提供担保金额，以求平衡。因为并不能因未保全处分会对债务人造成较大损害，就置债权人不受继续侵害的保护于不顾。②

　　我国台湾地区的"民事诉讼法"对于假扣押与假处分中的解除保全担保做了不同规定。对于假扣押，债务人提供担保，法院可

---

① 我国台湾地区 1997 年台抗 257 裁定："于争执之法律关系，须为防止发生重大之损害或避免急迫之危险或有其他相类之情形而有必要时，始得申请为定暂时状态之处分。所谓必要，即为假处分之原因，应由申请假处分之人，提出相当证据以释明之，倘无法释明必要情事存在，即无就争执之法律关系，定暂时状态之必要。又专利权每涉及技术之研发及市场之竞争，须兼顾专利权人于其专利权受侵害时，迅速获得救济及相对人被迫退出市场所受冲击，于市场公平竞争之利害得失。是审核有无发生侵害专利权定暂时状态假处分之必要时，自须考量是否造成无法弥补之损害及利益之衡平，及是否影响公共利益、受侵害权利之有效性及权利被侵害等事实。"参见李木贵讲述：《民事诉讼法》（下），台湾元照出版有限公司 2010 年版，第 10~44 页。

② 我国台湾地区 1996 年台抗 266 裁定认为："所谓争执之法律关系，有定暂时状态之必要者，系指因避免重大损害或因其情事，有就争执之法律关系，定暂时状态之必要而言。至所称法律关系，凡适于为民事诉讼之标的，有继续性者皆属之，无论其本案请求为给付之诉、确认之诉或形成之诉，均有其适用。申言之，假处分之目的系为保全强制执行，或就争执之法律关系定暂时之状态，苟合于前开条件，并经债权人主张及释明有假处分之原因存在，或有定暂时状态之利益，法院即得为假处分之裁定，债权人亦得提供担保以代此项释明之不足，申请准为附条件之假处分裁定，至债权人起诉主张之实体上理由是否正当，则非属保全程序之假处分裁定所能审究。又法院定担保金额而为准许假处分之裁定者，该项担保系备供债务人因假处分所受损害之赔偿。是以法院衡量利害关系之结果，若认实施假处分，对债务人将造成较大之损害，非不得酌定命债权人提供较高之担保金额，以求平衡，尚不能因假处分对债务人造成较大损害，即置债权人不受继续侵害之保护于不顾。"参见李木贵讲述：《民事诉讼法》（下），台湾元照出版有限公司 2010 年版，第 10~44 页。

以免为或撤销保全处分。在我国台湾地区的司法实务中,法院在假扣押时要求当事人提供担保,一般要求所请求金额的三分之一的担保金。但是对于长期为婚姻生活牺牲、贡献而处于经济上弱势的家事劳动者,几乎无力提供,故规定其在请求家庭生活费用、扶养费、赡养费、夫妻剩余财产差额分配之诉时,法院应降低要求其提供担保金额的门槛,不得高于请求金额的十分之一,① 以免因程序规定而损及当事人实体利益,保障其请求权。对于假处分,如果金钱给付可以满足假处分所保全的请求,或者债务人将因假处分而遭受难以补偿的重大损害,债务人提供担保,法院可以免为或撤销假处分。对于关于保全申请的裁定(裁定中包括担保的内容),可以进行抗告。抗告法院进行裁定前,应当使债权人及债务人有陈述意见的机会。抗告法院认为抗告有理由的,应自行裁定。准许保全的裁定,如经抗告者,在驳回假扣押申请裁定确定前,已实施的保全措施执行程序,不受影响。

关于免为或撤销假处分的担保金的性质,主要有两种学说,"假处分执行标的物的替代物说"与"阻止假处分对债权人所生损害的担保说"。日本民事保全法采纳的是"标的物替代物说"。对于债务人为免为(撤销)假扣押而提供的担保,我国台湾地区民事诉讼司法实务中,通常认为其是"担保假扣押债权人本案的请求",即采纳的是"替代物说",因此"其后该债权人,如获得本案请求之胜诉确定判决,即得执以请求就该项担保金执行优先受偿"。但仍有学者认为,债务人为撤销假扣押而提供的担保,只是为了担保假扣押债权人因撤销假扣押而受到的损害,并非为了担保假扣押债权人本案的请求,因此假扣押债权人仅能在因撤销假扣押

---

① 我国台湾地区 1997 年台抗 277 裁定:"请求及假扣押之原因应释明之;前项释明如有不足,而债权人陈明愿供担保或法院认为适当者,法院得定相当之担保,命供担保后为假扣押。故债权人申请假扣押,就其请求及假扣押之原因均应加以释明。仅于释明有所不足,而债权人陈明愿供担保或法院认为适当者,法院始得定相当之担保,命供担保后为假扣押。若债权人就其请求及假扣押之原因,有任何一项未予释明,法院即不得命供担保后假扣押之裁定。"参见林家祺、刘俊麟著:《民事诉讼法》(增订六版),台北书泉出版社 2007 年版,第 704 页。

所受的损害赔偿请求权内，依法享有与质权人同样的权利。对于债务人为免于假处分或撤销假处分而提供的担保，在我国台湾地区的司法实务中，通常认为是为了赔偿债权人可能"因免假执行而受之损害"，债权人只有在请求损害赔偿时，享有与质权人同样的权利，本案请求并不包括在内。① 对此，学理上则有不同的见解，有学者认为：虽然债务人的财产应当为总债权人的担保，但是为了免于假执行而提供的担保物，是为特定债权人的利益而提存，而所谓因免于假执行所遭受的损害，无非是本案的请求不能获得全部或一部分实现而遭受的损害，如果认定本案的请求也在质权范围内的话，反而更能符合诉讼经济的要求，因此，为了免于假执行而提供的担保，应当及于"本案请求"。②

对于违法的保全执行，即诉讼保全裁定的不当执行，给债务人带来的损失，债权人应当承担何种责任？我国台湾学者陈计男主张，债务人可以依据我国台湾地区'民事诉讼法'规定请求损害赔偿或依民法请求损害赔偿，③ 但是依据'民法'规定请求赔偿

---

① 我国台湾地区"最高法院"1975 年度第 8 民事庭会议决议结论认为："金钱债务之假执行，债务人提供担保免假执行后，被判决败诉确定，债权人申请就担保金求偿，惟已有第三人具状申明参与分配，此种情形，按债务人所供免执行之担保金，系为赔偿债权人因免假执行而受之损害，仅于债权人请求赔偿损害时，债权人始有与质权人同一之权利，故仍应制作分配表分配。"依据此民庭决议的结论，可以看出在台湾地区的司法实务中，针对债务人为免于假处分而提供的担保金，债权人只有在"因免假执行而受之损害"的范围内，享有与质权人同样的权利，而不包括"本案给付"在内。

② 参见杨建华著：《问题研析民事诉讼法（一）》，1985 年版，第168~169 页。转引自姜世明著：《民事诉讼法（上册）》，台湾新学林出版股份有限公司 2013 年版，第 581 页。

③ 我国台湾地区"民事诉讼法"第 531 条规定："假扣押裁定因自适不当而撤销，或因第 529 条第 4 项及第 530 条第 3 项之规定而撤销者，债权人应赔偿债务人因假扣押或供担保所受之损害。假扣押所保全之请求已起诉者，法院于第一审言词辩论终结前，应依债务人之声明，于本案判决内命债权人为前项之赔偿。债务人未声明者，应告以得为声明。"第 529 条第 4 款规定："债权人不于第一项期间内起诉或未遵守前项规定者，债务人得申请命假扣押之法院撤销假扣押裁定。"第 530 条第 3 款规定；"假扣押之裁定，债权人得申请撤销之。"

的，债务人应当就损害的原因（债权人主观上的故意或过失）与损害结果的发生负举证责任；依据'民事诉讼法'规定请求赔偿的，只需证明有上述三种情形之一经裁定撤销假扣押裁定的事实及损害的事实即可。① 吕太郎主张："无论从'民诉法'531条第一项之法理基础，或类推与不当假执行时债权人之无过失责任、诉讼费用负担之法理，债权人本案败诉时，对债务人因假扣押所生之损害，应负无过失赔偿责任，较为合理。"然而同时又称："退而言之，即使必须依侵权行为法则处理，亦应减轻债务人就债务人之违法性、有责性之举证责任。无论债权人应负无过失赔偿责任或过失赔偿责任，均有过失相抵之适用。"② 但是对于行为保全而言，是法院为了防止发生重大损害或避免急迫危险时，在经过两方当事人陈述后，为平衡当事人之间的权利义务或利益而作出的裁定，目的在于维持法律秩序，并兼顾公益。因此行为保全的裁定如因法定事由而撤销，原则上，虽然申请人应当支付赔偿责任，但为了公平起见，如行为保全申请人能够证明其并无过失时，法院可以视其情形减轻或免除其赔偿责任。③在日本，申请诉讼保全的债权人，最终获得确定的败诉判决时，对于其对于债务人的损害赔偿义务，实体法上虽没有明确规定，但学说判例上均认为应当理解为无过失义务。④

（三）执行担保

执行程序开始后，当事人双方有权合意延缓执行程序的进行，但以债务人须提供确实的担保为前提。执行担保的数额应当"相

---

① 参见陈计男著：修订五版《民事诉讼法（下）》（修订五版），台湾元照出版有限公司，第477页。

② 吕太郎：《本案败诉时假扣押债权人之赔偿责任》，载《民事诉讼法基本理论（二）》，第269页。

③ 我国台湾地区"民事诉讼法"第538条第3款规定："定暂时状态之裁定因第531条之事由被撤销，而应负担损害赔偿责任者，如申请人证明其无过失时，法院得视情形减轻或免除其赔偿责任。"

④ 参见李木贵讲述：《民事诉讼法》（增订六版），台湾元照出版有限公司2010年版，第68页。

当而确实"，供担保人提供的具体数额，由执行法院依据实际情况自由裁量，但确定的范围以可弥补债权人所受的损害为准。2007年我国台湾地区"提存法"修改，其第18条第1项第1款规定，假执行的本案判决已全部胜诉确定时，提存担保的提存人可以申请该管辖法院提存所返还提存物。

五、大陆法系民事诉讼担保小结

（一）立法体例概述

大陆法系国家和地区一般都有统一的成文民事诉讼法，民事诉讼担保作为民事诉讼程序中的重要部分，通常以专节的形式加以规定。如《德国民事诉讼法》第一编"总则"的第二章"当事人"中的第六节、《日本新民事诉讼法》第四章"诉讼费用"中的第二节、我国台湾地区"民事诉讼法"第一编"总则"的第六节等。除此之外，也有相关的单行法对于民事诉讼担保的具体规则进行明确。如《法国民事执行程序法》《日本民事保全法》等。

（二）民事诉讼担保的相关规定

《德国民事诉讼法》《日本新民事诉讼法》以及我国台湾地区的"民事诉讼法"都规定了涉外民事诉讼中的诉讼费用担保。依据德国立法的规定，原告在欧盟任一成员国或者在欧洲经济共同体条约的任一签约国没有经常居所时，依据被告的申请，法院应当要求原告提供担保。依据日本立法的规定，原告在日本国内没有住所、事务所及营业所时，根据被告的申请，法院以裁定命令原告提供诉讼费用担保。依据我国台湾地区"民事诉讼法"的规定，在涉外民事诉讼中适用诉讼费用担保的条件包括两项：（1）原告在台湾没有住所、事务所及营业所。（2）由被告提出诉讼费用担保申请。法国的民事诉讼立法并未规定诉讼费用担保制度。日本以及我国台湾地区的公司立法中，对股东代表诉讼费用担保的适用进行了规定，德国与法国的立法中则没有关于此类规定。

德国、日本以及我国台湾地区都在民事诉讼立法中对诉讼费用担保的适用规则进行了详细的规定，具体内容包括担保的申请、担保的方法、担保的范围、担保物的变换、担保物的返还、担保的效力等。其他类型的民事诉讼担保的具体规则适用诉讼费用担保的规定。德国和日本的民事诉讼立法中，并没有"第三人出具保证书"的担保规定，我国台湾地区"民事诉讼法"规定了可以由第三人提供担保。法国的民事诉讼立法对先予执行担保的适用规则进行了细致的规定，如担保方法、担保的范围等。《法国民事执行程序法》则对担保方法进行了更进一步的规定。

第三节　两大法系民事诉讼担保制度总结

一、民事诉讼担保的立法体例

从以上域外的立法例来看，对于民事诉讼担保制度的立法主要有两种模式：第一种是在民事诉讼立法中对民事诉讼担保进行零散的规定，各类具体的诉讼担保散见于相应的诉讼程序中；第二种即是在民事诉讼立法中，以单节对民事诉讼担保的相关内容进行规定。

在英美法系国家，关于民事诉讼担保的立法体例的选择不尽一致。在美国的民事诉讼立法中，关于民事诉讼担保的规定散见于相应的民事诉讼程序中，如关于禁令担保的规定，即规定在《联邦民事诉讼规则》第八章"临时性和终局性财产救济方法"中，但并未对禁令担保的适用条件和适用程序进行细致规定，仅明确当事人申请临时禁令或预备禁止令时，必须提供担保。在英国，其《民事诉讼规则》的正文并未对禁令担保进行规定，但却以单独一节的形式对诉讼费用担保的适用条件进行了规定。

对于民事诉讼担保的立法，大部分大陆法系国家和地区选择在民事诉讼立法中以单节的形式对诉讼担保的相关内容进行规定。德国、日本以及我国台湾地区的民事诉讼立法中均以单节的形式对民事诉讼担保的适用程序进行了详细的规定，包括诉讼担保的方法、范围、担保物的返还、追加等内容。法国的《民事执行程序法》中以单节的形式对诉讼担保的方法进行了详细的规定。

二、民事诉讼担保的适用条件

对于民事诉讼担保的适用条件，美国的民事诉讼立法中并未对此作出规定，仅规定法院发布临时禁止令或预备禁止令的前提是申请人提供担保。《英国民事诉讼规则》从诉讼担保的申请、诉讼担保的适用条件以及法院的自由裁量权三个方面对诉讼费用担保的具体适用条件进行了详细的规定。依据该规则的规定，当事人提出诉讼费用担保申请，应当在第一次案情管理会议上提交以书面证据支持的申请通知，法院的诉讼费用担保裁定，可以对任何处于诉讼请求人地位的人做出。即使此人不是严格意义上的"诉讼请求人"。可以适用诉讼费用担保的情况主要有以下三种：居所、营业所是否在管辖区外；属于依据公约对他不能强制执行请求的人；诉讼请求人是公司或其他团体，法院有理由相信，如果判令其支付，它将不能支付被告的诉讼费用。案件被确定属于作出诉讼费用担保裁定的理由的范围内时，法院对是否作出担保裁定享有自由裁量权，法院在行使自由裁量权时，需要考虑四个方面的事项：请求人的请求是否是善意的而不是一场骗局；被告是否在利用诉讼费用担保，压迫性地扼杀一项诚实的请求；被告提出申请是否存在拖延；原告是否通常居住在管辖区外。

大陆法系国家和地区的民事诉讼立法大多对诉讼费用担保的适用条件进行了规定。《德国民事诉讼法》从两个方面对诉讼费用担保的适用条件进行规定：应当提供担保的情形与不需要提供担保的情形；对执行担保亦作类似规定：不需要提供担保的假执行、需要提供担保的假执行以及依申请不提供担保的假执行。依据《日本新民事诉讼法》的规定，原告在日本国内没有住所、事务所及营业所时，根据被告的申请，法院以裁定命令原告提供诉讼费用担保。在股东代表诉讼中，法院命令原告提供担保的前提是，被告澄清了原告股东提起诉讼乃是出于恶意。被告如不能对此恶意提供证明，法院则不能命令原告提供担保。我国台湾地区亦有类似规定。对于民事诉讼担保中的其他类型的担保，上述国家和地区均未明确规定其适用条件，多是由当事人提出诉讼担保申请，法院自由裁量决定是否适用。

三、民事诉讼担保的适用程序

在英美法系国家的民事诉讼立法中，多是对民事诉讼担保的适用程序进行简略的规定。美国的民事诉讼立法对禁令担保的适用情形、担保的范围以及担保的适用主体进行了规定。依据《联邦民事诉讼规则》的规定，申请人提供禁令担保是法院发布临时禁止令或预备禁止令的前提，担保的范围由法院自由裁量决定，以被错误地禁止或限制的当事人可能遭受的损失或损害为限。禁令申请人是美国国家或其官员或其机构的，不需提供担保。相较于美国《联邦民事诉讼规则》的相关规定，英国的民事诉讼立法则并未对诉讼担保的适用程序进行规定，其司法判例对诉讼费用担保范围的确定进行了规定。

在大陆法系国家和地区的民事诉讼立法中，通常以专节的形式对民事诉讼担保的适用程序进行细致的规定。在德国的民事诉讼立法中，诉讼费用担保的方法和范围由法院自由裁量决定，诉讼费用担保的范围应当以被告大概支出的诉讼费用总额为准。胜诉当事人应当偿付律师的法定报酬和支付费用。提供的担保不足时，被告可以要求补充担保。已提供的担保，可依法律规定进行变换。担保的原因消灭时，应当返还担保物。日本及我国台湾地区对诉讼费用担保的适用程序的规定类似于德国民事诉讼立法的规定，但是对于诉讼担保方法，我国台湾地区"民事诉讼法"规定，可以由第三人提供担保，但在德国与日本的民事诉讼立法中，均无"第三人出具保证书"的规定。法国的民事诉讼立法中，对诉讼担保的方法进行了详细的规定，担保方法包括不动产、商业营业资产、公司股份、有价证券四种，每一种担保方法都具备相应的明确的具体担保程序。

第四章　我国民事诉讼担保制度之审视

在之前的章节对域外国家和地区民事诉讼担保的相关规则进行分析后，我们不禁要问，域外尤其是民事诉讼担保规则较为发达的国家和地区的成熟经验是否可以借鉴甚至是直接移植入我国的诉讼担保程序构建中来？我国的诉讼担保程序的现状和特征究竟如何？有哪些自身特点以及需要改进的地方？以上诸多疑问便是本章内容重点阐释的问题。

第一节　我国民事诉讼担保制度现状

一、民事诉讼担保制度概况

我国大陆地区民事诉讼担保的立法依据主要由三部分组成，其一是现行《民事诉讼法》《海事诉讼特别程序法》中关于民事诉讼担保的规定；其二是《著作权法》《专利法》《商标法》关于民事诉讼担保的规定；其三是《民事诉讼法》《海事诉讼特别程序法》相关司法解释和《公司法》《著作权法》《专利法》《商标法》相关司法解释中涉及民事诉讼担保的特别规定。目前，我国关于民事诉讼担保的相关规定数量较少且不成体系，无论是在《民事诉讼法》《海事诉讼特别程序法》《著作权法》等成文法典中，还是在相关司法解释中，关于民事诉讼担保的程序性规定不仅数量较少，而且均散见于相关立法、司法文件之中，不成章节体系。从条文数量上看，《民事诉讼法》中仅有 7 个条文涉及民事诉讼担保程序，第 100 条第 2 款关于诉讼中保全担保的规定、第 101 条第 1 款关于诉讼前保全担保的规定、第 104 条关于解除保全担保的规定、第 107 条关于先予执行担保的规定、第 231 条关于执行担保的规定。另外，第 81 条规定证据保全的具体适用参照保全的规定。仅这些条款对民事诉讼担保的适用进行规定，着实规制不足；《著作权法》《专利法》《商标法》关于民事诉讼担保的规定都只有 1 条。相关的司法解释中，《执行规定（试行）》中，只有 1 条对执行担保的担保方法进行了规定。我国 2015 年《民事诉讼法司法解释》中，关于民事诉讼担保制度的规定有 6 处，分别是第 98 条关于证据保全担保的规定，第 152 条关于保全担保的适用程序的规定，第 469 条关于执行担保期限的规定，第 470 条关于担保方法的规定，第 471 关于担保效果的规定，第 542 条关于涉外仲裁保全担保的规定。知识产权立法、公司立法及相关司法解释中，也涉及了对民事诉讼担保的相关规定。2018 年最高人民法院为了规范执行担保，维护当事人、利害关系人的合法权益，发布《关于执行担保若干问题的规定》，全文共 16 条，对强制执行程序中的执行担保问题做了更全面的规范。《执行担保规定》明确了执行担保的构成要件、实现方式、担保期限，并明确了执行担保的追偿权。2020 年最高人民法院发布了《新民事诉讼证据规定》，第 26 条对证据保全中应当提供担保的情形进行了规定，并规定了法院裁定担保方式及数额应当考虑的事项。从条文布局上看，关于民事诉讼担保具体适用程序的相关条文散见于诸多司法文件之中，且每个文件中各项诉讼担保类型的条文数量均不平衡，也不存在专章专节的分类布局。

分析我国大陆地区现行民事诉讼担保程序的规则现状之后，还需对我国民事诉讼担保程序的整体运行状况进行评析。民事诉讼担保作为民事诉讼程序中的一个重要部分，其是否得到科学的适用，直接关系着当事人诉讼权利的行使，实体权益的实现，也影响着诉讼程序的顺利进行。在我国的民事诉讼立法中，法官可以自由裁量是否适用民事诉讼担保，依据《民事诉讼法》的规定，在某些特定情况下，法官可以要求利害关系人提供担保，即利害关系人并不是必须提供担保。但在实务操作中，为了避免承担责任，法官通常都会要求利害关系人提供担保，用担保替代了担保人的释明责任。

我国的民事诉讼立法、知识产权立法及相关的司法解释，多是对民事诉讼担保的适用进行了规定，关于诉讼担保的具体适用程序的规定则较少，仅有的一些适用规则也是由数量不多的零散程序性法条组成的。由此导致法院在适用民事诉讼担保时程序混乱，各地方法院的做法不一。

二、诉讼费用担保制度现状

诉讼费用担保，是指法院依据被告的申请，为了确保原告在日后可以对被告履行其赔偿诉讼费用的义务，要求原告提供的担保。诉讼费用担保，保障的是原告败诉后，被告的损害赔偿请求权，针对的是被告为维护合法权益而支出的必要的诉讼费用。诉讼费用担保的设置，关系到原告诉权的行使，加大了原告的诉讼风险。因此只能在特定情形下，才可以适用。诉讼费用担保主要适用于国际民事诉讼与股东代表诉讼中。目前，我国立法并没有关于诉讼费用担保的规定。

（一）关于诉讼费用的现有规定

诉讼费用，是指当事人进行民事诉讼，依法应当向人民法院交纳和支出的费用，包括案件的裁判费和其他诉讼费用。目前，我国关于民事诉讼诉讼费用问题的基本操作规范，主要包括《民事诉讼法》《民事诉讼法司法解释》、此前由国务院于 2006 年 12 月 19 日公布，并自 2007 年 4 月 1 日起施行至今的《诉讼费用交纳办法》①，以及最高人民法院于 2007 年 4 月 20 日发布的《关于适用〈诉讼费用交纳办法〉的通知》（以下简称《诉讼费用适用通知》）。《民事诉讼法》第 118 条规定，当事人进行民事诉讼，应当按照规定交纳诉讼费用。相关的司法解释对诉讼费用的交纳范围、诉讼费用金额的计算、诉讼费用的退还、诉讼费用的负担等问

---

① 由国务院来制定行政法规性质的《诉讼费用交纳办法》明显有违《立法法》相关规定。基于法治原则，应由国家立法机关来制定关于民事诉讼费用问题的立法。参见赵钢著：《讼费规则制定权的再次旁落》，载《法学》2007 年第 3 期。

题做了较为具体的规定。

　　根据规定，我国诉讼费用的范围包括案件受理费、申请费、交通费、住宿费、生活费和误工补贴。① 所谓案件受理费，是指当事人行使诉权寻求司法保护而向人民法院交纳的、具有国家规费性质的诉讼费用。② 除《诉讼费用交纳办法》明文规定可以不交纳受理费的案件以外，其他案件均应交纳案件受理费;③ 所谓申请费，是指当事人因申请人民法院为特定诉讼事项或开启相关程序而依法向后者交纳的、具有国家规费性质的诉讼费用;④ 交通费、住宿费、生活费和误工补贴，是指证人、鉴定人、翻译人员、理算人员

---

　　① 《诉讼费用交纳办法》第6条规定："当事人应当向人民法院交纳的诉讼费用包括：（一）案件受理费；（二）申请费；（三）证人、鉴定人、翻译人员、理算人员在人民法院指定日期出庭发生的交通费、住宿费、生活费和误工补贴。"

　　② 参见赵钢、占善刚、刘学在著：《民事诉讼法》（第三版），武汉大学出版社2015年版，第64页。

　　③ 《诉讼费用交纳办法》第7条规定："案件受理费包括：（一）第一审案件受理费；（二）第二审案件受理费；（三）再审案件中，依照本办法规定需要交纳的案件受理费。"第8条规定："下列案件不交纳案件受理费：（一）依照民事诉讼法规定的特别程序审理的案件；（二）裁定不予受理、驳回起诉、驳回上诉的案件；（三）对不予受理、驳回起诉和管辖权异议裁定不服，提起上诉的案件；（四）行政赔偿案件。"第9条规定："根据民事诉讼法和行政诉讼法规定的审判监督程序审理的案件，当事人不交纳案件受理费。但是，下列情形除外：（一）当事人有新的证据，足以推翻原判决、裁定，向人民法院申请再审，人民法院经审查决定再审的案件；（二）当事人对人民法院第一审判决或者裁定未提出上诉，第一审判决、裁定或者调解书发生法律效力后又申请再审，人民法院经审查决定再审的案件。"

　　④ 《诉讼费用交纳办法》第10条规定："当事人依法向人民法院申请下列事项，应当交纳申请费：（一）申请执行人民法院发生法律效力的判决、裁定、调解书，仲裁机构依法作出的裁决和调解书，公证机构依法赋予强制执行效力的债权文书；（二）申请保全措施；（三）申请支付令；（四）申请公示催告；（五）申请撤销仲裁裁决或者认定仲裁协议效力；（六）申请破产；（七）申请海事强制令、共同海损理算、设立海事赔偿责任限制基金、海事债权登记、船舶优先权催告；（八）申请承认和执行外国法院判决、裁定和国外仲裁机构裁决。"

（如共同海损理算人员等）在人民法院指定日期出庭所发生的交通费、住宿费、生活费和误工补贴。除了上述三类诉讼费用外，当事人复制案件卷宗材料和法律文书应当按实际成本向人民法院交纳工本费①。在我国民事诉讼中，案件受理费的交纳依据案件类别的不同而适用不同的标准。财产案件应根据诉讼请求的金额或者价额，按照一定的比例分段累计交纳；非财产案件实行按件交费。诉讼费用的负担实行的是"败诉人负担"的一般原则，同时辅之以"当事人协商负担""法院直接决定负担"和"自行负担"等其他诉费负担规则。②

（二）诉讼费用担保的历史沿革

1. 国际民事诉讼中的诉讼费用担保

对于国际民事诉讼中的诉讼担保问题，我国经历了从国内法以国籍为基础要求外国人提供担保，到目前国内法不具体规定、由双边司法协助条约或协定来规定国际民事诉讼中的诉讼费用担保问题的阶段。从1985年1月1日至1989年9月1日，我国曾在国际民事诉讼中实行诉讼费用担保制度。1984年8月30日最高人民法院审判委员会通过并于1985年1月1日起施行的《民事诉讼收费办法（试行）》（以下简称诉讼收费试行办法）第14条第2款规定："外国人、无国籍人、外国企业和组织在人民法院进行诉讼，应当对诉讼费用提供担保。"该项规定于1989年9月1日被最高人民法院发布的《人民法院诉讼交纳办法》废止，《人民法院诉讼交纳办法》第35条规定："外国人、无国籍人、外国企业和组织在人民法院进行诉讼，适用本办法。但外国法院对我国公民、企业和组织

---

①　《诉讼费用交纳办法》第11条规定："证人、鉴定人、翻译人员、理算人员在人民法院指定日期出庭发生的交通费、住宿费、生活费和误工补贴，由人民法院按照国家规定标准代为收取。当事人复制案件卷宗材料和法律文书应当按实际成本向人民法院交纳工本费。"

②　《诉讼费用交纳办法》第29条第1款规定："诉讼费用由败诉方负担，胜诉方自愿承担的除外。"《适用通知》第3条规定，对原告胜诉的案件，诉讼费用由被告负担，人民法院应当将预收的诉讼费用退还原告，再由人民法院直接向被告收取，……当事人拒不交纳诉讼费用的，人民法院应当依法强制执行。

的诉讼费用的负担，与其本国公民、企业和组织不同对待的，人民法院按对等原则处理。"该项规定只是规定了诉讼费用负担的对等原则，对此可做如此理解：我国法院原则上不要求提供诉讼费用担保，但外国法院要求我国公民、企业和组织提供担保的，我国则实行对等原则。该项规定也是我国《民事诉讼法》确认的对外国诉讼当事人实行互惠的、对等的国民待遇原则在诉讼费用方面的具体体现。在双边司法协助协定方面，我国与诸多国家签署了双边司法协助的条约或协定（其内容有关于民事、商事、刑事或其组合），其中大多数规定了在民商事中免除缔约方国民提供诉讼费用担保或保证金的条款，并规定该免除条款同样适用于缔约方的法人。①

2. 股东代表诉讼中的诉讼费用担保

在我国，公司立法并未对股东代表诉讼中的诉讼费用担保问题作出规定。2002 年 1 月 7 日，为推动上市公司建立和完善现代企业制度，规范上市公司运作，证监会、国家经贸委联合发布了《上市公司治理准则》，该准则最先规定股东有权通过诉讼维护其合法权益。② 2005 年修改后的《中华人民共和国公司法》在我国

---

① 《中华人民共和国和法兰西共和国关于民事、商事司法协助的协定》第 1 条第 2 款就明确规定："缔约一方的法院对于另一方国民，不得因为他们是外国人而令其提供诉讼费用保证金"；该条第 3 款规定"前两款规定亦适用于根据缔约任何一方的法律、法规组成的或准许存在的法人"。又如 2004 年 2 月 29 日全国人大常委会通过的《中华人民共和国和大韩民国关于民事和商事司法协助的条约》第 1 条第 3 款规定："一方在成文法无相反规定时，该方法院对于另一方国民，不得仅仅因为该人是外国人或者在其境内没有住所或者居所而要求该人提供诉讼费用担保。"该条第 5 款规定："除第二条外（法律援助），本条约关于一方国民的规定亦适用于在该方境内依该方法律成立的法人。"参见《全国人民代表大会常务委员会关于批准〈中华人民共和国和大韩民国关于民事和商事司法协助的条约〉的决定》，《全国人民代表大会常务委员会公报》2004 年第 2 期，第 120~127 页。

② 《上市公司治理准则》第 4 条规定，股东有权按照法律、行政法规的规定，通过民事诉讼或其他法律手段保护其合法权利。……董事、监事、经理执行职务时违反法律、行政法规或者公司章程的规定，给公司造成损害的，应承担赔偿责任。股东有权要求公司依法提起要求赔偿的诉讼。这是我国首次关于股东代表诉讼作出的规定。

初步确立了股东代表诉讼制度，填补了以前的立法空白。2013年的《公司法》并未对此作出修改。现行《公司法》对股东代表诉讼的内容做了系统的规定，当董事、高级管理人员违反法律、行政法规或者公司章程规定，给公司造成损害时，符合立法要求的股东可以为了公司的利益，以自己的名义直接对董事、高级管理人员和监事的侵害公司权益的行为提起诉讼；当他人侵犯公司的合法权益时，符合要求的股东也享有请求董事会或执行董事、监事会或者监事向人民法院提起诉讼，或者直接向人民法院提起诉讼的权利。①《中华人民共和国证券法》也对股东代表诉讼做了相应的规定。②

　　目前，我国的公司立法并未在股东代表诉讼中对诉讼费用担保问题作出规定。在2013年公司法修订之前，《最高人民法院关于审理公司纠纷案件若干问题的司法解释（一）》（征求意见稿）曾建议在股东代表诉讼中引入诉讼费用担保，如果被告可以提供证据证

---

　　①　《公司法》第149条规定："董事、监事、高级管理人员执行公司职务时违反法律、行政法规或者公司章程的规定，给公司造成损失的，应当承担赔偿责任。"第151条第1款规定："董事、高级管理人员有本法第149条规定的情形的，有限责任公司的股东、股份有限公司连续180日以上单独或者合计持有公司百分之一以上股份的股东，可以书面请求监事会或者不设监事会的有限责任公司的监事向人民法院提起诉讼；监事有本法第149条规定的情形的，前述股东可以书面请求董事会或者不设董事会的有限责任公司的执行董事向人民法院提起诉讼。"第2款规定："监事会、不设监事会的有限责任公司的监事，或者董事会、执行董事收到前款规定的股东书面请求后拒绝提起诉讼，或者自收到请求之日起30日内未提起诉讼，或者情况紧急、不立即提起诉讼将会使公司利益受到难以弥补的损害的，前款规定的股东有权为了公司的利益以自己的名义直接向人民法院提起诉讼。"第152条规定："董事、高级管理人员违反法律、行政法规或者公司章程的规定，损害股东利益的，股东可以向人民法院提起诉讼。"

　　②　《中华人民共和国证券法》第44条第3款规定："公司董事会不按照第一款规定执行的，股东有权要求董事会在30日内执行。公司董事会未在上述期限内执行的，股东有权为了公司的利益以自己的名义直接向人民法院提起诉讼。"

明原告存在恶意诉讼的情形，可以向法院提出申请，要求原告股东提供诉讼费用担保。① 这条规定在修订后的公司法和公司法司法解释中并没有被采用，其为原告股东提供诉讼费用担保，设定的条件是被告证明原告的起诉存在恶意。另外我国上海市高级人民法院在2007 年 9 月制定了《关于审理股东派生诉讼纠纷案件的若干意见》，该意见在股东代表诉讼中规定了诉讼费用担保制度。②

三、保全担保制度现状

保全担保裁定包括两种：命令提供担保的裁定，以及解除担保的裁定。命令提供担保的裁定，保障的是被保全人因保全申请人不当的保全申请而产生的损害赔偿请求权；解除担保的裁定，保障的是保全申请人因解除保全而产生的损害赔偿请求权。目前，我国的保全担保包括财产保全担保、行为保全担保、先予执行担保三种，同时依据《民事诉讼法》《民事诉讼法司法解释》的规定，证据保全担保的程序，适用保全担保的规定。依据申请的时间，保全担保还可分为诉前保全担保、诉中保全担保。

---

① 《征求意见稿》第 47 条规定："股东代表诉讼中的被告董事、监事、经理等公司高级管理人员或者控制股东，在答辩期间内提供证据证明原告存在恶意诉讼情形，并申请原告提供诉讼费用担保的，人民法院应予准许，担保数额应相当于其参加诉讼可能发生的合理费用。"

② 上海市高级人民法院制定的《关于审理股东派生诉讼纠纷案件的若干问题意见》第 4 条规定："股东以公司董事、监事或者高级管理人员为被告提起股东派生诉讼时，董事、监事或者高级管理人员在答辩期间内提供证据证明原告可能存在恶意诉讼情形，并申请原告提供诉讼费用担保的，人民法院应予准许，担保费用应相当于被告参加诉讼可能发生的合理诉讼费用。"这项规定主要是为了遏制原告股东提起恶意诉讼。这种地方性规范对解决司法实践中股东派生诉讼案件审理的无法可依的现状，无疑具有一定的合理性。但是，作为地方性规范，在国家立法以及最高人民法院均未对股东派生诉讼中诉讼费用担保制度作出规定之前，就制定相关的规则，其合法性值得质疑。这是我国法院系统第一次通过制定规范性文件方式对诉讼费用担保制度进行规范，但是其毕竟位阶不高且不具备普遍适用性。

(一) 保全担保的立法沿革

我国 1982 年的《民事诉讼法 (试行)》最早对保全制度进行了规定,①《民事诉讼法 (试行)》以"诉讼保全"指称民事诉讼中的保全制度,当时的立法者并未对民事诉讼中保全的具体形态进行明确界定,当时的学说皆认为民事诉讼中的保全指向的对象仅为财物。《民事诉讼法 (试行)》规定,人民法院决定采取诉讼保全措施,可以令申请人提供担保;拒绝提供的,驳回申请。② 并规定对于涉外民事诉讼,人民法院裁定准许保全申请后,应当责令被申请人提供担保;拒不提供的,即发布扣押命令,扣押其财产。③ 但该试行法并未对人民法院适用诉讼保全担保的条件、具体程序进行规定。1991 年 4 月 9 日第七届全国人大第四次会议通过了《民事诉讼法》,试行法中的"诉讼保全",在正式实施的《民事诉讼法》中改冠以"财产保全"之名,并且将财产保全界定为以固定财产状态为目的的措施。④ 1991 年《民事诉讼法》中对诉前财产保全担

---

① 1982 年《民事诉讼法 (试行)》第 92 条规定:"人民法院对于可能因当事人一方的行为或者其他原因,使判决不能执行或者难以执行的案件,可以根据对方当事人的申请,或者依职权作出诉讼保全的裁定。"第 93 条规定:"诉讼保全限于诉讼请求的范围,或者与本案有关的财物。诉讼保全采取查封、扣押、冻结、责令提供担保或者法律准许的其他方法。人民法院对查封、扣押的物品,不宜长期保存的,可以变卖,保存价款。"

② 1982 年《民事诉讼法 (试行)》第 94 条第 1 款规定:"人民法院决定采取诉讼保全措施,可以令申请人提供担保;拒绝提供的,驳回申请。"

③ 1982 年《民事诉讼法 (试行)》第 199 条规定:"人民法院裁定准许当事人诉讼保全的申请后,应当责令被申请人提供担保;拒不提供的,即发布扣押命令,扣押其财产。"

④ 1991 年《民事诉讼法》第 92 条规定:"人民法院对于可能因当事人一方的行为或者其他原因,使判决不能执行或者难以执行的案件,可以根据对方当事人的申请,作出财产保全的裁定;当事人没有提出申请的,人民法院在必要时也可以裁定采取财产保全措施。"

保、诉中财产保全担保、解除保全担保进行了规定。① 申请人诉前申请法院采取财产保全措施，法院应强制申请人提供担保，不提供担保的，裁定驳回申请；诉中财产保全，申请人是否需提供担保由法院自由裁量，法院责令申请人提供担保，申请人不提供担保的，裁定驳回申请。但对于诉中财产保全的适用，立法并未规定法院自由裁量的标准。2007 年《民事诉讼法》并未对诉讼担保的内容进行修改，2012 年修订的《民事诉讼法》第 81 条对 2007 年修订的《民事诉讼法》第 74 条所规定的证据保全制度做了重要修改，除第 2 款增设了诉前证据保全这一新的证据保全类型外，更于第 3 款采引用性法条的形式规定："证据保全的其他程序，参照适用本法第九章保全的有关规定"。现行《民事诉讼法》还修改了 2007 年《民事诉讼法》第 95 条关于解除诉讼担保的规定，规定只有财产纠纷案件，法院才可以在被申请人提供担保后，解除保全。1988年《关于贯彻执行〈中华人民共和国民法通则〉若干问题的意见（试行）》最早为在诉讼行为中停止侵害提供了法律依据，初步体现了诉中行为保全思维。现行《民事诉讼法》第 100 条增加了行为保全制度，将其扩大适用于所有的民事案件。② 相应的增加了行为保全担保的规定。对于先予执行担保，现行《民事诉讼法》规定，人民法院可以责令申请人提供担保，申请人不提供担保的，驳回申请。至此，我国民事诉讼中的保全制度形成了以财产保全和行

---

① 对于诉讼中的财产保全担保，1991 年《民事诉讼法》第 92 条第 2 款规定："人民法院采取财产保全措施，可以责令申请人提供担保；申请人不提供担保的，驳回申请。"对于诉前财产保全担保，1991 年的《民事诉讼法》第 93 条第 2 款规定："申请人应当提供担保，不提供担保的，驳回申请。"此外，1991 年的《民事诉讼法》还增加了关于反担保的规定，第 95 条规定："被申请人提供担保的，人民法院应当解除财产保全。"

② 2013 年《民事诉讼法》第 100 条第 1 款规定："人民法院对于可能因当事人一方的行为或者其他原因，使判决难以执行或者造成当事人其他损害的案件，根据对方当事人的申请，可以裁定对其财产进行保全、责令其作出一定行为或者禁止其作出一定行为；当事人没有提出申请的，人民法院在必要时也可以裁定采取保全措施。"

为保全并存的基本体系，与先予执行一同规定于民事诉讼法的第九章中。同时，证据保全的具体适用也参照保全制度的相关规定。知识产权立法中对行为保全的适用进行了规定。我国加入世界贸易组织后，遵守《与贸易有关的知识产权协议》（TRIPS）的规定，在国内的知识产权立法中增加了诉前禁令制度，条文中虽未明确提出行为保全的概念，但均规定在知识产权诉讼中，知识产权人或利害关系人可以请求法院采取"责令停止侵权行为"的措施。

最高人民法院发布的一些规定，以对保全担保的适用程序进行规定。1991年8月13日施行，2015年9月1日起废止的《关于人民法院审理借贷案件的若干意见》，其第18条曾对财产担保的方法进行了规定。① 1994年12月22日起施行的《最高人民法院关于在经济审判工作中严格执行〈中华人民共和国民事诉讼法〉的若干规定》对诉前保全担保的数额、担保的方法适用条件等具体适用内容进行了规定。② 2001年7月1日施行的《最高人民法院关于对诉前停止侵犯专利权行为适用法律问题的若干规定》，以及2002年1月22日施行的《最高人民法院关于诉前停止侵犯注册商

---

① 《关于人民法院审理借贷案件的若干意见》第18条规定："对债务人有可能转移、变卖、隐匿与案件有关的财产的，法院可根据当事人申请或依职权采取查封、扣押、冻结、责令提供担保等财产保全措施。被保全的财物为生产资料的，应责令申请人提供担保。财产保全应根据被保全财产的性质采用妥善的方式，尽可能减少对生产、生活的影响，避免造成财产损失。"

② 《最高人民法院关于在经济审判工作中严格执行〈中华人民共和国民事诉讼法〉的若干规定》第12条规定："人民法院采取诉前财产保全，必须由申请人提供相当于请求保全数额的担保。担保的条件，依法律规定；法律未作规定的，由人民法院审查决定。"第14条规定："人民法院采取财产保全措施时，保全的范围应当限于当事人争议的财产，或者被告的财产。对案外人的财产不得采取保全措施，对案外人善意取得的与案件有关的财产，一般也不得采取财产保全措施；被申请人提供相应数额并有可供执行的财产作担保的，采取措施的人民法院应当及时解除财产保全。"第15条规定："人民法院对有偿还能力的企业法人，一般不得采取查封、冻结的保全措施。已采取查封、冻结保全措施的，如该企业法人提供了可供执行的财产担保，或者可以采取其他方式保全的，应当及时予以解封、解冻。"

标专用权行为和保全证据适用法律问题的若干规定》对诉讼担保的担保方法、担保范围、担保效果，以及追加担保的内容进行了规定。① 2001 年 4 月 3 日最高人民法院发布《关于审理涉及金融资产管理公司收购、管理、处置国有银行不良贷款形成的资产的案件适用法律若干问题的规定》，其第 5 条规定："人民法院对金融资产管理公司申请财产保全的，如金融资产管理公司与债务人之间债权债务关系明确，根据《中华人民共和国民事诉讼法》第 92 条第 2 款的规定，可以不要求金融资产管理公司提供担保。" 2015 年的《民事诉讼法司法解释》对诉前财产保全担保、行为保全担保的担保范围进行了规定，申请诉前财产保全的，申请人应当提供相当于请求保全数额的担保；申请诉前行为保全的，申请人提供担保的数额由人民法院根据案件的具体情况决定。诉讼中，人民法院依申请或者依职权采取保全措施的，应当根据案件的具体情况，决定当事

---

① 2001 年 7 月 1 日施行的《最高人民法院关于对诉前停止侵犯专利权行为适用法律问题的若干规定》，其第 6 条规定："申请人提出申请时应当提供担保，申请人不提供担保的，驳回申请。当事人提供保证、抵押等形式的担保合理、有效的，人民法院应当准予。人民法院确定担保范围时，应当考虑责令停止有关行为所涉及产品的销售收入，以及合理的仓储、保管等费用；被申请人停止有关行为可能造成的损失，以及人员工资等合理费用支出；其他因素。"第 7 条规定："在执行停止有关行为裁定过程中，被申请人可能因采取该项措施造成更大损失的，人民法院可以责令申请人追加相应的担保。申请人不追加担保的，解除有关停止措施。"2002 年 1 月 22 日施行的《最高人民法院关于诉前停止侵犯注册商标专用权行为和保全证据适用法律问题的若干规定》，其第 6 条规定："申请人提出诉前停止侵犯注册商标专用权行为的申请时应当提供担保。申请人申请诉前保全证据可能涉及被申请人财产损失的，人民法院可以责令申请人提供相应的担保。申请人提供保证、抵押等形式的担保合理、有效的，人民法院应当准许。申请人不提供担保的，驳回申请。人民法院确定担保的范围时，应当考虑责令停止有关行为所涉及的商品销售收益，以及合理的仓储、保管等费用，停止有关行为可能造成的合理损失等。"第 7 条规定："在执行停止有关行为裁定过程中，被申请人可能因采取该项措施造成更大损失的，人民法院可以责令申请人追加相应的担保。申请人不追加担保的，可以解除有关停止措施。"

人提供担保的数额。①

《中华人民共和国海事诉讼特别程序法》最早对证据保全担保进行规定，海事法院可以责令海事证据保全请求人提供担保。2012年修订的《民事诉讼法》第 81 条对 2007 年修订的《民事诉讼法》第 74 条所规定的证据保全制度做了重要修改，除第 2 款增设了诉前证据保全这一新的证据保全类型外，更于第 3 款采引用性法条的形式规定："证据保全的其他程序，参照适用本法第九章保全的有关规定。"2015 年《民事诉讼法司法解释》第 98 条第 2 款规定："证据保全可能对他人造成损失的，人民法院应当责令申请人提供相应的担保。"第 542 条规定："依照民事诉讼法第 272 条规定，中华人民共和国涉外仲裁机构将当事人的保全申请提交人民法院裁定的，人民法院可以进行审查，裁定是否进行保全。裁定保全的，应当责令申请人提供担保，申请人不提供担保的，裁定驳回申请。当事人申请证据保全，人民法院经审查认为无需提供担保的，申请人可以不提供担保。"依据《民事诉讼法》规定，证据保全担保的适用程序参照保全担保的规定。

最高人民法院 2001 年发布《民事证据规定》明确规定，当事人申请保全证据的，人民法院可以要求其提供相应的担保。② 2019年 12 月 26 日，最高人民法院发布了《关于修改〈关于民事诉讼证据的若干规定〉的决定》（以下简称《修改决定》），对施行了十八年的《民事证据规定》进行了全面修改。新增第 26 条对 2001

---

① 2015 年《民诉法解释》第 152 条规定："利害关系人申请诉前保全的，应当提供担保。申请诉前财产保全的，应当提供相当于请求保全数额的担保；情况特殊的，人民法院可以酌情处理。申请诉前行为保全的，担保的数额由人民法院根据案件的具体情况决定。在诉讼中，人民法院依申请或者依职权采取保全措施的，应当根据案件的具体情况，决定当事人是否应当提供担保以及担保的数额。"

② 2001 年《民事证据规定》第 23 条规定："当事人依据《民事诉讼法》第 74 条的规定向人民法院申请保全证据，不得迟于举证期限届满前七日。当事人申请保全证据的，人民法院可以要求其提供相应的担保。法律、司法解释规定诉前全证据的，依照其规定办理。"

年《民事证据规定》第 23 条第 2 款进行扩充丰富："当事人或者利害关系人申请采取查封、扣押等限制保全标的物使用、流通等保全措施，或者保全可能对证据持有人造成损失的，人民法院应当责令申请人提供相应的担保。担保方式或者数额由人民法院根据保全措施对证据持有人的影响、保全标的物的价值、当事人或者利害关系人争议的诉讼标的金额等因素综合确定。"此项规定是对《民事诉讼法司法解释》证据保全担保具体操作的规定。① 依据该规定，采取查封扣押等限制保全标的物使用、流通等保全措施，或可能对证据持有人造成损失的保全措施时，人民法院应当要求保全申请人提供担保。担保数额有别于财产保全的规定，人民法院确定证据保全担保的方式和数额时应当考虑对证据持有人的影响、保全标的物的价值、当事人或者利害关系人争议的诉讼标的金额等因素。

　　一些地方法院针对保全制定了一系列的规定，其中包括对保全担保适用的具体规定。2009 年北京市高院发布《关于财产保全若干问题的的规定（试行）》、2010 年江苏省高院发布《关于财产保全担保审查、处置若干问题的暂行规定》对诉讼担保范围、诉讼担保方法等内容作出了更为细致的规定。对于诉讼担保的范围，北京市高院在遵循等额的原则规定的同时，规定了例外。对于申请人无力提供相等金额担保，但案件权利义务关系明确，如不及时保全可能造成无法弥补的损失的，可以要求申请人提供不低于请求保全数额 20% 的现金作担保。② 江苏省高院规定，财产保全申请人提

---

　　① 新《民事诉讼证据规定》第 26 条规定："当事人或利害关系人申请采取查封、扣押等限制保全标的物使用、流通等保全措施，或者保全可能对证据持有人造成损失的，人民法院应当责令申请人提供相应的担保。担保方式或者数额由人民法院根据保全措施对证据持有人的影响、保全标的物的价值、当事人或者利害关系人争议的诉讼标的金额等因素综合确定。"
　　② 北京市《关于财产保全若干问题的的规定（试行）》第 7 条规定："申请人提供担保的数额原则上应相当于请求保全的数额。对于申请人无力提供相等金额担保，但案件权利义务关系明确、如不及时保全可能造成无法弥补的损失的，可以要求申请人提供不低于请求保全数额 20% 的现金作担保。保全后，人民法院可以根据案件具体情况决定申请人是否应当继续提供担保，以及提供担保的方式和担保财产的种类。"

供的担保数额，以相当于不当保全不当可能给被申请人造成的损失为限。① 同时该院还针对特殊情形下是否担保规定，申请人为司法救助对象时，权利义务关系较为明确的，可以请第三人为其提供担保，无人担保的，不影响其申请。② 江苏省高院的该规定违背了民诉意见担保等额的规定，但这些规定详细、具体，操作性极强，较为合理，值得借鉴。同时，这两项规定中还分别对担保方法的选择进行了具体规定。北京市高院《关于财产保全若干问题的的规定》规定有物的担保、现金担保、信用担保，规定承认第三人的信用担保，并且将专业担保公司提供信用担保合法化。江苏省高院《关于财产保全担保审查、处置若干问题的暂行规定》明确规定："申请人申请财产保全提供担保的种类有：资信担保、实物担保、现金担保、权利担保等。"它将保全担保扩大到资信担保与权利担保，而且进一步规定了资信担保的具体情形，使担保公司资信担保合法化，操作性加强。这一探索解决了保全担保机制资信担保建立的立法体制问题，适应了市场经济发展的需求。这一做法在 2008 年前后经常见诸报端的浙江镇海引入担保公司以解决保全难的报道中也得到充分的肯定。然而，这些规定毕竟仅仅是地方法院的准司法解

---

① 江苏省高院《关于财产保全担保审查、处置若干问题的暂行规定》第 11 条规定："财产保全申请人提供的担保财产额，应当以相当于保全不当可能造成被申请人的损失为限，由人民法院审查决定。"第 18 条规定："申请人为司法求助对象，申请财产保全确无财产提供担保的，申请财产保全额在争议标的合理范围内，双方权利义务关系较明确的，申请人可以请第三人为其提供担保，无人提供担保的，不影响其申请；申请财产保全额明显超过争议标的合理范围内的，申请人应否提供财产担保以及提供担保额由人民法院视情决定。"

② 江苏省高院《关于财产保全担保审查、处置若干问题的暂行规定》第 18 条规定："申请人为司法求助对象，申请财产保全确无财产提供担保的，申请财产保全额在争议标的合理范围内，双方权利义务关系较明确的，申请人可以请第三人为其提供担保，无人提供担保的，不影响其申请；申请财产保全额明显超过争议标的合理范围内的，申请人应否提供财产担保以及提供担保额由人民法院视情决定。"

释，并不具备普适性。

（二）具体保全担保类型分析

1. 诉前保全担保

由上述法条分析，我们可以看出，《民事诉讼法》《海事诉讼特别程序法》《著作权法》《专利法》《商标法》都对诉前保全担保进行了规定。《民事诉讼法》规定，利害关系人申请诉前保全的，应当提供担保，不提供担保的，裁定驳回申请。《海事诉讼特别程序法》规定，利害关系人的保全申请书中应当载明要求提供担保的数额。知识产权相关的司法解释中也规定，申请人提出申请时应当提供担保，申请人不提供担保的，驳回申请。

2. 诉中保全担保

相关立法及司法解释中的诉中保全担保包括财产保全担保、行为保全担保、和先予执行担保。《民事诉讼法》规定，当事人提出保全申请，法院采取保全措施，可以责令申请人提供担保，申请人不提供担保的，裁定驳回申请。在财产纠纷案件中，被申请人可以提供担保，请求法院解除保全措施。在法院裁定先予执行的案件中，法院可以责令申请人提供担保，申请人不提供担保的，驳回申请。另外，现行《民事诉讼法》第 81 条规定，在证据可能灭失或者以后难以取得的情况下，当事人可以在诉讼过程中向人民法院申请保全证据。情况紧急，在证据可能灭失或者以后难以取得的情况下，利害关系人可以在提起诉讼前向法院申请保全证据。证据保全的其他程序，适用保全的相关规定。《民事诉讼法司法解释》第 98 条第 2 款规定："证据保全可能对他人造成损失的，人民法院应当责令申请人提供相应的担保。"依据这两项规定，证据保全担保的适用程序，参照保全担保的规定。

（三）具体适用条件分析

对于保全担保的适用方式，依据《民事诉讼法》《著作权法》《专利法》《商标法》的规定，包括"应当提供""可以提供"两种方式。利害关系人申请诉前保全的，应当提供担保。知识产权诉讼行为保全的适用标准可以总结为：适格申请人、侵权行为或即发侵权行为、难以弥补的损失。另外,《专利法》将申请人提供担保作为法院采取行为保全措施的前提。《商标法》《著作权法》则没有这项规定。《民事诉讼法》第 100 条第 1 款明确规定,情况紧急、难以弥补的损害是诉前保全适用的前提,申请诉前保全的,申请人应当提供担保,不提供担保的,裁定驳回申请。可能使得判决难以执行或给当事人造成其他损害的案件,法院可以采取行为保全措施,是否要求申请人提供担保由法院依据案件具体情况自由裁量决定。对于财产纠纷案件,被申请人提供担保的,人民法院应当裁定解除担保。由以上法条规定我们可以看出,我国立法及相关司法解释对诉讼保全担保的具体适用条件并未作出明确规定,仅是规定了哪些类别的保全应当提供担保,哪些类别可以提供担保。另外,依据《民事诉讼法司法解释》的规定,证据保全可能对他人造成损失的,人民法院应当责令申请人提供相应的担保。

(四) 具体适用程序分析

1. 具体适用程序的立法体例

《民事诉讼法》《著作权法》《专利法》《商标法》仅对"应当提供担保""可以责令提供担保"进行了规定,并未对保全担保的具体适用程序进行规定。保全担保的具体适用程序散见于《海事诉讼特别程序法》以及《民事诉讼法司法解释》等司法解释中,且每个文件中各项具体诉讼程序的条文数量均不平衡,也不存在专章专节的分类布局。

2. 担保申请的裁判方式

相关立法与司法解释并未明确规定法院对保全担保的处理决定应当表现为何种形式,《民事诉讼法司法解释》第 152 条第 1 项规定:"人民法院在采取诉前保全、诉讼保全措施时,责令利害关系人或者当事人提供担保的,应当书面通知。"但是《民事诉讼法》对于不予提供担保的情形,明确规定"裁定驳回申请",对于保全解除担保,被申请人提供担保的,法院"裁定解除保全"。在民事诉讼中,裁定是指人民法院在审理案件时,对所发生的程序上应解决的事项，所做的审判职务上的判定。① 民事诉讼保全担保的处理决定应当表现为"裁定"，但我国民事诉讼立法并未对此作出规定。

3. 保全担保的方法与范围

《民事诉讼法》中并没有对保全担保的方法、保全担保的范围作出规定，相应规定集中在诸多司法解释中。对于保全担保的方法，依据司法解释的规定，供担保人向法院提供担保，可采用保证、抵押等形式的担保。《民事诉讼法司法解释》第 164 条规定，对申请保全人或者他人提供的担保财产，人民法院应当依法办理查封、扣押、冻结等手续。对于保全担保的范围，诉前保全担保与诉中保全担保，行为保全担保与财产保全担保都有不同的规定。对于财产保全担保的范围，《民事诉讼法司法解释》及知识产权相关的司法解释认为，诉前担保的数额应当相当于保全的数额。《民事诉讼法司法解释》第 152 条第 2 款规定："申请诉前财产保全的，应当提供相当于请求保全数额的担保；情况特殊的，人民法院可以酌情处理。"对于诉前行为保全担保，担保的数额由人民法院根据案件的具体情况决定。对于诉讼中的担保数额，不论是财产保全担保还是行为保全担保，都可以由人民法院根据案件的具体情况确定。《民事诉讼法司法解释》第 152 条第 3 款规定："在诉讼中，人民法院依申请或者依职权采取保全措施的，应当根据案件的具体情况，决定当事人是否应当提供担保以及担保的数额。"

4. 担保物的变更与返还

供担保人向法院申请担保物的变更，依据《民事诉讼法司法解释》中规定，需要满足三项条件：需要变更的是财产保全中的担保物；供担保人需要提供等值的担保物以为替换；更换后的担保

---

① 我国民事诉讼中，裁定适用于下列范围：不予受理；对管辖权有异议的；驳回起诉；财产保全和先予执行；准许或者不准许撤诉；中止或者终结诉讼；补正判决书中的笔误；中止或者终结执行；不予执行仲裁裁决；撤销仲裁裁决；不予执行公证机关赋予强制执行效力的债权文书；其他需要裁定解决的事项。

物更有利于执行的。满足此三项条件的，人民法院可以准许变更担保物。《民事诉讼法司法解释》第 167 条规定："财产保全的被保全人提供其他等值担保财产且有利于执行的，人民法院可以裁定变更保全标的物为被保全人提供的担保财产。"

《海事诉讼特别程序法》规定了海事诉讼中的诉前保全担保物的返还。依据《海事诉讼特别程序法》规定，有以下两种情形之一的，海事法院可以返还供担保人提供的担保：保全申请人未在法定的期间内提起诉讼、保全申请人未按照仲裁协议申请仲裁的。

5. 提供担保的效力与救济

对于保全担保，相关立法及司法解释中都明确规定，不提供担保的，驳回申请。《民事诉讼法》规定，法院作出提供担保的裁定后，供担保人不提供担保的，法院裁定驳回申请。该申请可以是诉前保全申请、诉中保全申请，也可以是先予执行申请。《海事诉讼特别程序法》第 16 条规定："海事法院受理海事请求保全申请，可以责令海事请求人提供担保。海事请求人不提供的，驳回其申请。"对于法院的保全担保裁定，立法及司法解释并未规定相应的救济途径。

四、执行担保制度现状

我国民事诉讼立法、司法解释关于执行担保的规定，最早见于 1991 年《民事诉讼法》，[①] 该法规定执行担保具有如下构成要件：（1）由被执行人提供担保；（2）担保须向人民法院提供；（3）执行担保的目的是阻却案件的执行，亦即达到暂缓执行的目的；（4）暂缓执行须经申请执行人同意；（5）是否暂缓执行及暂缓执行的期限，由人民法院决定。该法条规定的执行担保具有如下几个特

----

① 1991 年《民事诉讼法》第 212 条规定："在执行中，被执行人向人民法院提供担保，并经申请执行人同意的，人民法院可以决定暂缓执行及暂缓执行的期限。被执行人逾期仍不履行的，人民法院有权执行被执行人的担保财产或者担保人的财产。"

点：第一，没有对执行担保作出定义；第二，担保人仅限于被执行人；第三，暂缓执行不由人民法院依职权决定，需要以申请人同意作为必要条件；第四，对暂缓执行的期限未作规定，具体期限内仍不履行债务，人民法院可以不经诉讼程序而直接执行担保财产。1991 年《民事诉讼法》关于执行担保的这项规定在其后的两次民诉法修改中都未发生变动。民事诉讼法关于执行担保的规定只有一个条文，且过于简略，难以解决执行实践中遇到的大量问题，最高人民法院于 1992 年实施的《民事诉讼法适用意见》关于执行担保的规定共有 3 个条文，对此问题做了补充，这 3 个条文分别是第268 条、269 条和 270 条。① 该 3 个条文仍然对执行担保没有下定义，但对《民事诉讼法》第 212 条规定作了如下补充：第一，扩大了担保人的范围，即执行担保可以由被执行人向人民法院提供财产作担保，也可以由第三人出面作担保，将担保人的范围扩大至第三人；第二，规定了暂缓执行的期限，如果担保是有期限的，暂缓执行的期限应与担保期限一致，但最长不得超过一年，例外情况是被执行人或担保人对担保的财产在暂缓执行期间有转移、隐藏、变卖、毁损等行为的，人民法院可以恢复强制执行；第三，规定了担保人的资格，即担保人应当具有代为履行或者代为承担赔偿责任的能力；第四，规定了人民法院执行的担保财产的范围，即执行担保

---

① 《民事诉讼法适用意见》第 268 条规定："人民法院依照民事诉讼法第 212 条的规定决定暂缓执行的，如果担保是有期限的，暂缓执行的期限应与担保期限一致，但最长不得超过一年。被执行人或担保人对担保的财产在暂缓执行期间有转移、隐藏、变卖、毁损等行为的，人民法院可以恢复强制执行。"第 269 条规定："《民事诉讼法》第 212 条规定的执行担保，可以由被执行人向人民法院提供财产作担保，也可以由第三人出面作担保。以财产作担保的，应提交保证书；由第三人担保的，应当提交担保书。担保人应当具有代为履行或者代为承担赔偿责任的能力。"第 270 条规定："被执行人在人民法院决定暂缓执行的期限届满后仍不履行义务的，人民法院可以直接执行担保财产，或者裁定执行担保人的财产，但执行担保人的财产以担保人应当履行义务部分的财产为限。"

人的财产以担保人应当履行义务部分的财产为限。但《民诉法适用意见》对第三人以何种方式作出执行担保未作具体规定，根据第269条的规定，被执行人是"向人民法院提供财产作担保"，而第三人是"出面作担保"，因此，从文义上看，似乎第三人的担保方式仅限于债的担保即保证而不包括物的担保即抵押或质押。针对此问题，最高法院1998年实施的《执行若干规定》关于执行担保的规定有第84条和85条两个条文①，但严格地说，第85条是对诉讼保全担保作出的规定，并非对执行担保作出的规定。该两个条文对《民诉法适用意见》作了如下补充：第一，明确了被执行人和第三人均可以向人民法院提供财产担保；第二，明确担保财产必须由人民法院控制，人民法院取代申请执行人的位置成为担保财产的质权人或抵押人，因此执行担保的对象只能是人民法院（有争议，下文详细论述）；第三，增加了诉讼保全中为将来的被执行人提供担保的保证人应当承担责任的规定；第四，规定担保物须移交执行法院或依法到有关机关办理登记手续。最高法院2000年实施的《关于适用〈中华人民共和国担保法〉若干问题的解释》（下称《担保法司法解释》）第132条规定："在案件审理或者执行程序中，当事人提供财产担保的，人民法院应当对该财产的权属证书予以扣押，同时向有关部门发出协助执行通知书，要求其在规定的时间内不予办理担保财产的转移手续。"将《执行若干规定》第184条的"或依法到有关机关办理登记手续"变更为"同时向有关部门发出协助执行通知书，要求其在规定的时间内不予办理担保财产的转移手续。"2015年《民事诉讼法司法解释》关于执行担保的规

---

①　《执行若干规定》第84条规定："被执行人或其担保人以财产向人民法院提供执行担保的，应当依据《中华人民共和国担保法》的有关规定，按照担保物的种类、性质，将担保物移交执行法院，或依法到有关机关办理登记手续"。第85条规定："人民法院在审理案件期间，保证人为被执行人提供保证，人民法院据此未对被执行人的财产采取保全措施或解除保全措施的，案件审结后如果被执行人无财产可供执行或其财产不足清偿债务时，即使生效法律文书中未确定保证人承担责任，人民法院有权裁定执行保证人在保证责任范围内的财产。"

定有第 469、470、471 三个条款，①这三项条款延续了 1992 年《民事诉讼法适用意见》的规定。2018 年最高人民法院发布的《执行担保规定》对执行担保的构成要件、实现方式、担保期限、追偿权等内容进行系统的规定。依据《执行担保规定》，执行担保是为了保障生效法律文书确定的全部或者部分义务能够顺利履行，执行担保的范围应当是执行依据确定的被执行人未履行的债务，执行担保的执行依据应当是生效的法律文书，当事人私下达成的协议不能够成为执行担保的执行依据。② 供担保人应当向法院提供担保，供担保人为被执行人或者他人的，应当向法院提交担保书；供担保人为公司的，应当向法院提交符合公司法的公司决议。执行担保中的供担保人为第三人的，其提供的保证为是连带责任保证。③ 依据《执行担保》的规定，人民法院直接裁定执行保证人的财产时，保证人是并不享有先诉抗辩权，所以执行担保中的保证方式只能采取连带责任保证，否则申请执行人的利益将无法获得保障，使得执行

---

① 2015 年《民事诉讼法司法解释》第 469 条规定："人民法院依照民事诉讼法第 231 条规定决定暂缓执行的，如果担保是有期限的，暂缓执行的期限应当与担保期限一致，但最长不得超过一年。被执行人或者担保人对担保的财产在暂缓执行期间有转移、隐藏、变卖、毁损等行为的，人民法院可以恢复强制执行。"第 470 条规定："根据民事诉讼法第 231 条规定向人民法院提供执行担保的，可以由被执行人或者他人提供财产担保，也可以由他人提供保证。担保人应当具有代为履行或者代为承担赔偿责任的能力。他人提供执行保证的，应当向执行法院出具保证书，并将保证书副本送交申请执行人。被执行人或者他人提供财产担保的，应当参照物权法、担保法的有关规定办理相应手续。"第 471 条规定："被执行人在人民法院决定暂缓执行的期限届满后仍不履行义务的，人民法院可以直接执行担保财产，或者裁定执行担保人的财产，但执行担保人的财产以担保人应当履行义务部分的财产为限。"

② 《执行担保规定》第 1 条规定："……为担保被执行人履行生效法律文书确定的全部或者部分义务，向人民法院提供的担保。"

③ 《执行担保》第 11 条规定："暂缓执行期限届满后被执行人仍不履行义务，或者暂缓执行期间担保人有转移、隐藏、变卖、毁损担保财产等行为的，人民法院可以依申请执行人的申请恢复执行，并直接裁定执行担保财产或者保证人的财产，不得将担保人变更、追加为被执行人。"

担保中的保证变成无源之水、无本之木。执行法院不能在执行程序中直接认定担保人在承担担保责任后享有追偿权，担保人承担担保责任后是否享有追偿权，需要结合担保人与被执行人之间的约定，交由人民法院进行实体审理。①

五、股东瑕疵诉讼担保制度现状

股东决议瑕疵诉讼担保，是指股东在因股东会或者股东大会、董事会的会议召集程序、表决方式违反法律、法规或者公司章程，或者决议内容违反公司章程而提起股东决议瑕疵诉讼时，法院应被告的申请，要求原告股东提供的相应担保。股东决议瑕疵诉讼担保的设置，其目的在于通过对股东施加担保义务，防止股东不当行使其诉讼权利从而影响公司的正常经营或对其造成损害。

我国股东决议瑕疵诉讼中诉讼担保的规定，借鉴日韩相关立法。《日本公司法》规定，股东提起有关公司组织的诉讼（其中包括要求确认决议不存在和无效以及撤销决议的诉讼），法院可以根据被告的申请要求非担任董事、监事、执行官或清算人的起诉股东提供担保，但被告必须证明原告提起诉讼是出于恶意。《韩国商法典》也对股东提起的要求确认决议无效或不存在和撤销决议之诉规定，法院可根据公司的请求命令非担任董事或监事的股东提供相应的担保，对此被告必须证明原告起诉是出于恶意。事实上诉讼担保的规定更早也曾出现在作为决议瑕疵立法源头和典范的德国立法中，德国1937年《股份法》规定，如果公司能使法院确信其享有或者会产生对原告股东的赔偿请求权，那么诉讼法院可以依公司申请要求原告股东向公司提供担保。

我国2005年以前的《公司法》第111条规定："股东大会、董事会的决议违反法律、行政法规，侵犯股东合法权益的，股东有权向人民法院提起要求停止违法行为和侵害行为的诉讼。"这项规定为司法介入股东大会会议或者对股东大会决议进行司法审查提供

---

① 参见 http://www.court.gov.cn/zixun--xiangqing--81912.html，孟祥在《执行担保规定》新闻发布会发言。

了依据。2005 年《公司法》修订，借鉴大陆法系国家和地区的有关公司立法，在第 22 条明确规定了股东（大）会以及董事会决议的无效及可撤销制度；2014 年、2018 年两次起草《公司法》修改均未对决议瑕疵的规定进行修改。《公司法》第 22 条第 1 款和第 2 款分别规定："公司股东会或者股东大会、董事会的决议内容违反法律、行政法规的无效"；"股东会或者股东大会、董事会的会议召集程序、表决方式违反法律、行政法规或者公司章程，或者决议内容违反公司章程的，股东可以自决议作出之日起 60 日内，请求人民法院撤销。"在决议效力上，无效决议为自始无效且可以由任何人主张，而可撤销决议只能由股东在规定期限内通过诉讼途径由法院判决撤销，一经撤销决议也溯及既往地无效，反之，如果股东未在规定期限内提起撤销诉讼或者已提起的撤销诉讼被法院依法驳回或者败诉，可撤销决议则最终成为有效决议，在效力上不再有疑问。

为了防止股东滥用诉权，阻止一些别有用心的原告股东提起恶意诉讼，《公司法》第 22 条规定了诉讼费用担保制度，该条规定，提起的股东（大）会或董事会决议无效确认之诉，以及提起的股东（大）会或董事会决议撤销之诉时，股东依照前款规定提起诉讼的，人民法院可以应公司的请求，要求股东提供相应的担保。但该项规定只是简要地规定了股东会瑕疵诉讼适用条件，并未对人民法院作出准予担保的标准进行规定，尽管我国《公司法》并未言明，但理论上均认为诉讼担保需以被告公司证明股东的起诉具有恶意为前提。

第二节　民事诉讼担保制度现状之分析

一、民事诉讼担保类型设置不当

（一）诉讼费用担保的缺失

民事诉讼中，诉讼费用担保是保障被告胜诉后，可以获得预支的诉讼费用补偿的程序。从世界各国的民事程序立法来看，只要具备原告败诉后，可能无法支付其应当偿付给被告的诉讼费用损失的事由，诉讼费用担保制度就有其存在的必要性，从而保障被告因原告的诉讼行为而产生的损害赔偿请求权。然而我国的民事诉讼立法、公司立法却排除了诉讼费用担保制度。1989 年的《人民法院诉讼交纳办法》删除了国际民事诉讼费用担保的规定；公司立法排除了股东代表诉讼费用担保。对于如此的立法设计，理论界鲜有质疑，大多数学者均肯定其在保护原告诉权方面的积极作用。然而，笔者认为，立法中没有诉讼费用担保的设置，并不利于被告合法权益的保护，在某些情形下，被告即使胜诉，也无法获得其为诉讼进行而预支的诉讼费用的偿付，使得诉讼费用负担中的"败诉人负担诉讼费用"的原则落空。

1. 在国际民事诉讼中设置诉讼费用担保的必要性

目前对于国际民事诉讼中的诉讼费用担保，主要有两种不同观点：否定说与肯定说。持否定说的学者认为，由于在内国法和国际条约中规定了许许多多的例外，诉讼费用担保制度在实践中已经没有多少适用价值，实际中很少需要适用费用担保制度。而且用提供诉讼费用担保义务的方式来加重外国原告的诉讼负担是极不公平的。持肯定说的学者则认为，没有充分根据的诉讼很容易对被告人造成严重损害和给管辖法院国造成费用上的损失。所谓公平，是一个相对的概念，在考虑公平的时候不仅要考虑处于不利地位的外国原告，也要考虑被告和内国利益。因此，只要在司法实践中，仍然需要支付诉讼费用，诉讼费用担保制度就有存在的必要。此外，废除费用担保的需要一个必不可少的条件，即对有关原告或相互诉讼人的判决，能够得到原告和相互诉讼人的居所或财产所在地国家的免费承认和执行。如果不存在这些保证，则只有当存在实质性互惠或当原告在诉讼法院所属国领域内，拥有适当可供扣押的财产时才可以免除诉讼费用担保。综上，但笔者仍然认为，我国诉讼立法有必要在国际民事诉讼中设置诉讼费用担保。

2. 在股东代表诉讼中设置诉讼费用担保的必要性

我国 2005 年《公司法》引入股东派生诉讼时，并没有明确规定诉讼费用担保制度，《公司法解释（二）（征求意见稿）》提出在股东代表诉讼中，设置诉讼费用担保。担保范围是被告参加诉讼可能发生的合理诉讼费用，担保适用的条件是被告证明原告可能存在恶意诉讼的情形。但该项建议后来并未被采纳。

股东代表诉讼费用担保制度并不是一种普遍适用的制度，是为了限制小股东的代表诉讼提起权或是为了限制恶意派生诉讼而规定的。作为公司的董事和高级管理人员，若成为股东派生诉讼的被告，本来无可厚非，但若原告股东心存恶意，滥用派生诉讼之手段，对公司进行正常经营的董事和高级管理人员提起股东代表诉讼，则不仅会影响公司正常的生产和经营，而且会对涉讼的董事和高级管理人员造成经济上和名誉上的损失，故若不对此类行为进行规范，则会极大地影响公司的正常经营和运作，给公司带来不可预测的经营障碍。因此，为了防止少数股东滥用代表诉讼，避免和减少公司应被诉而造成的损失，在股东代表诉讼中，法院可应被告的请求，命令原告股东为公司或被告因参加诉讼而发生的费用提供担保，一旦原告败诉，则公司或被告为参加该诉讼而支付的费用即可从原告提供的担保金额中获得赔偿。也就是说，诉讼费用担保制度是为了防止股东滥用派生诉讼提起权，遏制某些不必要的或毫无意义的诉讼之发生，减少股东侥幸取胜的可能性而设立的。在股东代表诉讼中设定诉讼费用担保制度的优点在于：一是有利于防止滥用诉权，造成诉讼泛滥；二是有利于对被错告的被告进行一定的补偿。但在股东代表诉讼中设定诉讼费用担保制度的缺点也是显而易见的，其实际上提高了诉讼的门槛，有可能将许多经济上有困难的股东拒之于股东派生诉讼的门外。因此，现代各国的公司立法已呈现出摒弃诉讼费用担保制度的趋势。然而笔者认为，作为一种阻却恶意诉讼的措施，要求原告股东向被告提供诉讼费用担保的制度，仍然有其保留的价值，但同时也应注意到这一制度的发展趋势。

股东派生诉讼不仅涉及提起诉讼的股东的利益和公司的利益，还涉及其他股东的利益，它不同于直接诉讼，因此，可以要求原告提供诉讼费用担保，否则即有可能为小股东损害公司利益大开方便之门。我国公司立法应当设立诉讼费用担保制度，但需要慎重的设计其具体规则。股东代表诉讼费用担保制度应当在防止滥诉和保护股东之间寻求两者的平衡。不应当以牺牲原告股东的诉权为代价提高诉讼开始的门槛，将广大的弱小股东排除在权利保护的大门之外。诉讼费用担保制度并不是不能达到限制无理缠诉的目的，原告股东提起股东代表诉讼的主要目的是获得胜诉后的补偿金，如果被告向法院申请诉讼费用担保，原告股东不得不权衡提起诉讼的利弊，胜诉的可能性以及其投入诉讼的成本，这对于恶意股东而言，是可以起到不可忽视的威慑作用。原告股东提起股东代表诉讼时，被告可以向法院提出诉讼费用担保的申请，同时应承担证明责任，证明原告股东存在以下三种情况之一：原告所提起的诉讼不存在使其所在的公司受益的合理可能性；原告所指控被告根本没有参与被指控的行为；其他提起诉讼时具有恶意的情形。对于是否设立诉讼费用担保，应当平衡鼓励股东提起股东代表诉讼和遏制恶意诉讼两者之间的关系，并从保护中、小股东的利益出发，在追求效率与公平过程中，如果效率和公平发生激烈矛盾时，以维护公平为先。

（二）证据保全担保设置的不合理性

在证据保全中要求当事人提供担保不甚合理，主要表现在以下几个方面：

第一，设置证据保全担保不符合证据保全的属性要求。证据保全，是指在诉讼系属前或诉讼虽已系属但证据调查程序尚未启动前，法院根据当事人的请求或依职权对日后有灭失或存在难以使用危险的证据方法加以固定和保全并预先进行调查，以保存该证据调查的结果的附随程序。① 证据保全制度的设置，其目的在于避免证据灭失或未来使用上的困难，从而采取一定的固定或保护措施，使得法院在将来可以对证据进行调查，从而确保法院能够尽可能地作

---

① 依据《德国民事诉讼法》第491条第1款、《日本民事诉讼法》第240条以及我国台湾地区"民事诉讼法"第373条的规定，一般情况下，应保证双方当事人均能参与证据保全；同时，《德国民事诉讼法》第492条第1款、《日本民事诉讼法》第234条以及我国台湾地区"民事诉讼法"第368条第2款还明确了诉讼中的证据调查的方式可直接适用于证据保全程序。这些域外民事诉讼法对证据保全的规定均明确了证据保全的本案诉讼的附随程序的属性。

出客观的事实认定以及公正的裁判。作为保障当事人证明权的一种制度建构，证据保全可使证据调查程序在符合一定条件时在时间上进行延伸，使得原应在诉讼中进行的证据调查，可以在诉讼系属前或诉讼系属后却未进入证据调查阶段前进行，以便利当事人在诉讼中能够顺利提出证据，以供法院适切形成心证，确保发现真实的可能性。证据保全是预先进行的证据调查①，与正式的证据调查具有相同的性质，② 均是法院从证据中获得事实认定的判断资料的过程或程序③，是本案诉讼的附随程序。④ 在我国的民事诉讼中，法院是证据调查行为的实施主体，举证人向法院提出调查某证据方法的申请，不需要向证据持有人提供担保。因此，设置证据保全担保不符合证据保全的属性要求。

　　第二，设置证据保全担保不符合证明权的保障要求。民事诉讼的制度设计应当体现对当事人搜集事证的支持以保障当事人的证明权。在诉讼中，能够解明案件事实的证据越充实，事实认定正确的几率越大。这种发现真实从而作出正确裁判的诉讼目的要求诉讼立法应当保障双方当事人都能拥有平等接近、使用解明案件事实所需要的证据的机会。避免因证据接近度或证据调查客体变更而阻碍诉讼目的的达成，以有利于实现武器平等原则的宪法价值以及实现正

---

　　① ［日］松冈义正：《民事证据论》，张知本译，中国政法大学出版社 2004 年版，第 331 页。

　　② 传统意义上，证据保全被定性为完全不同于证据调查、仅具备保存证据机能、为将来的正式的证据调查奠定基础的制度。"诉讼中，法院依职权调查或就当事人所提出的证据调查，在与应证事项有关的条件下而经由辩论者，即可资为裁判之基础。但依证据保全程序所保全之证据，法院径就其证据之存在与否予以调查，既不问其与应证事实确否有关，尤不得直接资为裁判之基础；必待举证后并经辩论程序者始可采用。"转引自陈玮直：《民事证据法研究》，台湾新生印刷厂 1970 年版，第 88 页。随着民事证据法理论及实践的不断发展，将证据保全定性为预先的证据调查已经成为大陆法系国家和地区证据保全制度的发展趋向。

　　③ 占善刚：《民事证据法研究》，武汉大学出版社 2009 年版，第 28 页。

　　④ ［日］新堂幸司：《新民事诉讼法》，林剑锋译，法律出版社 2008 年版，第 424 页。

确、迅速、慎重裁判的诉讼目的。① 因此，保障当事人获得正义、实现正义的前提，即保障当事人无论处于何种程序，诉讼程序抑或其他程序，均可享有公平的接近、使用案件要件事实所涉及的证据的权利。"接近证据即接近正义"，不让或阻碍非持有证据的当事人接近证据，即是将其排除在正义之外。证明权是民事诉讼程序权保障的核心，保障当事人诉讼权的核心就在于保障其搜集证据的权利。而证据保全担保的设置，将不利于非持有证据的举证当事人接近使用证据，不利于保障当事人的证据搜集权。②

第三，设置证据保全担保不符合证据协力义务的公法性质。为了保障当事人的证明权，应当保障当事人有公平接近、使用解明案件事实所需的证据，为此，诉讼立法规定持有证据的当事人或第三人应当负有证据协力义务。所谓证据协力义务，即不负举证责任的当事人及第三人协助法院进行证据调查的义务。在我国的民事诉讼中，证据调查程序由法院主导，持有证据的当事人或第三人对法院履行证据协力义务。证据协力义务的相对人是受诉法院而非举证人，究其本质应属于公法义务。我国民事诉讼法规定，持有证据的当事人，其所持有的文书、勘验物或鉴定资料，与案件事实有关的，原则上皆负有提出义务，以此加强当事人的证明权保障。但证据保全担保的设置，不利于当事人接近证据，反而是在为当事人公平使用证据设置障碍，并不利于保障当事人的证据提出权。

二、民事诉讼担保适用条件不明

《民事诉讼法》《海事诉讼特别程序法》《著作权法》《专利法》《商标法》等立法以及相关的司法解释中，并未对保全担保的适用条件作出明确的规定。仅仅是规定在诉前保全中，保全申请人应当提供担保，诉中保全的适用中，法院可以要求申请人提供担

---

①　许士宦：《民事诉讼法》（下），台湾新学林股份出版有限公司 2018 年版，第 267 页。

②　姜世明：《台湾民事程序法经典系列——新民事证据法论》，厦门大学出版社 2017 年版，第 25 页。

保，但是对于法院要求申请人提供担保的标准并未进行规定。从我国现行诉讼立法来看，无论是立法还是司法，保全担保的作用都被过分强调。不过，从我国 1982 年《民事诉讼法（试行）》看，并没有过于强调担保的作用。该法根据审判实践经验，没有把申请人提供担保作为诉讼保全的前提条件，而只是规定"可以责令提供担保"。也就是说，申请人要不要提供担保，完全由法院决定。法院认为应当提供担保而不提供的，可以驳回申请，拒绝采取保全措施。但这是从案件的具体情况出发，以达到今后判决能够执行的目的为前提。虽然，我国现行《民事诉讼法》在表面上对于诉讼中保全中的担保也是这样规定，但是可以发现，担保的重要性已经被加强了。1982 年《民事诉讼法（试行）》关于担保的规定与诉讼保全分开不同的条款分别予以规定，而现行《民事诉讼法》则是把申请人提供担保与财产保全合在一起，以体现当事人申请保全严格的法律责任和所应承担的法律后果。尽管法律并没有对诉讼中的保全规定要求必须提供担保，但实践中几乎一律要求提供担保，以担保取代必要的审查和申请人的释明责任。现行《民事诉讼法》在对诉前保全进行规定时，更是将提供担保作为法院采取保全措施的前提。由于并没有严格要求申请人必须提交初步证据以及不提供证据的法律后果，申请人的释明责任被忽略了，因此只能通过要求申请人提供担保来证明其请求权和保全的必要性存在，在某种意义上说，保全担保已经取代了保全申请人的举证责任，这从我国的立法和司法实践可以看出。我国《民事诉讼法》规定申请诉前保全必须提供担保。最高人民法院《关于审理票据纠纷案件若干问题的规定》第 8 条也规定，人民法院审理票据纠纷案件，在某些情形下，经当事人申请并提供担保，可以依法采取保全措施。在实践中，为了表明申请人并非恶意，也为了避免最终可能承担国家赔偿的责任，法院几乎要求所有的申请人都必须提供担保。有学者认为，"财产保全应当从严掌握。凡是申请人不能提供担保，或仅提供担保书而不提供实实在在的可供执行的财产担保，或申请人提供的担保财产不属于申请人所有，或第三人为申请人提供的财产担保虚假，或申请人提供的可供执行的财产担保的数额明显小于请求保全的财产的数额的，人民法院均不宜采取财产保全或作出保全数额大于担保财产数额的裁定"。①

另外，《著作权法》《专利法》《商标法》与民事诉讼法关于诉前行为保全的规定不统一。依据我国的知识产权实体法，"正在实施或即将实施的侵权行为"是申请人向法院提出诉前行为保全的前提，而《民事诉讼法》则将"情况紧急"作为诉前行为保全的适用标准。申请人向法院提交行为保全申请，依据知识产权法中侵权行为或即发侵权行为的规定，申请人需要对被申请人实施了侵权或即将实施侵权行为进行释明，而依据《民事诉讼法》中"情况紧急"的规定，申请人则需要向法院证明其权利义务状态正处于紧急态势。适用标准的不统一，必然造成当事人及法院适用行为保全上的困难。同样，当事人及法院在行为保全担保的适用中也必然会迷惑茫然。

笔者认为，担保作为法院是否作出民事保全裁定的重要条件之一，这是毋庸置疑的。至于其应当只是为了考虑到公平的需要，防止被申请人因为被错误地作出民事保全措施裁定而遭受不合理的损失，还是替代申请人的释明不足，且成为防止申请人恶意滥用保全程序的一道屏障，确实需要做一个恰当的考虑和定位。担保首先应当作为防止被申请人因被错误地采取民事保全措施而遭受的损失。这是保全担保的本义。那么，担保是否可以被用来替代申请人的释明不足，同时成为防止申请人恶意滥用保全程序的一道屏障呢？笔者以为，这已经超出了担保所能承载的作用。担保不能替代申请人的释明责任，否则会给有能力提供担保的申请人随意启动保全程序大开方便之门。如果申请人属于恶意滥用保全程序，应该可以通过其他惩罚措施予以控制。否则，对那些应该获得保全裁定但由于无力提供或者在短时间内不能提供足够担保的申请人来讲，又是新的一种不公。更何况，许多因为错误地作出民事保全裁定而遭受的损失有可能是无法弥补的，是金钱赔偿难以替代的，申请人即使提供

---

① 李汉昌、吴德桥：《适用财产保全制度应注意的几个问题》，载《法学评论》1996 年第 4 期。

最多的担保也不足以救济。① 另外，知识产权诉讼中，法院在核准申请人的行为保全申请时，若完全不对实体问题加以处理，不但对未来申请人在本案诉讼中能否获胜一无所知，也无法判断相对人是否会遭致无法弥补的损害，这种结果，其实与修正后的民诉法所要求的申请人遭受难以弥补的损害时才可以核准适用行为保全的规定相矛盾。② 知识产权诉讼涉及高度的专业知识，同时我国法官很少具备此方面的专业背景，在此情况下不接触实质问题很难对行为保全的必要性进行审核。同时，知识产权诉讼的特殊性亦决定了行为保全适用的慎重性，否则必然会给投机诉讼留下滋生的空间。

　　最高人民法院关于诉前停止侵犯商标专用权和专利权的两个司法解释事实上把申请人是否提供担保作为与其他三个实质条件并列的又一实质性条件。其实，申请人提供担保的情况只能是在综合其他三个要件法院倾向于发布禁令时再予以考虑，因此可以认为是形式要件。③ 应该说，从世界范围的立法情况看，除了我国之外，几乎没有别的国家作出明确规定，要求申请人必须提供担保。我国《民事诉讼法》规定，申请人申请诉前保全必须提供担保。而对诉讼保全，申请人是否需要提供担保，则由法院决定。但是在司法实践中，几乎所有的法院都要求申请人提供担保。由于《民事诉讼法》如此规定，我国新《专利法》《著作权法》《商标法》中的诉前保全措施也因为适用《民事诉讼法》关于保全的规定，也要求申请人申请诉前保全的必须提供担保。最高人民法院最新作出的司法解释也明确了这一点。依据现行立法的规定，在知识产权诉讼

---

　　① 唐德华先生早在 1982 年《民事诉讼法（试行）》颁布不久，就认为申请人应当释明，"对要求保全的财物有请求权，与被申请人之间存在着一定的法律关系以及具备采取诉讼保全的必要性和条件"。这可以被认为《民事诉讼法（试行）》的立法原意。参见唐德华：《民事诉讼法立法与适用》，中国法制出版社 2002 年版，第 175 页。

　　② 姜世明：《民事诉讼法》（下册），台湾新学林出版股份有限公司 2015 年版，第 591 页。

　　③ 参见张广良著：《知识产权侵权民事救济》，法律出版社 2003 年版，第 50 页。

中，申请人向法院提出行为保全申请后，法院是否有要求申请人提供保全担保的自由裁量权限，由申请人提出保全申请的时间决定。若申请人在诉前提出申请，并证明其权益正在或即将遭到侵害，抑或证明其权益保护正处于"紧急状态"，申请人必须提供担保，法院对此并无自由裁量权。若申请人在诉中申请行为保全，法院可根据案件具体情况自由裁量是否要求申请人提供担保。原则上来说，单以申请时间作为划分标准容易造成制度适用的僵化。在诉中行为保全中，法院应依何种标准来自由裁量是否需要申请人提供担保，立法并未作出相应的规定。因此司法实践中，诉中行为保全，各地法院要求申请人提供担保的标准不一。我国《海事诉讼特别程序法》对此作出了不同于《民事诉讼法》的规定，即申请人诉前申请海事请求保全或者海事强制令，法院"可以"要求提供担保。但《海事诉讼特别程序法》出台之前，对申请人申请扣船是否必须提供担保，最高人民法院司法解释性文件曾经作过变化。最高人民法院1986年《关于诉讼前扣押船舶的具体规定》采取"可以令申请人提供担保"的做法，在我国1991年《民事诉讼法》出台之后，最高人民法院于1994年重新制定的《关于海事法院诉讼前扣押船舶的规定》，采取了与我国《民事诉讼法》相同的立场，即"申请人申请扣船应向海事法院提供担保"。那么，诉前保全的申请人是否必须提供担保呢？从民事保全的原理来看，无论是诉前保全还是诉讼保全，都责令申请人提供担保的主要目的，是保障可能因申请人申请错误而给被申请人造成的损失的赔偿得以实现。就审判实践遇到的实际问题来看，有的案件当事人之间的权利义务关系比较明确，事实比较清楚，申请人申请保全措施发生错误的可能性极小；有的申请人很有经济实力，或者资信情况良好，即使申请保全错误，也有足够的资金赔偿被申请人因此所遭受的损失。在这些情况下，再责令申请人提供担保就失去了意义。从比较法的角度看，美国虽然是强制申请人提供担保的国家，但也有例外，如原告经济情况良好或从案件的实质来说原告可能胜诉。美国学理还认为，在原告贫穷或者原告为公共利益而起诉的情况下，法院放弃责令申请人提供担保的要求是合理的。① 因此，笔者认为，保全担保既不是保全裁定的必要条件，也不是充分条件，更不是充要条件。出于平等对待当事人的原则，在是否要求申请人必须提供担保的问题上，不管是诉前保全还是诉讼保全，都应当采取一个原则，即由法官根据具体案情、当事人提供的证据、申请人的经济状况等因素自由裁量是否要求申请人提供担保。也就是说，是否要求申请人提供保全担保属于法官的自由裁量权范畴。② 在这方面，我国《海事诉讼特别程序法》已先走一步。我国《民事诉讼法》及《著作权法》《专利法》《商标法》在修订时应当考虑民事保全的原理、审判实践和国外通行做法以及两法的统一。

① 沈达明编著：《比较民事诉讼法初论》，中国法制出版社 2002 年版，第 230 页。

② 江伟、王国征：《完善我国财产保全制度的设想》，载《中国法学》1993 年第 5 期。

第五章　我国民事诉讼担保
制度之完善

笔者在上文中对于我国现行民事诉讼担保程序规范进行了详细的梳理，同时归纳总结了四类具体民事诉讼担保程序的不足之处。总的来说，我国现行的民事诉讼担保程序在制度层面缺乏科学的诉讼担保体系；在适用中缺乏明确的适用条件；对适用程序的规定数量不足且分布零散，部分具体适用程序设置不合理。在此背景下，完善我国民事诉讼担保程序具有较强的现实意义。

第一节　我国民事诉讼担保立法的模式选择

一、现有立法模式

从域外立法例来看，民事诉讼担保制度的立法模式主要有以下三类：第一类是在民事诉讼立法中对民事诉讼担保进行零散的规定，此类模式的典型代表国家是美国。美国《联邦民事诉讼规则》对于禁令担保的适用情况，对其具体的适用规则并未进行详细的规定。第二类是在民事诉讼立法中以单独一节内容规定民事诉讼担保的适用条件，此类模式的典型代表国家是英国。《英国民事诉讼规则》以单独一节内容规定了诉讼费用担保的适用条件，而诉讼费用担保的具体适用程序则由判例进行规定。第三类是在民事诉讼法中以单独一节内容规定民事诉讼担保的具体适用程序。此类模式的典型代表国家或地区有德国、法国、日本以及我国台湾地区等。德国《民事诉讼法》将担保的具体适用规则规定在第一编"总则"的第二章"当事人"中，担保单列为第6节，这一节的"担保"

规定的是诉讼费用担保的具体适用程序，但其他诉讼中的担保的具体适用，均参照该节的规定。日本《民事诉讼法》也将担保单列为一节，安置在第一编"总则"的第四章"诉讼费用"中，该节对诉讼费用担保的方法、范围、效果、返还等内容进行了规定，但该节最后一条，第81条规定，前5项关于诉讼费用担保的规定，也用于其他诉讼中的担保。我国台湾地区的"民事诉讼法"也单列一节"诉讼费用之担保"，对诉讼费用担保的适用程序进行了规定，该节最后一条亦规定其他诉讼担保准用该节的规定。以该模式对诉讼担保进行规定，一则可以避免立法重复；一则可以在系统性和具体性方面仍较完备。

上述立法模式是各国家和地区在充分考虑民事诉讼担保制度的特殊性质并结合自身的法律文化传统、法律体系现状等因素综合作出的选择，且随着民事诉讼担保制度的发展不断进行改进，在调整民事诉讼担保的适用方面发挥积极作用。

二、我国民事诉讼担保立法模式的合理选择

根据本节第一部分的模式归纳，结合我国民事诉讼担保规则现状，笔者认为，我国的民事诉讼担保制度立法应当以"担保"的名称在《民事诉讼法》中以单一节的模式进行规定。

我国现行立法对民事诉讼担保制度的规定，采用的是松散立法，关于民事诉讼担保的规定并未在民事诉讼法中以专节的形式予以体现，而是松散分布于《民事诉讼法》《海事诉讼特命程序法》《公司法》《著作权法》《民事诉讼法司法解释》等规范性文件中。《民事诉讼法》《海事诉讼特命程序法》《公司法》《著作权法》粗略的规定了民事诉讼担保的适用，具体的适用规则则由相关司法解释进行零散的规定。笔者建议，对于各具体的民事诉讼担保的适用条件，可在《民事诉讼法》中进行分别规定。在诉讼费用的条款后附加对诉讼费用担保的适用条件的规定；在保全一章中规定保全担保的具体适用条件。对于民事诉讼担保的适用程序，应当以"担保"的名称在《民事诉讼法》中以单一节的模式进行规定。诉讼费用担保、保全担保、执行担保具有相类似的性质，都是诉讼程

序中的担保，具有公法—提存的属性，因此，这些具体诉讼担保的适用程序可以统一进行规定，形成系统性的适用程序，同时，还可以避免重复立法。

第二节　完善民事诉讼担保类型的设置

科学构建民事诉讼担保体系，精准定位不同类型的民事诉讼担保，有助于在分析各具体类型的诉讼担保的共性与特性的基础上，对其作相应的制度设计。考察域外立法例，无论是大陆法系还是英美法系的国家和地区都明确规定了诉讼担保的适用范围和种类。下文即针对我国应当在民事诉讼领域确立的诉讼担保类型进行重点梳理。

一、增加诉讼费用担保

(一) 国际民事诉讼中的诉讼费用担保

国际民事诉讼中的诉讼费用担保，是指不具有本国国籍或在内国没有居所的人在内国法院提起民事诉讼时，应被告的请求或根据内国法律的规定，由内国法院责令原告提供担保，作为其起诉后法院可能决定要其负担的费用的制度。[1] 这里的诉讼费用不是指案件受理费，而是当事人、证人、鉴定人、翻译人员的费用以及其他诉讼费用。在原告非本国人或者居住于国外的情况下，如果原告败诉并拒绝支付诉讼费用，因其不受内国法的约束，法院不能对其执行诉讼费用负担的判令，被告若想追讨到诉讼费用，需要在海外司法管辖区进行有关的法律程序，因此，在特定情况下，基于法院的司法管辖权限于内国域内的财产，法院可以要求非内国原告为其可能支付的诉讼费用提供担保。[2] 如果原告未能提供担保，法院可以中

---

[1]　参见刘仁山主编：《国际民商事程序法通论》，中国法制出版社 2000 年版，第 37 页。

[2]　参见李旺著：《国际诉讼竞合》，中国政法大学出版社 2002 年版，第 24～27，70～75 页。

止诉讼。在国际民事诉讼中规定诉讼费用担保的主要目的是保护内国被告的合法权益，避免因为一个没有根据的诉讼给被告和法院国造成费用损失，也为了保证法院决定由外国原告负担诉讼费用的时候能够得到顺利执行。因此，为了保护本国利益，亦为了公平起见，笔者认为，应当在民事诉讼立法中设置国际民事诉讼费用担保制度，在保护原告诉权的同时，可以兼顾被告的合法权益。在中国境内无住所、事务所及营业所的原告向人民法院提起诉讼时，人民法院应根据被告的申请，以裁定命原告提供诉讼费用担保。

（二）股东代表诉讼中的诉讼费用担保

股东代表诉讼是公司立法中的一项重要制度，其设置的目的在于规范大股东和董事、高级管理人员的行为，使中、小股东在公司内部管理机制失衡的情况下，可以通过司法手段维护公司的正常经营，保护公司和少数股东免受居于管理地位的董事、经理等内部人或者任何第三人的侵害。①股东代表诉讼制度对公司制度的完善可谓意义重大，其是为了维护公司利益并间接维护股东的利益而创设的制度。但同时，股东代表诉讼制度也是一柄"双刃剑"，也有其反作用的一面，股东代表诉讼制度容易成为股东滥诉以谋求个人利益的工具。对于提起股东代表诉讼的中、小股东而言，因其基于股份的限制，受无意义的股东代表诉讼的损害较小，而公司管理层则需要花费很大精力去应诉，而且诉讼甚至会妨碍其对公司进行正常的经营管理。因此在司法实践中，存在股东基于妨碍公司运作的目的而提起股东代表诉讼。股东代表诉讼被滥用，主要表现为以下几种情形：第一，原告股东基于个人利益而提起投机诉讼，试图通过诉讼攫取不当利益；第二，中小股东因与大股东在经营理念上不合等因素，为争夺公司的控制权而提起骚扰性诉讼；第三，对于公司管理层程度轻微的决策失误而提起的不当诉讼。为防止股东代表诉讼被滥用，从而最大程度地发挥其制度功能，域外的公司立法通常

① 参见郝磊著：《股东诉讼的实施问题研究》，中国法制出版社 2012 年版，第 212 页。

会构建出针对恶意股东代表诉讼的阻却机制①，诉讼费用担保制度即是其中的重要内容，通过提供诉讼费用担保阻止某些不必要的股东代表诉讼的发生。要建立健全股东代表诉讼制度，需要在防止滥诉和妨碍正常的股东代表诉讼之间取得一种平衡，诉讼费用担保制度作为防止滥诉的一种有效途径，是股东代表诉讼中不可或缺的组成部分。

笔者认为，我国可以借鉴美国加利福尼亚州和日本的做法，在我国股东代表诉讼制度中确立适度的诉讼费用担保。原因在于：第一，由于法律实践的复杂性，任何一项法律制度都不能保证其制度价值得到百分之百的实现。在股东代表诉讼中设立诉讼费用担保虽然不能完全达到限制无理缠讼的目的，但通过设置合理的担保标准和担保数额，对于有效地减少滥用派生诉讼的现象仍然具有不容忽视的作用。第二，国外在相关立法中虽然有取消派生诉讼中的诉讼费用担保的趋势，但并非将其完全废除，而是因为其在民事诉讼费用领域建立起普遍的诉讼费用担保制度后，没有必要再在股东代表诉讼制度中加以特别说明。我国在短期之内并不会建立起一般性的诉讼费用担保制度，针对股东代表诉讼的特殊性，为平衡对股东、公司和被告利益的保护，要求提起派生诉讼的原告在法定条件下提供适度的诉讼费用担保也未尝不可。第三，基于股东代表诉讼是原告股东为维护公司利益起诉这一特点，在诉讼费用分担问题上，各国都采纳了许多减轻原告诉讼费用负担的措施，倘若不设立诉讼费用担保等措施加以限制和约束，可能会造成对恶意股东的过度保护，而导致对公司和被告利益保护的失衡。

虽然赞成在我国派生诉讼中确立诉讼费用担保，但是，根据现阶段我国股东派生诉讼的实践状况，不宜设置过严的担保标准和过高的担保数额。首先，在担保标准的选择上，如前所述，我国可以同时借鉴美国加利福尼亚州和日本的做法，兼采主客观双重标准，

---

① 域外立法创设的针对恶意股东代表诉讼的阻却机制，主要包括诉讼驳回制度、限制诉讼和解制度、诉讼费用担保制度以及原告股东败诉时的赔偿责任。

在被告能证明原告的起诉是属于不当诉讼或者出于恶意的目的时，根据被告的申请，法院可以责令原告提供相应的担保。第二，为了避免给原告设置过高的诉讼门槛，由被告对原告的起诉属于不当诉讼或存在恶意承担举证责任，如被告无法证明，则原告不需提供担保。第三，法院认定原告应提供担保的情形主要包括：客观上，公司没有因原告的诉讼请求而受益的合理可能性、原告有转移财产以规避判决执行的行为、对于原告起诉的行为被告并未参与等；主观上，原告的起诉是因与公司经理念不合，为干扰公司经营而提起的骚扰性诉讼；原告的起诉是出于其他恶意之目的。在担保数额的确定上，因为设立诉讼费用担保的目的在于，使被告在败诉时能获得诉讼费用的补偿，减少无意义的代表诉讼对被告造成的损失。因而，诉讼费用的担保数额以被告为进行诉讼需要支出的所有合理费用为限。此外，让被告在提出担保申请时，应向法院释明其为进行诉讼需要支出的各项合理费用，由法院审查后，确定原告是否应当提供诉讼费用担保以及提供担保的数额。

二、取消证据保全担保

参考大陆法系主要国家和地区的立法例，鲜有要求当事人在申请证据保全时提供担保的规定。但我国的《民事诉讼法司法解释》《海事诉讼特别程序法》《著作权法》《商标法》以及《民事证据规定》均规定，当事人在申请证据保全时，法院可以要求当事人提供相应的担保。从理论上而言，在证据保全制度中引入诉讼担保会产生法理上的悖论。证据保全是预先进行证据调查，与正式的证据调查具有相同的性质，在证据保全制度中适用诉讼担保制度不符合证据保全的属性要求；证明权是民事诉讼程序权保障的核心，包括当事人的证据搜集权与证据提出权，证据保全担保的设置无法保障当事人的证据搜集权与证据提出权，从而不利于保障当事人的证明权；设置证据保全担保不符合证据协力义务的公法性质。现行有关的法律及司法解释之所以将担保作为证据保全的适用条件之一，主要是考虑到保全行为可能给被保全人带来一些不利益。这种不利益既可能表现为直接的经济利益的减少，也可能表现为权利行使受到限制，如时间的额外付出，精力、心神的额外耗费等。但在司法实践中，证据保全担保的适用也存在种种障碍而达不到证据保全应有的目的。

在民事诉讼保全程序中，法院所采用的保全方法以保障私权的实现或强制执行为内容并因被保全的权利类型而定。证据调查程序中，调查方式因待调查的证据方法的种类而定，因证据保全是提前实施的证据调查，所以证据保全的方法也是依据待调查的证据的种类而定：需要保全的证据为证人时，法院即应像正式的证据调查那样传唤证人到场，对其进行询问以获取证言。之后将其记载于笔录中；需要保全的证据为证物时，法院应对其进行勘验并记载勘验结果；需要保全的证据为文书证据时，法院应阅览文书并获知其内容。相对应的，证据保全中，证据持有人所负的证据协力义务也因待先行调查的证据方法的不同而表现为不同的形态。《德国民事诉讼法》规定，证据保全的类型包括勘验、人证、鉴定三种证据方法。① 《德国民事诉讼法》第 492 条第 1 款、《日本民事诉讼法》第 152 条和我国台湾地区"民事诉讼法"第 368 条第 2 款即对此有明确规定。目前，我国民事诉讼法明确规定的证据种类有书证、物证、勘验笔录等八种。但物证、视听资料、电子数据的调查并不能有效区别于书证及勘验，② 因此，证据保全中，不负举证责任的当事人及第三人的协力主要体现为证人义务、鉴定义务、文书提出义务、勘验协力义务及当事人受讯问五种形态。新《民事证据规定》规定了人民法院采取证据保全采取的具体措施，根据当事人的申请

---

① 德国《民事诉讼法》第 485 条第 1 项规定，诉讼中或诉讼外，当事人于相对人同意，或证据方法有灭失或难以使用之虞者，得申请为勘验、证人之讯问或由鉴定人作成鉴定报告。

② 勘验是指受诉法院对不能转移占有的物或现场的调查；物证则是指受诉法院对可以转移占有的物的调查或该物本身，就证据调查所应践行的方式而言，勘验与物证并无不同。对于试听资料的调查，受诉法院通常采用阅览或依照五官直接感知的方式进行调查，与对物证、书证的调查方式相同。参见占善刚：《证据协力义务之比较法研究》，中国社会科学出版社 2009 年版，第 13 页。

和具体情况，人民法院可以采取查封、扣押、录音、录像、复制、鉴定、勘验等方法进行证据保全。

第一，在证据保全中，针对人的证据无须适用证据保全担保。在民事诉讼中，人的证据若存在可能灭失或以后难以调查的情形，其即无须适用证据保全担保达到保存证据的目的。以证人为例，证人如果患有重病或即将移居国外，对该证人进行证据保全理应由法院提前对该证人进行调查以获取证言。在我国的司法实践中，法院针对证人等人的证据进行证据保全或为询问证人后予以录音或为询问证人后制作询问笔录。

第二，在我国的民事司法实践中，法院针对会因时间推移而发生性状改变的物的证据进行证据保全时，无须适用证据保全担保。以物证为例，若作为证据的物属于会因自然的原因发生性状改变的物时，譬如不宜保存的水果等，通常是采取拍照、录像、现场勘验或者鉴定等措施进行证据保全，此种情况下，并不会对证据持有人的利益造成损害。再以书证为例，与物证以物的外在状态作为证据资料不同的是，书证是以文书的文义内容作为证据资料。因而在书证可能灭失或者以后难以取得因而需要法院进行证据保全时，最合适的证据保全措施是法院复制文书以获取其文义内容，无须对该书证进行扣押。此种情况更谈不上适用证据保全担保了。在我国的民事司法实践中，对书证的证据保全正是依此操作的。

第三，对于不会因时间推移而发生性状改变的物的证据，法院可以采取查封、扣押等保全措施。对此类证据的证据保全，即便可以由法院采取查封、扣押的方式进行，证据保全担保也并没有适用的空间。这是因为，一方面证据保全的目的是从特定的证据方法中获取能有助于法院正确认定事实的证据资料，也就是说作为证据的物无论其为动产还是不动产，可利用的仅为其证据价值而非经济价值，因此即使在证据保全中采取查封、扣押被申请人财产，也只能作为保全的前置方法，并非保全方法本身，绝非像财产保全那样持续性查封、扣押被申请人财产，因而也很难说这样的处置会给被申请人造成损失。因此，申请人申请保全必须提供担保的制度不能适用于证据保全程序，被申请人提供反担保即可解除保全更不能参照适用于证据保全程序，否则法院即无法获取作为认定事实根据的证据了。另一方面，基于民事诉讼中的证据共通原则，法院对该被查封或扣押的证据进行调查所得的结果可共通地用于对双方当事人主张的事实的证明，也即被法院查封或扣押的物的证据既可以用来证明申请人所主张的事实，同样可以用来证明被申请人所主张的事实。因此，即便申请人在将来或已经开始的诉讼中败诉，也不能认为其申请法院查封或扣押该物的证据是错误的，是不利于被申请人的。① 就此而言，诉讼担保制度并无适用于证据保全程序的可能与实际意义。从我国的民事司法实践来看，针对此类证据的证据保全（知识产权侵权案件最多也最为典型）往往采取所谓"活封"的保全手段，也即由法院对将来可能作为证据使用的标的物予以"查封"，不解除被申请人对该标的物的占有，也允许被申请人正常使用该标的物，仅禁止被申请人买卖或转让该标的物。可见，在我国的民事司法实践中，诉讼担保在证据保全中没有适用的空间。

第三节　增设民事诉讼担保的适用条件

上文简要剖析了我国民事诉讼担保程序的类型设置，这是构建完整民事诉讼担保程序的基础和保障。本节将对民事诉讼担保程序的具体适用条件试行架构，以期弥补适用条件的缺位并进一步助益于司法实践中现实问题的解决。

一、民事诉讼担保的一般适用条件

我国现行《民事诉讼法》及相关司法解释对民事诉讼担保制度的适用条件并未进行任何规定。为了更好地发挥民事诉讼担保的制度价值，笔者认为适用各类诉讼担保都应当具备以下四个条件：

（一）利害关系人提出申请

诉讼担保是为了保护受担保利益人的利益而设置的制度，其目

---

① 占善刚：《证据保全程序参照适用保全程序质疑——〈中华人民共和国民事诉讼法〉第81条第3款检讨》，载《法商研究》2015年第6期。

的在于保证受担保利益人因供担保人的诉讼行为而遭受的损失可以得到及时有效的补偿，避免难以弥补的损害的发生。原则上，只有当诉讼担保的利用者和受益者向管辖法院提出申请时，才能准予适用诉讼担保，法院不宜依职权启动诉讼担保程序。① 由利害关系人选择是否启动诉讼担保程序，主要有以下两方面的原因：

第一，由当事人提出诉讼担保申请符合程序选择权原理。从法理上讲，所谓权利是指权利人为或者不为一定行为，以及要求他人为或不为一定行为的可能性。程序选择权作为一种权利，其强调的是当事人在法律许可的范围内，可以选择纠纷解决方式并选择与该方式有关的程序及与程序推进的相关事项。② 而程序选择权之所以被承认，根本的原因在于当事人在诉讼中是程序的主体，诚如我国台湾学者邱联恭所言："依国民之法主体性，程序主体权等原理，纷争程序当事人即程序主体，亦应为参与形成、发现及适用'法'之主体。"③ 正是由于当事人在诉讼过程中居于主体地位，故而应由当事人推动诉讼进程，并且有权根据自己的利益和判断来选择适用或拒绝适用一定的程序事项，而作为诉讼法律关系另一方的法院则应当尊重当事人的选择。当事人的程序选择权主要体现为：其一，选择纠纷解决方式；其二，在诉讼进行中选择实施具体的诉讼行为。当事人选择提起民事诉讼担保申请是当事人行使程序选择权中的典型表征，应当由当事人自己选择是否启动民事诉讼担保程序。

第二，由当事人提出民事诉讼担保申请与处分原则相契合。处分原则，是指当事人有权在法律规定的范围内，自由支配和处置自

---

① 有的国家法律授权法庭直接审查原告是否有提供诉讼担保的义务。比如，土耳其《国际私法和国际诉讼程序法》第 32 条规定："外国自然人和外国法人在土耳其法院提出诉讼或请求强制执行的，应按照规定向土耳其法院提交一笔作为担保的诉讼费用，以及可能向对方当事人支付的赔偿费。"

② 姚莉、詹建红：《刑事程序选择权论要——从犯罪嫌疑人、被告人的角度》，载《法学家》2007 年第 1 期。

③ 邱联恭：《程序选择权之法理》，载《民事诉讼法研究会·民事诉讼法研讨（四）》，台湾三民书局 1993 年版，第 579 页。

己的民事权利和诉讼权利，可以说是当事人有权决定诉讼程序的开始、诉讼的对象、具体诉讼程序及诉讼的终结的诉讼原则。处分原则是私法领域意思自治理念在诉讼中的延伸和扩展，我国现行《民事诉讼法》第 13 条第 2 款明确规定："当事人有权在法律规定的范围内处分自己的民事权利和诉讼权利。"从而宣示了处分原则在我国民事诉讼中的确立。受担保利益人提出民事诉讼担保申请就是其行使处分权的例证。对于受担保利益人而言，民事诉讼担保制度是为了保障其因供担保人的诉讼行为，而可能遭受的损失，或未来可能遭受的难以弥补的损失可以得到有效的弥补。在民事诉讼中，担保利益人是否需要寻求这种保障应是其自由，当事人在民事程序中是否愿意提起诉讼担保申请也应取决于其之意愿而不受任何干涉。

考察域外立法惯例，通常是由当事人启动诉讼担保程序，法院不得依职权要求当事人提供担保。在我国现行的民事诉讼立法中，不仅利害关系人或当事人可以向法院提出民事诉讼担保申请，在必要时，法院也可依职权要求利害关系人提供担保。[①]　笔者认为，民事诉讼立法应当明确规定，应当由利害关系人自行选择适合启动诉讼担保程序，当事人提出民事诉讼担保申请，是法院适用诉讼担保的前提。民事诉讼担保是司法程序中的担保，其适用应当遵循程序法的基本规则。利害关系人向法院提出诉讼担保申请，亦应当遵循相应的规定。首先，利害关系人应在合理的期间内提起诉讼担保申请。譬如，被告向法院提出申请，要求原告提供诉讼费用担保，被告应当在进行本案的言词辩论之前提出申请，因为法院如若依据被告的申请，裁定被申请人提供诉讼费用担保，应中止诉讼程序，原告在法庭指定的提供担保期限内未提供的，法庭一般还会考虑宽限

[①]　我国现行《民事诉讼法》第 100 条规定："人民法院对于可能因当事人一方的行为或者其他原因，使判决难以执行或者造成当事人其他损害的案件，根据对方当事人的申请，可以裁定对其财产进行保全、责令其作出一定行为或者禁止其作出一定行为；当事人没有提出申请的，人民法院在必要时也可以裁定采取保全措施。人民法院采取保全措施，可以责令申请人提供担保，申请人不提供担保的，裁定驳回申请。"

提供担保的期限。最后，被申请人还是未能提供担保的，法庭将撤销该诉讼。因此被告如果在言词辩论之后提起诉讼费用担保申请，就有可能延滞诉讼的进行，造成诉讼资源的浪费。但是，如果被告在进行言词辩论后才知道原告存在应当提供担保的事由，即原告事后才知道原告在内国没有住所等，其仍然可以向法院申请原告提供诉讼费用担保。其次，利害关系人提出诉讼担保申请，应以书面形式进行。民事诉讼担保程序关系到受担保利益人的损害求偿请求权，对当事人的利益有较大的影响，为当事人郑重其事，并规范诉讼担保的适用，通常认为，当事人提出诉讼担保申请，原则上应当采取书面形式。当事人的申请书中应当释明其申请以及其诉讼担保必要性的理由。另外，担保申请人可以在申请书中列明担保金额以及提供担保的方法，以供法院参考。

对于民事诉讼担保程序的启动，笔者认为，法院有必要加强阐明权的行使，以便当事人放弃提起民事诉讼担保申请的行为能更符合自身的利益。英国学者哈耶克认为，真正的自由不仅仅是指人们在作出决定时，不受他人的强制和依据自己的意愿来行事，而且是指人们采取行动时的"内在自由"。在他看来，人们能否获得内在自由，与是否掌握相关的知识关系极大，内在的自由所指涉的乃是这样一种状态，在这种状态中，一个人的行动，受其自己深思熟虑的意志、受其理性所导引，而非为一时的冲动或情势所驱使。然而，"内在自由"的反面，并非他人所实施之强制，而是即时情绪或道德缺失及知识不足的影响。依据这种内在自由，如果一个人不能成功地按其深思熟虑做他所欲做的事情，如果他在紧要关头丧失意志或力量，从而不能做他仍希望做的事情，那么我们可以说他是不自由的，但某人因无知或迷信而不去做他在获致较佳信息的情形下会去做的事情的时候，我们有时也会视他为不自由，据此，我们宣称"知识使人自由"。这一精到阐述完全可以作为法院在当事人放弃启动民事诉讼担保程序时加强阐明权行使的正当性基础。具体来讲，在诉讼实践中，当事人有可能因为对民事诉讼程序知之甚少而作出错误的选择，在当事人没有充分了解放弃启动民事诉讼担保会带来什么样的法律后果的情况下，让其为自己的行为负责，这并不是真正尊重当事人的处分权和当事人的程序主体地位，更像是以尊重处分权为名漠视当事人权利的丧失，在这种情况下，当事人就是"不自由"的，因为他并不拥有使其自由的相应的知识。由于我国未建立律师强制代理制度，在很多案件中，当事人并没有委托律师代理诉讼，而是自己进行诉讼，因此，为避免当事人作出错误的选择而损害自身利益，法院有必要履行阐明义务，使当事人能够在对民事诉讼担保对其自身的意义有充分了解的基础上再作出选择。

（二）担保申请人应对担保必要性进行释明

所谓释明，是使法官达到大概确信的推测，释明的标准低于证明。① 换句话说，如果某一事实真实存在的盖然性比不存在的盖然性高的话，法官即能够确认该项事实，此种证明状态便称之为释明。② 日本学者认为："在终局性确定实体权利关系的判决之前，暂且作出的保全处分或在诉讼程序中所提出的其他申请是否许可的决定，法律上往往只要释明就可以。因为对这些都要求达到证明的程度不仅从时机上毫无意义，而且还会由于派生出来的问题而延误案件的审理。"③ 在诉讼过程中，利害关系人向法院申请民事诉讼担保，应当对担保请求及担保的必要性负释明的责任。担保的必要性，是指供担保人的不当诉讼行为会给受担保利益人的利益带来损害。在担保申请人向法院递交的担保申请书中，应当对其申请，以及需要进行担保的理由予以释明。民事诉讼担保的适用，并不涉及对实体权利义务关系的终局理清，对于民事诉讼中的保全担保的申请，无需经过严格的证据调查程序，在民事诉讼中，保全担保申请的核准需要审核必要性，但基于合目的性的考量，为达到程序迅速性的要求，申请人无须尽证明的责任。对于保全担保的考察，可从释明的证明度上进行把握，达到损害事实存在的盖然性高于其不存

① 证明，是指当事人提出的证据方法，足以使法院产生坚强心证，可确信其主张为真实者。

② ［日］松本博之：《民事诉讼法》（第四版），弘文堂 2005 年版，第350 页。转引自占善刚：《论民事诉讼中之自由证明》，载《法学评论》2007年第 4 期。

③ 沈冠伶：《我国假处分制度之过去与未来——以定暂时状态之假处分如何衡平保障两造当事人之利益为中心》，载《月旦法学杂志》2004 年第 6 期。

在的盖然性即可。申请人对保全担保适用标准的释明，应当根据案件具体情况作出不同的处理。对于释明的程度，可由权利保护的"急迫性"决定。在具有"高度急迫性"的事件中，申请人的权益正在遭受立即、明显的重大侵害，为能及时排除侵害，法院需尽快作出保全担保裁定，申请人可减缓对适用标准的释明程度。在"急迫性较低"的案件中，申请人不具有立即遭受明显的侵害的情况，法院对于保全担保的申请应采取审慎的态度。除非申请人处于"高度急迫性"的案件中，否则应给予相对人就担保事项陈述意见的机会。如果申请人不能对适用标准进行释明，法院则无须对争执的法律关系进行保全担保。

同时，申请人还需要在申请书中对需要担保的数额予以释明。释明是实体法上的概念，法律应明确规定可以进行释明的事项。总的来说，释明的事项主要集中在两个方面：第一，为保全实体权利义务关系需要法院作出紧急处理的事项，如假扣押、假处分事项，当事人应当就需要保全的权利的存在及保全必要性的理由进行释明。① 第二，诉讼程序上派生的判断事项。即在权利义务关系终局确定之过程中，当事人就诉讼程序派生事项而发生争执的场合，就该事项仅须释明，如申请法官回避的事由、诉讼费用额度的确定、诉讼救助事由等。② 民事诉讼担保也属于诉讼程序中的派生事项，因此，当事人向法院提出诉讼担保申请，对于担保事由、担保数额

① 《德国民事诉讼法》第 920 条第 2 款规定："对请求权与假扣押理由应予以释明"；第 936 条规定："关于假处分的命令与其他程序，准用关于假扣押命令与假扣押程序的规定"；转引自丁启明译：《德国民事诉讼法》，厦门大学出版社 2015 年版，第 254 页。

② 《德国民事诉讼法》第 44 条第 2 项规定："申请回避的原因应释明；当事人不得作出代宣誓保证。可以引用被申请回避的法官的证言以供释明。"第 104 条第 2 款规定："对于申请的释明，只需释明。关于律师所支出的邮费、电报费、电话费的垫款，由律师对此类支出作出保证即可。考虑销售税支出时，只需由申请人就该项支出不能作为预付税而扣除作出释明即可。"第 118 条第 2 款："法院可以要求申请人释明其所陈述的事实。法院可以调查证据，特别是可以命令提供证明文书，要求释明。"转引自丁启明译：《德国民事诉讼法》，厦门大学出版社 2015 年版，第 11、27、33 页。

亦可仅为释明。对于担保事由，亦即民事诉讼担保中的担保必要性，申请担保人应当向法院释明，如果没有该项担保，其因对方诉讼行为所遭受的损失可能无法获得偿付。对于担保数额的释明，申请人需要就其因为对方不当的诉讼行为而遭受的损失予以释明。

对于民事诉讼担保事由、担保数额仅为释明，其目的在于确保裁判的迅速性。因为相对于对实体权利关系的最终确定，对于民事诉讼担保事由、担保数额的确定，虽然也有实体上发现真实的要求，如对方的诉讼行为存在不当的可能，但更为重要的是程序的迅速性要求。如果对于民事诉讼担保，也像确定实体权利义务关系那样要求证明，则很可能会导致实体权利义务关系确定的迟延。① 此外，民事诉讼担保并非诉讼的直接审理对象，相对于公正，民事诉讼担保更倾向于谋取迅速的处理，而且即便进行如此处理也不会给当事人造成不当的不利益，更不存在危及裁判公正的危险，所以法官心证程度的适当减轻也并不为过。②

民事诉讼中，担保申请人向法院申请采取诉讼担保措施时，需向法院提供能够支持其请求的基本证据。诉讼担保是法院为避免供担保人的不当诉讼行为会给受担保利益人的利益带来损害所采取的非常措施，法院很难在诉讼担保审查的短暂过程中对申请人提交的证据进行快速、全面、实质的审查，鉴于此，申请人提交行为诉讼担保申请时，仅需向法院提供能够支持其请求的表面上真实且足够的证据，证明供担保人的诉讼行为可能会给其合法权益造成难以弥补的损失。所谓表面证据，又被称为初步证据，指的是除非相反的证据被提出，否则能够确立某项事实或支撑某项判决的证据。③ 如

① ［日］门口正人著：《民事证据法大系》（第 2 卷），青林书院 2004 年版，第 51~52 页。转引自占善刚：《论民事诉讼中之自由证明》，载《法学评论》2007 年第 4 期。

② ［日］梅本吉彦：《民事诉讼法》（第一版），信山社 2002 年版，第 780 页。转引自占善刚：《论民事诉讼中之自由证明》，载《法学评论》2007 年第 4 期。

③ 徐康：《英国表面证据规则初探》，载《司法改革评论》（第十六辑），第 380 页。

果这些证据在形式上是合法、有效的，且被申请人未能提出相反的证据，或其提交的相反证据无法优于申请人的表面证据，法院则可以推定申请人提供的证据是真实的，并作出支持这些证据所证实的观点的判断。在申请人向法院提供了表面充分良好且足以证明其申请的证据时，举证责任在某种意义上就发生了转移，若被申请人不能够提供更优的证据，法院将依据表面证据裁定准予保全担保。

（三）由法院自由裁量决定

民事诉讼担保不同于一般民事法律关系中的担保，它是发生在司法程序中的担保，担保的对象是人民法院。担保申请人必须向人民法院提出申请，而不是直接向供担保人提出担保要求，法院对担保的审查认可是诉讼担保成立的必要条件。法院因主导司法程序而具有审查担保的合法性和有效性的职能，如果法院认为没有适用诉讼担保的必要，则不能适用诉讼担保。担保申请人向法院提出申请，要求对方提供诉讼担保时，法院应当审查担保申请人要求对方当事人提供担保的事实是否存在。担保事由一旦被确定属于作出裁定的理由的范围之内时，法院就有是否作出诉讼担保裁定的自由裁定权。在民事诉讼法中，是否由当事人提供担保应是属于法官的自由裁量事项，法官可以视情形决定是否命令当事人提供担保。法院在行使自由裁量权时，需考虑案件的全部环境情况，以及作出诉讼担保的裁定是否公平。

民事诉讼担保是侧重于保护受担保利益人的利益、强化受担保利益人权利保障的临时措施，同时，正当程序理念要求民事诉讼担保的适用亦需考虑对供担保人的合法权益的影响。民事诉讼担保审查的出发点是受担保利益人的权益，但是，相当性原则要求考虑利益平衡：在本案主诉讼全面确定权利义务之前，民事诉讼担保的适用，只有在给受担保利益人带来的利与供担保人的不利相当的情况下，这种适用才属于"必要"。法院作出民事诉讼担保裁定时，申请人与被申请人的实体权利义务尚未确定，作出诉讼担保裁定所依据的事实，有可能并非终审裁判所最终认定的事实，法院采取诉讼担保措施有可能限制当事人诉讼权利的行使。因此，法院在作出诉讼担保裁定时，不能忽视公平正义而仅仅追求效率，必须对申请人与被申请人的利益进行衡量，充分考虑诉讼担保对被申请人权益的影响。"当一种利益与另一种利益相互冲突又不能使两者同时得到满足的时候，就产生了应当如何安排他们的秩序与确定它们的重要性的问题。在对这种利益的先后次序进行安排时，人们必须作出一些价值判断即'利益估价'问题。"法院对申请人与被申请人的权益进行衡量的标准应当是：如果没有民事诉讼担保将使受担保利益人遭受的不利益大于有诉讼担保时供担保人遭受的不利益，则应准予诉讼担保；如果允许诉讼担保将使供担保人遭受的不利益大于受担保利益人获得的利益，则不应允许此类假处分。域外立法及其司法实践中，法院在决定是否适用民事诉讼担保时，均会在对申请人与被申请人的利益进行衡量之后再作出裁决。法官在对当事人的释明进行审查认定后，在对可能涉及的关系人的利益进行衡量的基础上，作出是否有适用诉讼担保必要的裁定。另外，在适用民事诉讼担保时，法院不仅要对双方当事人之间的利益进行权衡，还应注意对公共利益的保护。如果采取诉讼担保措施将不利于保护社会公共利益，法院将倾向于不作出诉讼担保裁定。如在环境公益诉讼中，原告申请对被告公司采取行为保全措施，被告要求原告提供担保，法院在进行判断时，不仅要考虑双方当事人的利益，还应考虑对环境公共利益的保护。

（四）提供确实、足额的担保

民事诉讼担保的设置，主要是为了保障受担保利益人因供担保人不当的诉讼权利的行使所遭受的损失可以得到有效的偿付，保障诉讼程序性的顺利进行。因此，供担保人应当提供足以担保其偿付能力的充分、可靠的担保。所谓充分的担保，是指担保应与供担保人应当履行的偿付义务相适应的担保。可靠的担保，是指法院应对担保人的担保资格和资信能力确认无误。具体而言，可以由当事人或者第三人提供财产担保。担保人应当具有代为履行或者代为承担赔偿责任的能力。在民事诉讼担保的适用中，没有可供担保的财产、或没有确定、足额的担保财产，诉讼担保是不能成立的，诉讼担保成立的基础就在于有一定的担保财产作为供担保人履行其偿付义务的保障。在诉讼费用担保中，原告所提供的担保主要是为了保障被告为进行诉讼所预支的必要的诉讼费用；保全担保中，保全申请人提供担保主要是为了补释明之不足，保障被保全人因不当保全而产生的损害赔偿请求权；被保全人提供担保是为了保障保全申请人因解除保全所可能遭受的损失；在执行程序中，执行人提供担保是为了保障因暂缓执行而可能给执行申请人带来的损失。诉讼程序中，如果供担保人不能及时、有效地履行其偿付义务，供担保人的财产将直接成为本案的执行标的，为实现受担保利益人的权利提供保障。如果诉讼担保不能确保受担保利益人对供担保人的损害赔偿请求权，就会造成对受担保利益人实体权利的损害。因此，供担保人提供的担保，必须是确实、足额的，保证人必须具有可靠的信誉、相应的担保资格和担保能力。诉讼担保是否确实、保证人是否有担保能力，由管辖法院审查认定。没有确实、可靠的担保，法院可拒绝作出相应的司法行为。法院在作出的准予诉讼担保的裁定中，除了列明担保的金额以及提供担保的方法外，还应当注明供担保人没有及时足额提供诉讼担保的后果。在诉讼费用担保中，原告假若没有提供足额的担保，法院可以驳回起诉，在保全担保中，保全申请人若没有提供足额的担保，法院可以不予采取保全措施，被保全人若没有提供确实、足额的担保，法院可以继续保全措施；在执行程序中，供担保人没有提供确实的担保，法院不应准许暂缓执行。

二、民事诉讼担保的具体适用条件

(一) 诉讼费用担保的具体事由

诉讼费用担保，在发挥其遏制原告滥用诉讼权利的同时，主要是为了保障在原告败诉时，被告为参与诉讼而预先支付的诉讼费用可以得到补偿。因此，被告向法院提出诉讼费用担保申请的理由，就在于原告在败诉后，法院对其执行诉讼费用可能会遇到实际的困难。在具体的诉讼过程中，涉及原告偿付能力的因素会很多：住所、在法院地有没有实质性商业利益或可供扣押的财产、破产的可能性、偿债能力、判决的承认、胜诉的可能性、居住在涉讼地的共同原告出现的可能性、诉讼复杂程度和进行的时长、行为是否诚信或是否滥诉、与既往判决一致性、外国债权人转让债权是否真诚、诉讼资助人会否与原告分享诉讼收益等。

1. 国际诉讼中的诉讼费用担保

参考域外国家及地区立法及司法实践，国际民事诉讼中确定诉讼费用担保制度适用与否的标准可分为以下几种：

第一，外籍原告应当提供诉讼费用担保。依据该标准，只要是外国国籍的当事人向内国法院提起诉讼，原则上其都应提供诉讼费用担保。法国、比利时、意大利、荷兰等国家适用该标准，即使外国原告所属国不要求这些国家的国民提供担保，该外国原告也有义务提供担保。① 但意大利的《民事诉讼法典》将国籍作为考虑的因素之一，而不是决定因素。

第二，住所地在外国的原告应当提供诉讼费用担保。以住所地是否在法院国为标准衡量是否需要命令原告提供诉讼费用担保，即若原告在法院所在国内没有住所，即使其具有该法院国国籍，也应当提供诉讼费用担保。如果原告在法院国内有住所，即使其国籍为外国国籍，亦可免除其提供诉讼费用担保的义务。瑞士的大多数州、挪威、摩洛哥、以色列和泰国均适用此类标准。

第三，以可扣押财产来判断外国原告是否需提供诉讼费用担保。根据这种判断标准，若外籍原告在法院国有足够可扣押的财产，则可免除诉讼费用担保的义务。

第四，在实质性互惠基础上免除诉讼费用担保义务。在现代法律制度中，德国、日本、奥地利、丹麦、匈牙利和土耳其等国家在对等原则的基础上免除外国原告提供诉讼费用担保的义务。也就是说，上述国家把免除诉讼费用担保的义务建立在实质性互惠的基础上，其免除外国原告提供诉讼费用担保的义务，但必须以该外国人

---

① 在法国法和比利时法中有一个例外，当有关外国人是一个享有特权的常驻外交代表或是一个合法的避难者，或当有关外国原告在法院国拥有足以支付可能的诉讼费用的不动产时，不要求该外国原告提供诉讼费用担保。但如果该外国原告在法院国只存在动产，不管其价值如何，都是不可能免除费用担保义务的。

本国法院，在处理相应的案件时不要求该有关国家的国民提供类似的担保为条件。

第五，不要求原告提供诉讼费用担保。大陆法系部分国家，如厄瓜多尔、冰岛、利比亚、阿富汗和葡萄牙等，不要求外籍原告提供诉讼费用担保。另外，有的国家在特定的案件范围内完全免除外国原告提供费用担保的义务。在德国，有关占有本地土地登记权利的诉讼、有关证券、票据和追索权问题的诉讼，原告在德国有足够的不动产或物上担保的债权，原告为反诉原告，原告由于公共的请求而提起诉讼，均完全免除外国原告提供费用担保的义务；在日本，有关追索权、请求支付的证券问题的诉讼中，完全免除外国原告的诉讼费用担保义务；在奥地利，有关票据、婚姻和反诉的案件完全免除外国原告的诉讼费用担保义务；在挪威，有关票据的诉讼免除外国原告的诉讼费用担保义务。

第六，所有原告都应提供诉讼费用担保。依据这种判断标准，所有提起诉讼的原告，毋论其国籍，都应提供诉讼费用担保。

笔者认为，诉讼费用担保的适用，可以同时依据几个不同的原则来判断，并非必须基于某一个原则来规制其适用。法院在作出诉讼费用担保的决定之前，应综合考虑诸多"相关因素"而非单一的因素，如非法院地原告在涉讼地是否有可供扣押的财产、非法院地原告胜诉的可能性；居住在涉讼地的共同原告出现的可能性；诉讼可能进行的时长及其复杂性；原告的行为是否诚信；原告诉讼的目的等。如果这些因素会导致在执行诉讼费用时遇到实质性困难，法官就会运用自由裁量权作出要求原告提供担保的决定。

2. 股东代表诉讼费用担保

股东代表诉讼中的诉讼费用担保的价值在于，通过诉讼费用担保这把杠杆，达到阻却骚扰诉讼、投机诉讼、不当诉讼，维护公司正常经营管理的目的。股东代表诉讼费用担保制度自诞生之日起便存在着广泛的争议，在派生诉讼中设立诉讼费用担保，既有积极作用，有利于抑制原告股东提起恶意的派生诉讼，加强对代表诉讼被告利益的保护，维护公司的正常经营管理；但也易加重原告股东费用负担和诉讼风险，抹杀大量善意股东起诉积极性，不利于派生诉讼得以顺利启动等消极影响。基于此，股东代表诉讼费用担保的适用标准的制定就显得尤为重要。综观域外主要的公司立法，对于代表诉讼中诉讼费用担保的适用主要有以下几种模式：

第一，依据被告申请要求原告提供担保。依据这种标准，原告股东提起股东代表诉讼，只要被告向法院提出申请要求原告提供担保，法院就应当依据被告的申请，作出提供担保的裁定，而不需要确定原告股东是否存在恶意或满足其他条件。该种模式对于原告股东过于严苛，加重了原告股东的费用负担和诉讼风险，抹杀善意股东起诉积极性，严重阻碍善意股东通过股东代表诉讼维护公司权益。我国台湾地区的公司立法中即采用该种模式，原告股东提起诉讼时，法院应被告的申请，得命起诉的股东，提供相当的担保。

第二，以持股比例来判断是否需要提供担保。依据这种标准，持股份额在立法规定范围内的原告股东应当提供诉讼费用担保。这种模式的优点在于体征清楚明晰，便于法院操作，缺点在于限制了股东代表诉讼抑制滥诉功能的发挥。因为利用派生诉讼制度的多为中小股东，若以持股比例为标准来决定原告是否应当提供诉讼担保，实际上是对中小股东的歧视，会将相当一部分有正当依据起诉却碍于股份限制的小股东拒之门外，且不能真正达到抑制滥诉的目的，有心提起恶意派生诉讼的股东完全可以通过联合其他股东的方式来规避这种呆板的限定条件。纽约州公司立法，以股东持股数量多少为标准，对大小股东进行了区分。

第三，法院自由裁量。法院自由裁量，即是指提起股东代表诉讼的原告股东是否需要提供诉讼费用担保，由法院自由裁量。美国加利福尼亚州和日本在对股东派生诉讼的定性上，原则上认为原告股东提起的派生诉讼是善意的，以维护公司利益为目的，除非被告能够提出相反证明，并由法院依据立法规定进行判断其申请是否合理，举证是否有力，如果申请成立，法院可以责令原告股东提供诉讼费用担保。日本部分学者认为，所谓"恶意"，只需原告股东明知有害于被告董事既已足矣，毋须要求原告股东有不当陷害被告董事的意思；还有一种观点认为，所谓"恶意"，是对董事有恶意。

根据日本学者的观点，恶意只是针对被告董事的，并且，原告的恶意只需原告股东明知有害被告股东即可，无须原告股东有不正当陷害被告股东的意思。① 日本学者竹下昭夫对"恶意"的解释是"明知被告董事没有要对公司负有责任的理由，却要起诉来刁难董事。命令下达之后，如果原告在一定的期限内（14 天）不提供担保，法院可以驳回原告的起诉"。概括来说，原告股东的恶意主要包括以下几种情况：第一，原告所列的股东代表诉讼被告，确实并未参与任何被起诉的行为；第二，原告代表诉讼提起权的行使，缺乏使其所在公司或该公司全体股东受益的合理可能性；第三，其他由被告证明的原告对行使代表诉讼提起权存在恶意的情形。对于股东代表诉讼担保的适用，美国加州和日本虽然都采取由法官自由裁量，但裁量的标准仍有较大区别的。美国加州的立法模式主要强调原告中、小股东的诉讼是否对公司有利，主要侧重于客观方面。而日本的立法模式主要以心定罪，侧重原告主观方面是否存在恶意。

笔者认为，在我国的股东代表诉讼立法中，应采取诉讼担保是否适用由法官自由裁量决定的立法模式。由被告提供证明、法院对担保必要性进行判断的模式，保持了"中立的第三者裁定"这一对正义来说最基本的程序保障，② 并且，可以对"善意股东"和"恶意股东"进行初步的区分，让被告对原告是否应当提供担保承担举证责任，这既不会抑制原告股东的起诉积极性，又能有效遏制恶意股东通过股东代表诉讼，损害公司合法权益。对于"善意""恶意"这一种主观态度的评判，可以借鉴美国加利福尼亚州以及日本的做法，要求被告对原告的主观目的进行释明，如果被告无法释明，法院裁定驳回其申请。结合我国实际情况，对代表诉讼费用担保的规定，具体可表述为：原告股东提起代表诉讼的，应被告在

---

① 参见刘俊海著：《股东有限公司股东权的保护》，法律出版社 2005 年版，第 349 页。

② ［日］棚濑孝雄，《纠纷的解决与审判制度》，王亚新译，中国政法大学出版社 2004 年版，第 276 页。

答辩期间的请求，人民法院可以要求股东提供相应担保，但被告需证明有下列情形之一存在：（1）公司没有因原告的诉讼请求而受益的合理可能性；（2）原告有转移财产以规避判决执行的行为；（3）对于原告起诉的行为，被告并未参与；（4）原告起诉时具有干扰公司正常经营或者其他恶意之目的。

（二）保全担保的适用事由

保全申请人向法院提出保全申请，在对保全必要性进行释明时，主要是对三个方面的内容进行释明：胜诉可能性；难以获得偿付的损害；对双方利益的衡量。申请人对保全必要性的释明如果不足，债权人愿意提供担保以补强释明，法院认为适当的，可以要求申请人提供担保，从而准许为保全处分，保全担保的适用是对保全释明的补强，但保全担保不可以代替释明。

1. 采取保全担保的适用事由

在诉讼过程中，当事人向法院申请行为保全，应当对保全必要性进行释明。譬如知识产权诉讼中，法院一旦作出行为保全的裁定，不但会在本案判决之前有效地限制相对人的商业活动，进而减少甚至消灭被告继续有效经营的可能，对一些规模较小或创新的高科技公司而言，甚至会严重影响这些公司的生存。因此，为避免申请人在未进入本案审理之前以有限的诉讼成本获取限制竞争对手的效果，申请人应当对保全必要性进行释明。保全的必要性，是指因等到本案诉讼的判决确定，也无法达到解决纷争目的的情形。保全必要性的判断标准，在于对双方当事人利益的衡量，由于等待本案诉讼的确定，债权人所预想的损害，与准许保全裁定所产生的损害，两相比较衡量，债权人的一方会比较大，则可以判断有保全的必要。判断保全必要性的基础事实，不能仅止于以债权人的主观威胁感，还必须基于客观而具体的事由。在对保全必要性进行释明时，主要是对三个方面的内容进行释明：

第一，胜诉可能性。所谓胜诉可能性，即管辖法院根据行为保全申请人提供的证据材料，初步判断申请人于案件取得胜诉的几率。胜诉可能性并不意味着申请人的全部诉讼请求都可能得到法院的支持，"胜诉"仅指案件的基本法律关系应当得到法院支持。①
大陆法系民事诉讼中就胜诉可能性的判断，通常规定应达到较高的
程度。申请人在向法院提起行为保全申请时，必须证明其所提的诉
讼有胜诉可能性，申请人必须证明其在审判程序中的假设及举证责
任下，有证明被申请人侵害其权利的可能。② 知识产权诉讼中，
申请人向法院提起保全申请时，案件尚未被完全审理，甚至案件
尚未系属于法院，因此，法院无法对诉讼中争议的问题进行充分
调查。保全申请人若要确切的证明胜诉可能，可从两方面证明其
胜诉可能性：首先，申请人的知识产权是否有效。知识产权行为
保全的申请人应当是权利拥有者，其应当持有合法的、有效的知
识产权。申请人应当向法院提交能够证明其是权利所有者的证
据，譬如能够证明其合法继承了该知识产权的证明文件等。其
次，是否存在侵权行为或准备实施侵权行为。申请人请求法院适
用保全时，需要向法院证明存在侵权事实或即将发生侵权的事
实。相较于其他的侵权纠纷，知识产权的易复制、难开发等特
点，决定了知识产权纠纷中的某些侵权行为一旦实施，就会给权
利人带来难以弥补的损害，因此申请人若有证据证明相对人存在
处于准备阶段、即将实施的侵权行为，就有权向法院申请采取保
全措施。"救济先于权利"，将即将发生而未发生的行为纳入保全
措施的作用范围，在诉讼终结前加以制止，对于保护权利人合法
权益具有重要的作用。

　　第二，难以获得偿付的损害。所谓难以弥补的损害，即最终判
决所确定的损害赔偿将难以获得偿付。确认被申请人的行为是否会
对申请人的利益造成无法弥补的损害，是法院判断当事者之间的权
利义务状态是否需要维持现状的前提。我国民事诉讼与知识产权立
法，均将"难以弥补的损害"作为采取保全措施的条件。损害是

---

　　① 吴登楼：《知识产权行为保全程序新探》，载《电子知识产权》2014
年第 8 期。
　　② 参见王承守、邓颖懋著：《美国专利损失攻防策略运用》，台湾元照
出版公司 2004 年版，第 80 页。

否难以弥补，属于不确定的法律概念，因此具有相对性，并没有客观绝对的标准。① 域外的司法实践中，对"难以弥补的损害"进行了相对性的界定。如在英国法中，能够获得衡平法的禁令救济的，只能是通过普通法的损害赔偿无法得到充分救济的当事人。美国的判例实践中，"难以弥补的损害"是指无法以金钱填补或无适当方式可以测量的损害。除非例外情况，如果原告在申请日至最终裁决期间可能受到的不应遭受的损害能够获得损害赔偿金的补偿，那么被告就不应该被限制。② 知识产权诉讼中，知识产权人合法存在的权利一经遭受侵害，其损害将难以弥补。如商标诉讼案件中，若准许相对人窃用并制造的商品流向市场，对权利人的商誉即造成难以弥补的损害。因此，知识产权诉讼中，申请人无需对"难以弥补的损害"作详细证明，只要申请人证明其合法知识产权正在或即将遭受侵害，即可推定为其有受不可回复的损害。

　　笔者认为，在知识产权纠纷中，被申请人如若有以下三种行为之一，申请人能确切的证明其胜诉可能性，法院即可推定存在"难以弥补的损害"：第一，侵害申请人人身性质的权益的行为。人身性质的权益不同于财产权益，一旦遭受侵害，就会给申请人的社会评价、政治经济地位造成金钱难以衡量的损失。侵害申请人人格权益的产品，会对申请人的商业信誉和社会认可度造成威胁，给其造成损失，这种损失短时间内将无法挽回。第二，侵害申请人无形财产权利的行为。在产品寿命较短的商业领域，特别是高科技领域，权利人核心技术泄露，如不及时采取行为保全措施，将导致申请人错过最佳销售时机，丧失市场竞争力，最终其知识产权将无法在事实上实现利润。如假冒商标的伪劣产品充斥市场，将严重损害权利人的商标信誉度，削弱申请人的市场竞争力。虽然侵害申请人无形财产权的行为也是给申请人造成经济损失，但这种损失很难量化成一个准确的赔偿数额，这种损失是难以计算的。第三，使得被申请人难以提供赔偿的行为。法官在判断损害是否难以弥补时，不

---

① 姜世明：《民事诉讼法基础讲座》，载《月旦法学教室》第 62 期。

② 杨良宜、杨大明：《禁令》，中国政法大学出版社 2000 年版，第 251 页。

仅需考虑申请人所遭受的损失是否能够用金钱补偿，还需确定被申请人在案件审理结束时是否具有足够的经济实力支付足额补偿。某些案件中，申请人获得胜诉判决后，由于被申请人的某些行为，申请人的损失实际上无法获得足够的赔偿。因此，在被申请人资信状况不佳的情形下，法院采取行为保全措施，可以有效维护申请人利益，使其损害得以减免。

担保是民事诉讼中常用的一种风险防范措施，一般是对某些不确定风险的对冲，在提供诉讼权利的同时提供道德等风险的控制。① 适用民事保全的裁定依据并非案件经过全面审理后认定的案件事实，而是申请人单方提供的证据所证明的事实，因此，保全的适用存在一定的司法风险，不当的保全可能导致将不可弥补的损害风险转移给被申请人的情形。在保全制度中设定担保，可有效保护被申请人利益。申请人对保全必要性的释明如果不足，债权人陈明愿意提供担保以补强释明，法院认为适当的，可以要求申请人提供担保，从而准许为保全处分。诉讼保全中的担保是对保全释明的补强，只有在保全申请已经对保全必要性做了一定的释明后，法院认为合适的，才可以适用保全担保。保全担保不能替代申请人的释明责任，当事人如果没有对其保全申请和保全的必要性进行释明，仅仅以担保代替释明，法院不可准予保全。如果允许以担保代替释明，将会给有能力提供担保的申请人随意启动保全程序大开方便之门，而对那些应该获得保全裁定但由于无力提供、或者在短时间内不能提供足够担保的申请人来讲，又是新的一种不公。

民事诉讼中，保全申请人所提供的保全担保，其在性质上是为担保赔偿债务人因保全行为可能遭受的损害可以得到有效的偿付。保全担保的适用不仅可以担保保全被申请人的损害，亦可补足保全申请人的释明，增加其获得行为保全的机会。我国民事诉讼与知识产权立法中，仅仅规定依据申请人提出行为保全申请的时间来判断申请人是否必须提供担保。笔者认为，申请人是否需要提供担保，

---

① 施高翔：《中国知识产权禁令制度研究》，厦门大学出版社 2011 年版，第 37 页。

应当由法院依据案件具体情况自由裁量，其自由裁量的标准，应当是申请人对其申请的释明程度。申请人申请民事保全，应当对其请求以及请求的原因进行释明。民事保全的重要机能，在于能够迅速地为申请人提供权利救济，若因其释明无法达到使法官内心确信的程度，就驳回其保全申请，对于申请人而言过于严苛。在申请人释明不足的情况下，法官可以不准予行为保全，也可以要求申请人用担保补强释明之不足，从而准许其保全申请。法院在判断是否可以要求申请人提供担保补释明之不足时可以考虑三个因素：保全是否具有急迫性；申请人的释明之不足，是否是因为事件的急迫性；申请人对适用标准的释明是否已经达到优势的程度。满足此三个因素，法院方可使申请人提供担保补足其释明。要求保全申请人提供担保是法院对双方当事人的利害关系进行衡量后的结果。如果法院认为实施保全处分，对被申请人将造成较大的损害，则命债权人提供担保金额，以求平衡。因为并不能因未保全处分会对债务人造成较大损害，就置债权人不受继续侵害的保护于不顾。

2. 解除保全担保的适用事由

解除保全担保，即被保全人为免为或撤销保全处分，而向法院提供担保。关于被申请人提供担保后，法院是否应当裁定解除保全这一问题，笔者认为，应从解除保全担保是否和保全一样，对保障申请人诉讼请求实现有实质帮助这一层面予以考量。由于担保的功能在于担保物可以通过变卖、拍卖、作价等方式转化成为一般金钱价值，进而对债权人予以补偿，因此，解除保全担保可以适用于金钱给付的案件。金钱给付案件包括单纯返还金钱的案件与诉讼请求的实现可以转化为金钱给付的案件，相对于"单纯返还金钱"的案件而言，"可以转化为金钱给付的案件"形态较为复杂，包括对于特定物之给付请求权或其他财产上之请求权，由于日后不履行债务或解除合同，转变为金钱损害赔偿请求权的案件等。譬如在侵权纠纷中，当事人有两种选择：一是仅就停止侵权行为申请行为保全；二是同时就侵权产生的损害赔偿请求权申请财产保全。又如在合同案件中，原告诉讼请求本为要求对方履行合同，如果由于情势变更对方已无履行合同之可能，则原告原来的财产保全的申请势必不能达到目的，从而需要变更保全申请。我国现行法对此虽没有明确规定，但在实践中，法官通常会就此对原告进行释明，原告为达到胜诉的目的可将其诉讼请求变更为违约损害赔偿请求，此时财物的给付之诉便转化成一般的金钱损害赔偿之诉，可以根据金钱给付之诉的特质进行财产保全。因而，"单纯返还金钱""可以转化为金钱给付的案件"两类案件所应采取的保全措施即具有共通性，表现为二者均是限制债务人对其全部财产进行处分，因为对债务人任一财产实施保全均可直接实现债权人的利益或通过特定的执行措施如变价、拍卖等方式转化为金钱，进而实现债权人的权利。所以，只要债权人的总体财产价值没有损耗，部分财产的增减并不会从实质上损害债权人的利益。因此，解除保全担保可以适用于金钱给付的案件。在物的给付请求中，如果当事人诉请给付的乃特定种类的物或者是特定物，在特定物的给付案件中，为保障终局执行的实现，保全的对象应当是该特定物本身，因为特定物不具有可替代性，故受诉法院保全债务人的其他财物，对本案的执行并没有意义。由此可见，在特定物的给付案件中，保全的对象具有特定性和排他性。因此，即便债务人能提供足够金额担保，也无法实现代替物的交付，因而也就没有适用解除保全担保条款的余地。

我国《民事诉讼法》对解除保全担保进行了规定，在财产纠纷案件中，被申请人提供担保的，人民法院应当裁定解除保全。对于财产纠纷案件的界定，立法者的解释是，其包括涉及财产归属的确认之诉、给付内容为金钱或者物的给付之诉案件。① 依此规定，在财产纠纷案件中无论是金钱给付案件还是非金钱给付案件，被申请人只要提供解除保全担保，保全都应解除。但是在某些财产纠纷案件，当事人诉请给付的是特定种类的物或者是特定物，在特定物的给付案件中，为保障终局执行的实现，保全的对象应当是该特定物本身，因为特定物不具有可替代性。在特定物的给付案件中，保全的对象具有特定性和排他性。因此，即便债务人能提供足够金额

---

① 全国人大法工委民法室：《〈中华人民共和国民事诉讼法〉条文说明、立法理由及相关规定》，北京大学出版社 2012 年版，第 169 页。

担保，也无法实现代替物的交付，因而就没有适用解除保全担保条款的余地。知识产权诉讼中，法院裁定准予行为保全，一般不因被申请人提供担保而解除，否则将可能出现被申请人出钱购买侵犯申请人知识产权的权利。但是如果有以下两种情况之一，法院可以在被申请人提供担保的情况下，解除行为保全措施：其一，双方形成合意；其二，被申请人的合法权益将因行为保全而受到难以弥补的损害。

综上，笔者认为，为保障保全目的之实现，更好地维护债权人利益，应将"被申请人提供担保，法院应当裁定解除保全"作目的性限缩解释，将"被申请人提供担保，法院应当裁定解除保全"限定适用于金钱给付的案件或者可以转化为金钱给付请求的案件。另外，被申请人提供的担保还应当符合两个条件：必须与原保全财产价值相当；必须优于原保全物变现。

（三）执行担保的适用事由

被执行人向法院提出担保申请的目的在于暂缓生效法律文书的执行，其应向法院释明，如果不暂缓执行，将对其偿付能力造成难以弥补的损害。对于执行担保的适用事由存在两个问题：因暂缓执行关系申请执行人权益的实现，执行担保的成立是否需要征得申请执行人同意？被执行人暂时无力履行义务是否属于执行担保的适用条件？

对于执行担保成立，是否需要"征得申请人同意"，主要存在两种意见：一是认为"经申请执行人同意"指向的对象是执行担保，因而是执行担保的生效要件之一。[1] 二是认为"经申请执行人同意"指向的对象是暂缓执行，并不是执行担保成立的要件，而是暂缓执行的生效要件。[2] 判断"征得申请人同意"是否是执行担保的成立要件，需要明确两个问题：首先，要探究"经申请执

---

[1]　江苏省徐州市中级人民法院的"暂缓执行决定书"样式中将申请执行人同意作为执行担保的要件。

[2]　广东省佛山市中级人民法院的"暂缓执行决定书"样式中将申请执行人同意作为暂缓执行的要件。

行人同意"指向的对象是执行担保还是暂缓执行，必须分析民事诉讼法的立法背景和立法者的立法原意。我国台湾地区"强制执行法"规定，执行程序开始后，当事人双方有权合意延缓执行程序的进行，但以债务人须提供确实的担保为前提。执行担保引起的暂缓执行具有执行当事人合意暂缓执行程序的性质，"经申请执行人同意"的立法本意也无非指只有申请执行人同意，法院才会酌情决定是否暂缓执行；若申请执行人不同意延缓执行程序，则绝无暂缓执行的可能。其次，被执行人申请执行担保，其申请的对象是执行法院，而非申请执行人，因此，提供担保的行为无须征得申请执行人的同意。在论证执行担保是否需要经过申请执行人同意时，也可以采用归谬法，即：如果认为执行担保需要经过申请执行人的同意，那么就意味着在申请执行人和被执行人之间存在一个关于允许担保的合意，换言之，一个执行和解协议。如此一来，执行担保就与执行和解中的担保混为一谈了。关于被执行人还是执行法院征得申请执行人同意暂缓执行，目前理论和实务操作上均无限制。有两种可取的方式：（1）由被执行人向执行法院申请执行担保和暂缓执行，由执行法院征得申请执行人同意；（2）由被执行人和申请执行人双方共同向执行法院申请暂缓执行。

被执行人暂时无力履行义务并非执行担保的条件。执行担保制度的设立不以被执行人暂时无力履行义务为前提条件。执行担保程序延缓了被执行人履行债务的时间，影响执行债权的及时实现，因此在一定程度上损害了申请执行人的利益，故暂缓执行程序需要经过申请执行人的同意。申请执行人一旦表示同意暂缓执行，就意味着他放弃了一定限度内的期限利益。当然，申请执行人在斟酌同意暂缓执行与否时，会全面考量被执行人的财产状况和偿还能力，以及执行担保对自己的利弊得失。在被执行人缺乏充分履行能力而第三人提供担保的情况下，无异于扩大了被执行人责任财产的范围，提高了执行债权受偿的可能性。在被执行人暂时面临资金周转不灵的境遇时，提供执行担保对申请执行人也是有实益无大害的。被执行人的履行能力与执行担保之间的关系状态无非有两种情形：一是被执行人有能力履行义务，而申请提供担保和暂缓执行；二是被执行人暂时无力履行义务，而申请执行担保和暂缓执行。前者，被执行人可以自己的财产提供担保，法院则通过延缓有履行能力的被执行人的执行程序而追求更高层次的公正，避免因强制执行给被执行人和社会带来不利影响；后者，被执行人可以由第三人提供保证和物的担保，来增加债务人责任财产的数量，扩大债务人的偿债能力，反过来利于申请执行人债权的完全实现。因此，被执行人暂时无力履行义务不应成为执行担保的适用事由。

第四节　充实民事诉讼担保程序的具体规定

要设立一项完整的程序，不仅需要科学的系统架构、完善的适用条件，还要有符合其自身特点的完备规则体系。笔者在上文中对于我国诉讼担保程序的类型设置、适用条件已进行了逐一分析，该节内容则主要是对民事诉讼担保的应有程序规则进行相应完善。以期弥补程序规则的缺位并进一步助益于司法实践中现实问题的解决。

一、扩充民事诉讼担保方法

（一）现金或有价证券

考察域外立法，现金和有价证券是最常见的民事诉讼担保方法。在我国香港特区，对于诉讼费用担保，法庭通常会要求原告缴存现金给法庭；只是在特殊情况下，法庭才会准许原告以银行保证或其他方式履行诉讼费用担保金的命令。在美国和英国，情况大抵如此。德国《民事诉讼法》规定，可以通过提存金钱或提存实体法中规定的适于提供担保的有价证券，以为担保。日本《民事诉讼法》也是类似规定。我国台湾地区"民事诉讼法"规定，供担保人应提存现金和有价证券以为担保，担保的客体可以是现金和法院认为相当的有价证券，但不可以请求以土地所有权状变换现金之担保。对于提供的现金和有价证券，受担保利益人与质权人享有同样的权利。向法院提供现金作为担保物，一方面是基于现金流通的方便性和通用性，另一方面是由于其他动产、不动产或权利凭证担保物（无论是抵押还是质押）在执行时（如拍卖变现等），程序比较繁琐，并有可能产生额外费用，而现金担保物在执行时相对简单。

基于现金流通的方便性和通用性，笔者认为，民事诉讼担保的提供，立法应规定以现金担保为首选。当事人另有约定的除外。对于提供现金作为担保的，原则是交至法院，但当当事人对法院明显表示不信任时，笔者认为可以参照《法国民诉法》的有关规定，将担保金交至公证处或双方当事人都认可的第三人处。① 供担保人如果想要提存有价证券代替现金，可以申请法院裁定确定其认为与市价相当的证券的名称和数量。法院命令供担保人提供担保的裁定中，可以记载供担保人需要提供的现金数额，供担保人如果想要提存有价证券，可以申请法院裁定确定其认为与市价相当的证券的名称和数量。供担保人提供现金或有价证券作为担保后，受担保利益人就担保物，与质权人享有同样的权利。② 如果供担保利益人日后不履行其所负的赔偿费用的义务，被告可以依据民法关于质权的规定，就担保物享受优先受偿权。担保物是现金的，被告可以就应当受赔偿的额度，请求法院给付；如果担保物是有价证券，被告可以依法自行拍卖或申请法院拍卖，以获得赔偿。

（二）第三人出具的保证书

民事诉讼担保中，可以由保险人或经营保险业务的银行出具的保证书，或者管辖区域内有资产的人出具的保证书作为担保。但是，民事诉讼担保是司法程序中的担保，其与担保法所调整的民事担保法律关系有着很大的不同。一般民事关系中的担保，可以由第三人提供保证，即保证人以信誉担保，但是在民事诉讼担保中，从其设立的目的来看，其旨在保证供担保人有可供执行的财产，因此民事诉讼担保较之担保法中的担保应当更为严格，应排除供担保

---

① 《法国民诉法》第519条规定："在以金钱设立担保的情况下，用于担保的款项应存交信托寄存处。应一方当事人的请求，用于担保的款项亦可以寄存至受此委托的第三人处。"

② 所谓质权，是指为了担保债权而占有由债务人及第三人所移交的动产或可让与的财产，而在债务届清偿期而没有清偿的时候，可以就其卖得的价金，优先受偿的权利。

人，包括当事人与第三人以信誉担保的人保形式，只能是物保。因此民事诉讼担保虽可以由有资力能履行赔偿义务的人出具保证书，但这种保证书应当是可以代替现金、有价证券或其他担保实物的文书，而不是民法中的保证书。换言之，民事诉讼担保中的"保证书"，虽然也有"保证"二字，但并非民法上的债务保证，其并非当事人具备偿付能力的保证，因此有别于民法上的保证债务。在当事人不履行其应当偿付给对方当事人相应费用的义务时，提供保证书的人有直接就保证金履行赔偿的责任，不能主张民法上的债务保证关系，不具备先诉抗辩权，换句话说，如果当事人不履行其偿付义务时，出具保证书的第三人，直接就有给付保证金的责任，而不能再用民法中的先诉抗辩权来加以抗辩。出具保证书的人，在原告不履行所负义务时，有就保证金额履行的责任以解释说明。法院可以依据被告的申请，直接向出具保证书的保证人为强制执行，无需另行起诉。

（三）不动产和特定动产抵押

抵押担保，即供担保人以不动产或机器设备、运输工具等特定动产进行的诉讼担保。民事诉讼担保是一种对将来可能发生的债务所进行的担保，并且这种可能性比较大。对于已经抵押的动产或不动产，由于其具有产权瑕疵，在能否作为诉讼的担保物时应慎重考虑，如果其价值减去所担保的债权尚足以担保诉讼费用，则可以作为诉讼担保的担保物；反之，则不能。对于诉讼抵押担保是否需要办理登记手续，理论上有肯定说和否定说两种对立的观点。（1）肯定说。该说认为，不动产和特定动产抵押经过登记才能成立，或者才具有对抗第三人的效力。只有经过专门机构的登记，才具有对社会公示、保护担保关系以外的当事人的交易安全、避免纠纷的作用。法院不能简单地认为诉讼程序中的担保，便当然具有排除他人主张权利的效果。登记公示的作用并非法院的职权，不能以诉讼担保的名义取代登记手续。[1]（2）否定说。该说认为诉讼担保是司

---

[1]　参见黄金龙著：《〈关于人民法院执行工作若干问题的规定〉实用解析》，中国法制出版社 2000 年版，第 258~259 页。参见邹川宁著：《民事强制执行基本问题研究》，中国法制出版社 2004 年版，第 137 页。

法程序中的担保，性质上不同于担保法上的担保，应当受民事诉讼法而非担保法的调整。执行担保是民事诉讼法规定的、为确保权利人在执行程序中实现权利多大的措施，其成立以管辖法院的审查、认可为标志，不需要像民事担保一样办理登记手续。该说认为对于不动产和特定动产抵押的诉讼担保，只需扣押权属证书，并要求有关部门协助执行即可，无须办理抵押登记手续。管辖法院向有关部门发出协助执行通知书，要求其在规定的时间内不予办理该财产的转让手续，是以保证财产安全、方便处分财产为目的，与担保关系的成立无关。①

　　我国现行的诉讼立法采取的是"否定说"，② 即不动产和特定动产抵押形式的诉讼担保，其成立不以办理抵押登记手续为程序合法要件。换言之，诉讼担保的成立和生效与抵押登记之间没有任何关系，法院只需扣押权属证书，并要求有关部门协助执行。但是，诉讼担保的成立和生效在程序上不依赖于任何抵押登记手续，并不表示法院不能办理查封登记、抵押登记手续。如果法院想强化执行担保的效力，办理抵押登记、查封登记也是法律所不禁止的，因为诉讼担保办理抵押登记后毕竟具有毋庸置疑的公示性，可以避免不同法院之间发生执行冲突。

（四）质押

　　民事诉讼担保中的质押，是指供担保人将动产或财产权利移交

---

　　① 　参见曹士兵：《中国担保法诸问题的解决与展望——基于担保法及其司法解释》，中国法制出版社 2001 年版，第 381～382 页；童兆洪著：《民事强制执行新论》，人民法院出版社 2001 年版，第 148 页；陈健鸿著：《执行担保若干问题研究》，载《强制执行指导与参考》（第 8 卷），法律出版社 2004 年版，第 279 页。

　　② 　《担保法解释》第 132 条将《执行规定》第 84 条的"或依法到有关机关办理登记手续"变更为"对该财产的权属证书予以扣押，同时向有关部门发出协助执行通知书，要求其在规定的时间内不予办理担保财产的转移手续"。司法解释改变了原来需要办理抵押登记的规定。《适用意见》第 101 条规定："人民法院对不动产和特定的动产（如车辆、船舶等）进行财产保全，可以采用扣押有关财产权证件并通知有关产权登记部门不予办理该项财产的转移手续的财产保全措施；必要时，也可以查封或扣押该项财产。"

法院占有，以该动产或财产权利作为供担保人履行偿付义务的担保。以质押的形式进行诉讼担保主要包括两种情况：（1）动产质押，将担保物移交执行法院。物权法上，动产以占有（交付）为其公示方法，如任由被执行人或第三人继续占有、控制，进而转移、隐匿、挥霍、处分该用于担保的动产，就无法实现执行担保的制度初衷，因此，应当由执行法院占有和控制该动产。（2）权利质押，扣押权属证书，要求有关部门协助执行。采取权利质押形式的执行担保，其程序合法性在于执行法院对该财产的权属证书予以扣押，同时向有关部门发出协助执行通知书，要求其在规定的时间内不予办理担保财产的转移手续。应当注意的是，在权利质押的场合，由于出质的权利本身的真实性与权利凭证的记载之间可能存在差异，设若执行法院仅仅扣押权属证书，或者仅仅要求有关部门协助执行，可能会造成执行担保的落空，故执行法院必须同时采取这两个程序以确保执行担保的合法性。

　　具体的诉讼案件中，民事诉讼担保方法可以由供担保人自行选择，至于供担保人选择的担保方法是否适当，则由法院在尊重当事人选择的基础上作出判断；或者直接由法院根据个案情况来确定具体的担保方法。法院在为民事诉讼担保选择可采取的担保方法时，应当对供担保人与受担保利益人双方的利益进行权衡。法院在选择担保方法时应当考虑以下几个方面的因素：第一，担保无需超过必要的限度，担保方法的采取应当综合考虑担保可能涉及的额度，如诉讼费用担保额度的确定，不能片面以原告诉请的标的额为依据，防止被告肆意阻却原告诉权的行使。第二，担保方法的采取应当有助于实现受担保利益人的终局利益。第三，担保方法的采取应酌情考虑供担保人的基本权益而选定，尽量避免给供担保人带来不必要的损害。譬如，在执行担保中，不可以执行供担保人的基本生产和生活物资，如果供担保人没有多余的财产，仅有用于生产的厂房、机器等财物时，可对财产进行禁止处分的保全来代替简单的扣押和封存，或者在权属证书上进行注明不允许做转让、抵押之处分、但仍然允许供担保人使用和收益，这些担保方法的采取不仅不会造成供担保人财物的减损，还有助于其财力的恢复，长远来看，对受担保利益人的权益也有益无害。

二、限缩民事诉讼担保范围

民事诉讼担保的范围，即供担保人所提供担保的担保对象，民事诉讼担保的范围应当是在具体诉讼程序中，受担保利益人可能因为供担保人的诉讼行为而产生的损失的范围。

（一）诉讼费用担保的范围

因我国没有实行律师诉讼主义，所以委任律师所支出的律师费就不能算在诉讼费用之内。但是法院为当事人指定律师为诉讼代理人时，此时支出的律师费应当是诉讼费用的一部分。

诉讼费用担保的范围，即原告最终可能偿付的，被告为达到伸张权利或防卫权利的目的而预先支出的各项必要的诉讼费用。民事诉讼中，在诉讼开始之时，各方当事人根据法院的命令预先交纳进行诉讼行为所必需的诉讼费用，如提出申请和实施诉讼所产生的法院费用、执行员费用以及律师费用等，最终的诉讼费用负担，通常是由法院判定由败诉的一方当事人承担。因此，诉讼费用担保，即是保障被告针对其预付的诉讼费用向原告提出偿付的请求权。

对于诉讼费用担保而言，确定诉讼费用的范围即确定担保的范围。诉讼费用，指当事人因进行民事诉讼而向法院交纳和支付的费用。虽然域外各国和地区立法关于诉讼费用的范围或构成的规定不完全一致，① 但基本上可以将诉讼费用分为两大类：裁判费用与裁判费用以外的其他诉讼费用。裁判费用是指当事人在实施起诉、上诉等诉讼行为或提出其他申请时需向法院纳付的费用。通常认为，

---

① 在大陆法系各国或地区，除由民事诉讼立法对诉讼费用的计算、征收、裁判作原则性规定外，往往另行制定民事诉讼费用法或类似的法律进一步规定诉讼费用制度。如德国制定有《法院费用法》、日本制定有《关于民事诉讼费用的法律》，在我国台湾地区也有所谓"民事诉讼费用法"。在我国，《民事诉讼法》仅用一个条文对民事诉讼费用制度作了极其简略的规定，并无类似前述国家或地区的关于民事诉讼费用的专门法律。关于民事诉讼费用制度的具体适用相继由最高人民法院颁布的相关司法解释及国务院制定的相关行政法规等予以规范。

裁判费用是当事人请求国家实施司法行为而应向国家支付的报酬或者说是受益者利用国家司法程序的负担金。① 裁判费用以外的其他诉讼费用是指法院在民事诉讼程序中实施裁判以外的行为所实际支出的并且应当由当事人负担的费用。从域外相关立法来看，其他诉讼费用基本上包括法院实施证据调查、送达等行为而支出的费用。②

　　对于是否将律师费是否列入诉讼费用的范围，域外各国和地区有不同的规定。在英国，受"赢家赢得一切"的影响，当事人可以以"胜诉方有权要求败诉方支付他为进行诉讼而付出的所有费用"为由，请求对方当事人承担己方的律师费用，因而，英国的诉讼费用包含律师费；在美国，由于在某些知识产权案件里，胜诉方可通过判决得到法定的律师费，因而在这些案件里诉讼费包含律师费，其他案件的律师费，当事人可以以实体法中的损害赔偿而在审判中提出。在我国香港特区，诉讼费主要分为三部分：（1）法庭收取的行政管理性费用；（2）律师及大律师的费用；（3）专家证人费用等。这三部分费用通常都是由法庭判令败诉方承担。在德国等实行律师强制代理的国家，律师费用被列入诉讼费用范围；在日本，诉讼费不包含律师费，律师费由当事人自己承担；我国台湾地区的民事诉讼中，当事人自己选任律师代理诉讼而支出的律师费，不是其"民事诉讼法"规定中的诉讼费用。在我国大陆地区，诉讼费用一般不包含律师费。但理论界和实务界有关律师费应该纳入败诉方承担的利偿范围的观点深深的影响了最高司法机关。2002年10月，最高法院出台的两个有关审理知识产权案件适用法律问题的司法解释首开先例，明确规定人民法院可将律师费计算在补偿范围内。

---

　　① 参见［日］园尾隆司：《注解民事诉讼法》（Ⅱ）青林书院 2000 年版，第 5 页；杨建华：《民事诉讼法要论》，北京大学出版社 2013 年版，第 106 页。转引自占善刚：《民事诉讼鉴定费用的定性分析》，载《法学》2015 年第 8 期。

　　② 占善刚：《民事诉讼鉴定费用的定性分析》，载《法学》2015 年第 8 期。

诉讼费用担保的范围即是诉讼费用的范围，供担保人提供担保时，其担保额的确定应当以裁判费用与裁判费用以外的其他诉讼费用的总额为准。如果立法规定律师费用属于诉讼费用，则诉讼费用担保的范围应当包括被告支付的律师费用，如果立法将律师费用排除在诉讼费用以外，则诉讼费用担保的担保范围不包括律师费用。诉讼费用范围的确定，诉讼费用担保的设置，都必须能够保障当事人诉权依法行使这一主题得到良好的贯彻。同时通过诉讼费用担保机制，使得当事人在行使诉权时，鉴于滥用权力风险的存在，自觉规范自身行为，从而达到平等保护双方当事人权力，合理配置有限的司法资源的目的。

（二）保全担保的范围

民事诉讼保全，单纯是为了保全债权人的个人利益而设计的制度，保全申请人在对保全事由等要件进行释明后，法院基于该释明作出民事保全的裁定。保全裁定的作出，并非基于确定的权利义务关系，而是保全申请人的权利受认定的可能性较高，为保护债权人权利的行使，特对债务人加以拘束。如果债权人的民事保全受到否定，债务人因民事保全受有损害时，法院的保全裁定并不能免除债权人因民事保全而给债务人造成损失的责任，为平衡债权人与债务人之间的利益关系，有必要使债务人易于向债权人请求损害赔偿。民事保全担保，保障的是受担保利益人的损害赔偿请求权，保全担保的范围，即受担保利益人因供担保人的不当保全而遭受的损害赔偿范围。受担保利益人因保全行为而遭受的损害赔偿范围，包括因民事保全行为所产生的财产上的损害，如被保全标的物本身的损伤、变质的减损、保全继续中市场价格变动以致价值减少或所失利益、营业中止的利益损失等；非财产上之损害，如名誉、信用受损的抚慰金；民事保全伴随而来的各种诉讼费用；可预见的特别损害等。在特殊情形下，需要澄清事实时，也可以要求刊登道歉启事。[①] 我国大陆地区民事诉讼立法还可以借鉴台湾地区对弱势群体

---

① 参见李木贵讲述：《民事诉讼法》（增订六版），台湾元照出版有限公司 2010 年版，第 10~71 页。

的特别规定，在我国台湾地区的司法实务中，在请求家庭生活费用、扶养费、赡养费、夫妻剩余财产差额分配之诉时，对于长期为婚姻生活牺牲、贡献而处于经济上弱势的家事劳动者，几乎无力提供担保者，法院应命供担保金额不得高于请求金额的十分之一，以免因程序规定而损及当事人实体利益，保障其请求权。我国大陆地区司法解释中规定保全担保的数额应当相当于保全财产的价值。对于因工伤事故、交通事故、医疗事故、人身损害等赔偿案件中的受害人，其若申请保全担保，我国立法也可以减少或者免除保全担保。债务人对于债权人就保全执行所提供的担保，享有与质权相同的权利，即取得比其他债权人优先受偿的权利。

由债权人所负的损害赔偿责任，性质上属于侵权行为。因此法院经释明而作出保全裁定后，如果该裁定因为法定事由而撤销，对于债务人因此而遭受的损失，债权人应当承担无过失赔偿的责任。但是对于违法的保全执行，即诉讼保全裁定的不当执行，给债务人带来的损失，债权人应当承担何种责任，学说纷纭，主要对立的有两种学说：过失责任和无过失责任。持过失责任者主张，债权人对于违法的保全行为所造成的损失承担责任，应当是具有主观上的故意或过失。民事保全执行一旦被认定为违法，至少应推定债权人有过失，如果债权人主张无过失，应就其无过失负主张、举证责任。违法的民事保全，包括被保全权利不存在、欠缺保全必要性。债权人于本案诉讼中，原则上应证明保全权利存在，并于保全异议中，应就被保全权利的存在即保全必要性为释明。因此，如果债权人无法为上述之证明、释明时，应推定其有过失，债务人得于损害赔偿诉讼中予以援用。认为应持无过失责任者则主张，应类推适用关于假执行的不当执行的无过失责任规定，由原告就被告因假执行或因免假执行所为给付及所受损害，予以返还或赔偿。主要论据在于，分担侵权行为理论上损害的衡平。对于行为保全而言，是法院为了防止发生重大损害或避免急迫危险时，在经过两方当事人陈述后，为平衡当事人之间的权利义务或利益而作出的裁定，目的在于维持法律秩序，并兼顾公益。因此行为保全的裁定如因法定事由而撤销，原则上，虽然申请人应当支付赔偿责任，但为了公平起见，如行为保全申请人能够证明其并无过失时，法院可以视其情形减轻或免除其赔偿责任。

保全担保的设置是为了保全被撤销时，被申请人的损失可以得到及时、足额的补偿，因此法院在确定担保数额时，应当以被申请人因保全错误而遭受的可预见的损失为限。但在司法实践中，因保全的申请时间，法院在作出准予保全的裁定时很难确定被申请人可能遭受的具体的损害数额，最初要求申请人提供的担保数额仅是一个推定数额，随着对案件的全面审理，若申请人的胜诉可能性越来越小或被申请人因保全措施而造成更大损失的，如因知识产权的市场价值发生变化而损失加大等，申请人最初提供的担保金额无法满足被申请人可能因申请不当造成的损失的，法院可以依据被申请人的申请，责令申请人追加担保，申请人不追加担保的，法院可以解除保全措施。

（三）执行担保的范围

执行担保，其设置目的在于保障程序安定，维护执行当事人及利害关系人的权益。执行担保的范围，与保全担保范围类似，其确定应以补偿性为原则，即以可弥补申请执行人所受损害为准。

三、增加担保物的变换与返还

（一）担保物的变换

供担保人提出担保物或者保证书作为担保，如果已经向法院提供的话，原则上都不能再加以变更，除非具有下列各项情形，则例外可以变更：（1）由当事人约定更换。例如，王某提存现金，后来跟相对人李某互相约定，将提存物变为股票。当事人之间约定变换担保物，是当事人之间的合意，由当事人双方自行衡量利弊，无需经由法院裁定，当事人可仅凭其约定，向法院请求办理变换手续即可。（2）法院依据供担保人的申请，裁定准许他变换担保物。法院决定是否准许变换担保物时，应考虑是否存在变换的必要性。例如，担保人提供的担保物是有价证券，现在该证券已到清偿期，有持该有价证券行使权利的必要，此时，应当兼顾供担保人的利益，准许其变换担保物。另外，已经提供担保的人申请法院变换担保物的时候，假设担保人原来所提存的是现金、有价证券，或者是约定的提存物的时候，当事人不能申请法院把它变换为保证书来代替。但是，反过来说，假如担保人本来所提出的担保物是保证书，而申请裁定变换成现金或有价证券的时候，则法院就可以斟酌情形裁定准许变换担保物。

（二）担保物的返还

在供担保人提供诉讼担保的原因不再存在的情况下，供担保人就没有继续提供担保的义务。在特定情况下，法院应当依据供担保人的申请，以裁定返还其担保物或保证书，受担保利益人应当同意原告取回其担保，无正当理由不应为难原告而拒绝其取回担保。有下列两种情形之一的，供担保人可以请求法院裁定准许其取回担保物：

第一，应当提供担保的原因消灭。所谓应当提供担保的原因消灭，是指为担保对方权利而提供担保的必要性消灭①。供担保人提供诉讼担保必然有其原因，譬如在诉讼费用担保中，供担保人提供担保是因为其在国内没有住所、事务所或营业所，为担保其最终可能负担的偿付义务；为诉讼保全提供担保，其目的在于担保受担保利益人因诉讼保全所受的损害。因此，所谓有无"提供担保的必要性"应当以受担保利益人的损害赔偿请求权是否仍然存在来加以解释。在司法实务中，通常认为所谓的"担保原因消灭"，指的是"没有损害发生"②"所发生的损害已经获得赔偿"或"供担保

---

① 参见王甲乙、杨建华、郑建才著：《民事诉讼法新论》，台湾广益印书局 2002 年版，第 117 页。

② 对于"无损害发生"而言，如果供担保人获得确定的胜诉判决，则可以认定为"应提供担保的原因消灭"，但如果本案诉讼尚未终结，或最终获得确定的败诉判决，则需要进一步确认诉讼保全程序是否已经实施。如果供担保人向法院申请诉讼保全，而法院尚未进行诉讼保全的行为，后续即使诉讼保全被宣告废弃或失效，受担保利益人因为没有被实施保全行为，则没有遭受损害，因此，可以认定为供担保人提供担保的原因消灭；反之，如果诉讼保全行为已经实施，其后虽然可以撤回诉讼保全的申请、诉讼保全被宣告废弃或失效，但受担保利益人已经因保全行为的实施，而遭受到利益损害，此时，则不能认定应当提供担保的原因消灭。参见姜世明著：《民事诉讼法（上册）》（修订第二版），台湾新学林出版股份有限公司 2013 年版，第 577 页。

人获得确定的胜诉判决"①。对于"没有损害发生"与"所发生的损害已经获得赔偿",受担保利益人已经失去其向供担保人的诉讼行为请求赔偿的理由;"供担保人获得确定的胜诉判决",确定的胜诉判决已经足够证明担保人有充足的理由申请保全,受担保利益人不能就保全造成的损失要求赔偿。对于解除诉讼保全而提供的担保,如果法院在宣告原告提供了担保,决定进行保全处分的同时,宣告被告预供了担保而免于诉讼保全的判决,此时是为了平衡原、被告双方之间的权益,原告提供担保,是为预备在不当保全时,赔偿被告因此遭受的损害;被告提供担保,是为预备在不当阻止诉讼保全时,赔偿原告因此遭受的损害。因此,在判断是否偿还提供的担保时,应以原告(受担保利益人)是否因被告(供反担保人)的不当阻止诉讼保全程序的行为而遭受损失,作为供担保原因消灭的标准。总的来说,"提供担保原因消失"主要包括以下几种情形:(1)被告本案获胜诉的确定判决;(2)诉讼保全被撤销;(3)原告没有为诉讼保全提供担保,被告为解除保全提供了担保;(4)供担保人依法已经履行其偿付义务。

第二,诉讼终结后,供担保人向法院提供证明,其已在合理的期间内,催告受担保利益人行使权利,而其未行使;或者法院依据供担保人的申请,通知受担保利益人在一定期间内行使权利,并向法院提供其行使权利的证明,而受担保利益人并未提供证明。所谓受担保人行使其权利,是指针对因供担保人提起诉讼行为所产生的损害提起赔偿请求权。供担保人行使权利,从文义上理解,应当包括诉讼程序外行使权利,即在诉讼外请求供担保人赔偿损害,但是,仅仅口头行使权利,就产生阻却供担保人返还担保的申请,对于供担保人而言,未免过于严苛。因此,此处的"受担保人行使

---

① 为诉讼保全提供担保,如果供担保人已经获得确定的胜诉判决,即所谓的本案胜诉确定,台湾地区的司法实务认为是指诉讼保全的本案判决"全部胜诉",并应当将诉讼保全判决与最后确定的判决相比较,如果诉讼保全判决遭部分废弃确定,则不能被认为诉讼保全的本案判决已经"全部胜诉"。

权利"，应当理解为其通过诉讼程序行使权利。诉讼终结后，供担保人败诉，其应当提供担保的原因依然存在，受担保利益人也认为其利益受到损害，但却不及时行使其损害赔偿请求权，此时，如果供担保人所供的担保额多于受担保利益人所受的损害，为了兼顾双方当事人的利益，供担保人在一定期限内催告后，受担保人仍未行使其权利时，供担保人可以要求法院裁定返还其逾额提供的担保物。规定催告期间，可以督促受担保利益人快速行使权利，以免拖延过久损害供担保人的利益。催告期间并非诉讼法上的法定期间，也非裁定期间，不存在不遵守而丧失权利的问题，催告期间可由供担保人自行决定，但应当合乎法律的规定。供担保人的催告，应当合法的送达于受担保利益人，如果受担保利益人变更住所而使得无法联络，或其拒绝或回避收受催告信函，供担保人可以申请法院通知受担保利益人在一定期间内行使权利，并向法院提供其行使权利的证明，受担保利益人逾期未能提供证明，供担保人可以申请法院裁定命返还其逾额提供的担保物。

受担保利益人逾期经供担保人催告而未行使其权利，并非自此不可再行使权利，只是供担保人因此而取得返还担保物的申请权，如果供担保人申请法院返还担保物后，受担保利益人开始行使其权利，则可以认为受担保利益人没有在合理期间内行使其权利；如果受担保利益人行使权利先于供担保人向法院申请返还时，法院应当认为供担保人的申请无理由，从而裁定驳回其返还申请。另外，如果受担保利益人行使权利后于供担保人申请返还，即使法院尚未裁定准许供担保人的申请，法院也不得以受担保利益人已经行使权利为由，驳回供担保人的返还申请。受担保利益人行使权利，应当就供担保金额为全部的主张，如果其行使权利的金额，少于供担保人提供担保的金额，则溢出部分的金额，性质上如果是属于可分的，应当将溢出部分理解为受担保利益人仍未对其行使权利，因此可认定受担保利益人对该部分的担保金已经失去其担保利益。

供担保人返还担保的申请，如果符合上述两项条件，法院可以以裁定命返还其担保物或保证书，不符合条件的，应当裁定驳回其申请。另外，供担保人还应证明受担保利益人同意返还提存物或保证书者，法院应依当事人申请，依据相当资料认定受担保利益人本人是否同意返还后，作出准否返还的裁定。

四、明定民事诉讼担保效力与救济

（一）民事诉讼担保的效力

1. 提供担保的效力

民事诉讼担保成立后，法院应准予供担保人相应的诉讼申请。原告依据法院提供诉讼费用担保的命令提供担保后，诉讼程序继续进行；保全申请人依据法院命令提供担保后，法院可采取相应的保全措施；被保全人依据要求提供担保后，可解除已经执行或正在执行的保全措施；被执行人按要求提供担保后，经执行申请人同意，可以暂停原生效法律文书的执行。执行担保并不必然引起暂缓执行的后果，是否暂缓执行以及暂缓执行的期限由人民法院决定。被执行人或第三人提供担保，并经申请执行人同意是法院决定暂缓执行的两个必要条件，但非充分条件。即使具备执行担保和申请执行人同意的要件，执行法院也可斟酌情形，不予许可暂缓执行。例如，被执行人执行担保和暂缓执行申请于执行标的物已经拍定后，才到达执行法院的，如果法院允许暂缓执行，将影响拍定人的权益，此时，执行法院可以决定不准暂缓执行。因执行担保而决定暂缓执行的，已开始的强制执行行为应全部暂时停止，不再采取新的执行措施，不再实施新的执行行为。诉讼担保的期限与法院的诉讼相对应，诉讼关系消灭，诉讼担保也随之消灭。在因不当保全而给对方当事人造成损失的情况下，该争议自动系属于审理法院，当事人对损失数额及赔偿的争议应当在本案中审结，如果当事人没有在诉讼进行期间提出，这种损害赔偿请求权将不再得到法院的支持。执行担保中，担保的期限，应与暂缓执行的期限一致，没有担保期限的，法院可以根据实际情况来决定暂缓执行期限。在暂缓执行期间，除被执行人主动履行义务外，申请执行人一般不得要求被执行人履行义务。但是，在暂缓执行期间，被执行人或担保人对担保财产有转移、隐藏、变卖、毁损等行为的，人民法院可以恢复强制执行。

受担保利益人就供担保人提供的担保，可依据质权人的权利来行使权利。如果以后供担保人不能完全履行其偿付义务时，受担保利益人可行使质权人的权利，请求法院直接执行供担保人提供的担保财产，或者裁定执行担保人的财产，如果担保物是现金，可以请求直接支付，如果是有价证券或物品，被告也可自行拍卖或者是申请法院拍卖来充作赔偿。但是执行担保人的财产应当以担保人应当履行义务部分的财产为限。

2. 不提供担保的效力

法院作出诉讼担保的裁定后，供担保人在法院裁定的提供担保的期间内不提供担保，法院应停止进行相应的诉讼程序。如果法院准许被告的诉讼费用担保申请，裁定命原告提供担保，而原告没有在法院所规定的期间内提供担保时，法院就可以直接将原告所提起的诉讼，从程序上予以裁定驳回，而不作实体上的审查。提出诉讼费用申请的被告，在其申请被驳回前，或原告提供担保前，可以拒绝进行本案言词辩论。因为法院作出提供担保的裁定后，原告应当依据法院裁定提供诉讼费用担保，如果不遵守法院的裁定，法院可从程序上直接裁定驳回原告的诉讼，因此，在被告的担保申请被驳回以前，就作出本案的言词辩论，则会出现言词辩论归于无效而浪费诉讼程序的情形。如果原告没有在法院所规定的期间内提供担保，但是因为法院没有在供担保的期间一届满就作出驳回起诉的裁定，致使原告在期间过了之后，还依法提供担保，那么法院就不可再以担保的期间已经过了为理由，将原告所提的诉讼以裁定驳回，因为法院所定的提供担保的期间，并非不变期间。因为原告既然已经提供担保，而法院又没有裁定驳回，就应该让原告所提起的诉讼，有继续受审判的权利。保全申请人向法院提出保全申请，法院在准予采取保全措施时，可以要求申请人提供担保，申请人不提供担保的，可裁定驳回其申请。被保全人提供担保，请求解除保全，其若未按时提供担保，则保全行为继续进行。由上诉法院命令原告提供担保而没有提供的，如果是原告提起上诉，法院应当以裁定驳回其上诉；如果是被告上诉，法院应当以判决废弃原判决，驳回被上诉人（原告）起诉。①

（二）民事诉讼担保的救济

鉴于民事诉讼担保制度涉及确定判决的顺利执行以及当事人实体权利的满足，诉讼费用担保裁定还涉及当事人的诉权能否得到行使，② 民事诉讼担保立法应当给予利害关系人救济的途径，从程序上保证法院对诉讼担保适用的误断有一个纠正的机会并可保障当事人充分行使诉讼权利，这有利于给予当事人以完整的法律保障。关于提供担保的裁定，包括两种情形：驳回担保申请的裁定以及要求提供担保的裁定。法院认定担保申请人申请对方当事人提供担保为有理由的时候，可以以裁定要求对方当事人提供担保，并以裁定确定担保范围以及提供担保的期间；法院认为申请人申请对方当事人必须提供担保是无理由的，或担保是不必要的，可以驳回当事人的担保申请。对于这两种担保裁定，其救济途径应当是不同的。对于提供担保的裁定，如果利害关系人对此裁定不服的，可以在一定期限内向上级法院寻求救济；对于驳回担保申请的裁定，申请人可以向同级法院申请复议。

---

① 参见姚瑞光著：《民事诉讼法论》，中国政法大学出版社 2011 年版，第 136 页。

② 诉讼费用担保的裁定与不予受理、驳回起诉、管辖权异议的裁定一样，对于当事人充分行使诉权，无障碍的向法院起诉十分重要。

结　　语

　　民事诉讼担保制度的设置，其目的在于保障利害关系人或当事人的合法债权，维护法院生效判决的严肃性和权威性，并对诉讼权利的滥用进行遏制。民事诉讼担保制度的适用，可以有效改善我国司法实践中民事诉讼权利被滥用、生效判决难以有效执行的现状。从我国立法现状来看，我国的民事诉讼立法仅对民事诉讼担保的适用进行了简单的规定，民事诉讼担保的具体适用条件、适用程序则散见于相关的司法解释中，不成体系且诸多规定明显不妥。在立法、司法和理论之间，理论应当先行，从我国目前的研究现状来看，学者对民事诉讼担保制度的研究多是集中在对各种具体制度的研究上，而缺乏对民事诉讼担保制度性质、价值取向等基本理论的研究。对于建立完善的民事诉讼担保制度而言，基本理论的研究有助于制度的整体构建，具体规则的设置，有利于对民事诉讼担保的实践进行科学的指引。

　　本书采用规范分析、比较分析、文献分析的方法，对民事诉讼担保的性质、功能、制度价值等基础理论进行了探讨；并从英美法系和大陆法系中选取了较有代表性的国家和地区，介绍其民事诉讼担保程序的制度概况、规则特点以及具体程序；对我国民事诉讼担保的立法现状及制度构建进行了分析，在科学借鉴域外成熟立法的基础上提出了构建我国民事诉讼担保程序的具体设想。相较于民事担保，民事诉讼担保的性质为"公法—提存"，其制度价值在于程序公正与效益，民事诉讼担保的适用，应当以对双方当事人的利益衡量为基础。从域外相关国家和地区已有的民事诉讼担保程序规定来看，英美法系国家多是在民事诉讼立法中规定民事诉讼担保的适用条件，适用规则则由判例进行规定；大陆法系国家和地区对民事诉讼担保适用条件的规定较少，多是将民事诉讼担保的具体适用程序规定在诉讼费用担保中，其他诉讼担保的具体适用参照诉讼费用担保的规定。因此，对于民事诉讼担保制度的构建，可以在明确民事诉讼担保性质的基础上，在我国民事诉讼程序框架内，立足我国民事诉讼担保程序方面的现有法律规定，借鉴域外民事诉讼担保程序较为成熟的国家和地区的立法经验与理论基础，从立法模式、类型设置、适用条件、具体规定等多个方面进行系统规制，构建科学的民事诉讼担保制度。

附论　关于民事诉讼担保的
立法建议条文

鉴于本书的写作目的，并正面回应文中所得的结论，笔者试图拟定关于民事诉讼担保内容的立法建议条文如下，希冀对将来的民事诉讼担保的立法修改有一定的参考价值。

立法建议条文：

第十一章　诉讼费用

第 119 条　有下列情形之一的，法院应当依据被告的申请，以裁定命令原告提供诉讼费用担保：

（1）原告为在国内没有住所的；

（2）原告为公司或其他机构的，被告提供证据证明，如果法院责令原告承担被告诉讼费用，原告无法偿付被告诉讼费用的；

（3）原告在提起诉讼之后，为避免承担不利的诉讼后果，已变更地址的；

（4）原告在诉讼格式中未列明地址的，或者在诉讼格式中提供虚假地址的；

（5）原告仅为形式上的原告，被告提供证据证明，如法院责令原告承担被告诉讼费用的，原告无法偿付被告诉讼费用的；

（6）原告已就其资产采取措施，日后难以对其执行诉讼费用命令的。

第 120 条　如果原告的请求中，被告无争议的部分，或原告在国内有资产，足以赔偿诉讼费用时，原告可以不提供诉讼费用担保。

第 121 条　诉讼中发生担保不足或不确定的情形时，法院可以裁定命原告补足担保。

第 122 条　被告应当在进行言词辩论之前，向法院提出诉讼费用担保申请。如果被告在言词辩论后才知悉应提供担保的事由的，不在此限。

在申请被驳回或原告提供担保前，被告可以拒绝进行本案辩论。

第 123 条　有下列情形之一的，法院可依据被告申请，要求原告之外的其他人提供担保：

（1）为避免可能对其作出的诉讼费用命令，已将诉讼权利转让给原告的；

（2）为取得原告在诉讼中可能收回的任何款项或财产份额，已承担或同意承担原告的诉讼费用。

第 124 条　原告在裁定所定的期间内不提供担保的，法院应当以裁定驳回起诉。但在裁定前已提供担保的，不在此限。

第 125 条　法院命令原告提供担保的，应当在裁定书中确定担保的金额以及提供担保的期间。原告提供担保的金额，应当以被告在诉讼中应当支出的费用总额为标准。

第 126 条　提供担保应提供现金或法院认为相当的有价证券。但当事人另有约定的，不在此限。

前项担保，可以由保险人或经营保证业务的银行出具保证书代之。

应提供担保的原告，不能依前两项提供担保的，法院可以准许由该管辖区域内有资产的人出具保证书以为担保。

第 127 条　被告就前条的担保物，与质权人有同样的权利。

前条出具保证书的供担保人，在原告不履行其所负义务时，有就保证金额履行的责任。法院可以依据被告的申请，直接向具保证书人为强制执行。

第 128 条　有下列情形之一的，法院应依供担保人的申请，要求返还其担保物或保证书：

（1）应供担保的理由消灭的；

（2）供担保人证明受担保利益同意返还；

（3）诉讼终结后，供担保人证明已于合理期限内，催告受担保利益人行使权利而未行使，或法院依供担保人的申请，通知受担保利益人于合理期限内行使权利并向法院提供行使权利的证明而未提供者。

第 129 条　供担保的担保物或保证书，除由当事人约定变换外，法院可以依据供担保人的申请，以裁定准许其变换。

第 130 条　关于申请提供担保的裁定，原告可以向上级法院申请复议。

第 131 条　第 121 条、第 124 条、第 125 条、第 126 条、第 127 条、第 128 条、第 129 条、第 130 条的规定，也准用于根据其他法律提起诉讼时应提供的担保。

参 考 文 献

一、中文原著

[1] 江伟. 民事诉讼法学原理 [M]. 北京：中国人民大学出版社，1999.

[2] 谭兵. 民事诉讼法学 [M]. 北京：法律出版社，2004.

[3] 李浩. 民事诉讼法学 [M]. 北京：高等教育出版社，2007.

[4] 唐德华. 新民事诉讼法条文释义 [M]. 北京：人民法院出版社，2008.

[5] 江伟. 民事诉讼法典专家修改建议稿及立法理由 [M]. 北京：法律出版社，2008.

[6] 何家弘. 当代美国法律 [M]. 北京：社会科学文献出版社，2011.

[7] 姚志明. 公司法、证券交易法理论与案例研究 [M]. 台北：元照出版有限公司，2013.

[8] 杨立新.《最高人民法院婚姻法司法解释（三）理解与运用 [M]. 北京：中国法制出版社，2011.

[9] 全国人大常委会法制工作委员会民法室.《中华人民共和国民事诉讼法》条文说明、立法理由及相关规定 [M]. 北京：北京大学出版社，2012.

[10] 齐树洁. 台港澳民事诉讼制度 [M]. 厦门：厦门大学出版社，2014.

[11] 赵钢，占善刚，刘学在. 民事诉讼法（第三版）[M]. 北京：武汉大学出版社，2015.

[12] 张民安. 法国民法 [M]. 北京：清华大学出版社，2015.

[13] 王利明．物权法研究［M］．北京：中国人民大学出版社，2007．

[14] 陈歆．美国专利诉讼关键案例解读［M］．台北：元照出版有限公司，2012．

[15] 沈达明．法国、德国担保法［M］．北京：中国法制出版社，2000．

[16] 何勤华．外国法制史［M］．北京：法律出版社，1997．

[17] 王怀安．中国民事诉讼法教程［M］．北京：人民法院出版社，1992．

[18] 陈荣宗，林青苗．民事诉讼法［M］．台北：三民书局出版有限公司，1996．

[19] 高圣平．物权法担保物权编［M］．北京：中国人民大学出版社，2007．

[20] 周枏著．罗马法原论（下）［M］．北京：商务出版社，2001．

[21] 肖厚国，孙鹏．担保法律制度研究［M］．北京：法律出版社，1998．

[22] 辞海编辑委员会．辞海（第六版彩图本）［M］．上海：上海辞书出版社，2009．

[23] 舒国滢．法理学导论［M］．北京：北京大学出版社，2012．

[24] 曹士兵．中国担保诸问题的解决与展望［M］．北京：中国法制出版社，2001．

[25] 樊崇义．诉讼原理（第二版）［M］．北京：法律出版社，2009．

[26] 张文显．当代西方法哲学［M］．长春：吉林大学出版社，1996．

[27] 陈瑞华．刑事审判原理论［M］．北京：北京大学出版社，1997．

[28] 布莱克法律词典［M］．北京：图书进出口有限公司，1990．

[29] 郑远民．国际私法——国际民事诉讼法与国际商事仲裁法［M］．北京：中信出版社，2002．

[30] 李旺．国际民事诉讼法（第二版）［M］．北京：清华大学出

版社，2011.

[31] 刘仁山. 国际民商事程序法通论 [M]. 北京：中国法制出版社，2000.

[32] 李旺. 国际诉讼竞合 [M]. 北京：中国政法大学出版社，2002.

[33] 李双元、谢石松. 国际民事诉讼法概论 [M]. 武汉：武汉大学出版社，2001.

[34] 张仲伯. 国际私法 [M]. 北京：中国政法大学出版社，1995.

[35] 郝磊. 股东诉讼的实施问题研究 [M]. 北京：中国法制出版社，2012.

[36] 刘桂清. 公司治理视角中的股东诉讼研究 [M]. 北京：中国方正出版社，2005.

[37] 赵旭东. 新旧公司法比较分析 [M]. 北京：人民法院出版社，2006.

[38] [日] 滨田道代，顾功耘. 公司治理：国际借鉴与制度设计 [M]. 北京：北京大学出版社，2005.

[39] 张民安，蔡元庆主编. 公司法 [M]. 广州：中山大学出版社，2003.

[40] 周翠. 中外民事临时救济制度比较研究 [M]. 北京：清华大学出版社，2014.

[41] 李木贵. 民事诉讼法（下） [M]. 台北：元照出版有限公司，2010.

[42] 陈计男. 强制执行法释论 [M]. 台北：元照出版有限公司，2002.

[43] 张登科. 强制执行法 [M]. 台北：三民书局有限公司，2004.

[44] 江伟. 中国民事诉讼法专论 [M]. 北京：中国政法大学出版社，1998.

[45] 张扬. 人民法院执行局（庭）长工作手册 [M]. 北京：中国知识出版社，2006.

［46］姚志明．公司法、证券交易法理论与案例研究［M］．台北：
元照出版有限公司，2013.

［47］刘俊海．公司法学［M］．武汉：武汉大学出版社，2010.

［48］李建伟．公司诉讼专题研究［M］．北京：中国政法大学出版
社，2008.

［49］谢文哲．公司法上的纠纷之特殊诉讼机制研究［M］．北京：
法律出版社，2009.

［50］沈达明，冀宗儒．1999 年英国《民事诉讼规则》诠释［M］．
北京：中国法制出版社，2005.

［51］陈桂明．诉讼公正与程序保障——民事诉讼程序之优化
［M］．北京：中国法制出版社，1996.

［52］姜世明．台湾民事程序法经典系列——新民事证据法论
［M］．厦门：厦门大学出版社，2017.

［53］吴建斌．日本公司法规范［M］．北京：法律出版社，2003.

［54］张广良．知识产权侵权民事救济［M］．北京：法律出版
社，2003.

［55］唐德华．民事诉讼法立法与适用［M］．北京：中国法制出版
社，2002.

［56］卓泽渊．法的价值论［M］．北京：法律出版社，1999.

［57］肖建国．民事诉讼程序价值论［M］．北京：中国人民大学出
版社，2000.

［58］占善刚．民事证据法研究［M］．武汉：武汉大学出版
社，2009.

［59］王泽鉴．民法总则［M］．北京：中国政法大学出版
社，2001.

［60］褚红军．公司诉讼原理与实务［M］．北京：人民法院出版
社，2007.

［61］张凝．日本股东大会制度的立法、理论与实践［M］．北京：
法律出版社，2009.

［62］邱联恭．程序选择权之法理．民事诉讼法研究会．民事诉讼
法研讨（四）［C］．台北：三民书局，1993.

[63] 吴庆宝. 公司纠纷裁判标准规范 [M]. 北京：人民法院出版社，2009.

[64] 王承守，邓颖懋. 美国专利损失攻防策略运用 [M]. 台北：元照出版公司，2004.

[65] 林家琪. 民事诉讼法（增订六版）[M]. 北京：书泉出版社，2007.

[66] 杨建华. 民事诉讼法要论 [M]. 北京：北京大学出版社，2013.

[67] 刘俊海. 新公司法的制度创新：立法争点与解释难点 [M]. 北京：法律出版社，2006.

[68] 王保树. 最新日本公司法 [M]. 北京：法律出版社，2006.

[69] 章晓洪. 股东派生诉讼研究 [M]. 北京：法律出版社，2007.

[70] 奚晓明. 中国民商审判（2003 年第 1 卷）[M]. 北京：法律出版社，2005.

[71] 童兆洪. 公司法法理与实证 [M]. 北京：人民法院出版社，2003.

[72] 王甲乙，杨建华，郑健才. 民事诉讼法新论 [M]. 台北：广益印书局，2002.

[73] 邱联恭. 程序利益保护论 [M]. 台北：三民书局，2005.

[74] 姜世明. 民事程序法之发展与宪法原则 [M]. 台北：元照出版有限公司，2003.

[75] 姚瑞光. 民事诉讼法论 [M]. 北京：中国政法大学出版社，2011.

[76] 林洲富. 实用强制执行法（修订第九版）[M]. 台北：五南图书出版股份有限公司，2013.

[77] 陈计男. 强制执行法释论 [M]. 台北：元照出版有限公司，2002.

[78] 黄国昌. 民事诉讼理论之新开展 [M]. 台北：元照出版有限公司，2005.

[79] 姜世明. 民事诉讼法基础论 [M]. 台北：元照出版有限公

司，2009.

[80] 林益山．国际私法与实例解说（修订五版）[M]．台北：台北市国家图书馆，1998.

[81] 杨兴龄．强制执行法实例问题分析[M]．台北：五南图书出版公司，1989.

[82] 姜世明．民事诉讼法（上册）（修订第二版）[M]．台北：新学林出版股份有限公司，2013.

[83] 吕锡伟．诉讼费用交纳办法释义[M]．北京：中国法制出版社，2007.

[84] 乔欣．公司纠纷的司法救济[M]．北京：法律出版社，2007.

[85] 陈碧珍．股东派生诉讼费用担保的美国法发展及借鉴，载赵旭东．《公司法评论》（第二辑）[M]．北京：人民法院出版社，2006.

二、中文译著

[1] [日] 棚懒孝雄．纠纷的解决与审判制度[M]．王亚新译．北京：中国政法大学出版社，1994.

[2] [韩] 李哲松．韩国公司法[M]．吴日焕译．北京：中国政法大学出版社，2000.

[3] [日] 三月章．日本民事诉讼法[M]．汪一凡译．台北：五南图书出版公司，1997.

[4] [美] 迈克尔·D.贝勒斯著．法律的原则———一个规范的分析[M]．张文显等译．北京：中国大百科全书出版社，1996.

[5] [日] 中村英郎．新民事诉讼法讲义[M]．陈刚，林剑锋，郭美松译．北京：法律出版社，2001.

[6] [德] 迪特尔·梅迪库斯．德国民法总论[M]．邵建东译．北京：法律出版社，2001.

[7] [法] 让·文森，塞尔日·金沙尔．法国民事诉讼法要义[M]．罗结珍译．北京：中国法制出版社，2001.

[8] [日] 谷口安平．程序的正义与诉讼[M]．王亚新、刘荣军

译．北京：中国政法大学出版社，2002.

［9］［意］桑德罗·斯契巴尼选编．物与物权［M］．范怀俊译．
北京：中国政法大学出版社，1999.

［10］［美］威廉·伯纳姆．英美法导论［M］．林利芝译．北京：
中国政法大学出版社，2003.

［11］［美］罗伯特·W. 汉密尔顿．美国公司法（第5版）［M］.
齐东祥，刘海平等译．北京：法律出版社，2008.

［12］［罗马］查士丁尼．法学总论——法学阶梯［M］．张企泰译.
北京：商务印书馆，1997.

［13］［德］卡尔·拉伦茨．法学方法论［M］．陈爱娥译．北京：
商务印书馆，2005.

［14］［日］高桥宏志．重点讲义民事诉讼法［M］．张卫平、许可
译．北京：法律出版社，2007.

［15］［德］罗森贝克，施瓦布，戈特瓦尔德．德国民事诉讼法
［M］．李大雪．北京：中国法制出版社，2007.

［16］［日］新堂幸司．新民事诉讼法［M］．林剑锋译．北京：法
律出版社，2008.

［17］［英］J. A. 乔罗威茨．民事诉讼程序研究［M］．吴泽勇译.
北京：中国政法大学出版社，2008.

［18］［韩］李哲松．韩国公司法［M］．吴日焕译．北京：中国政
法大学出版社，2000.

［19］［英］丹尼斯·吉南．公司法［M］．朱羿锟等译．北京：法
律出版社，2005.

三、期刊论文

［1］陈斯．制度完善：对民事诉讼担保制度的反思——以一种实
务探讨的方式展开［J］．广东社会科学，2002（6）.

［2］陈斯．程序正义的另一视角——论我国民事诉讼担保制度的
完善［J］．民事程序法研究，2004（1）.

［3］唐方恒．论民事诉讼担保及其完善［J］．成都行政学院学报，
2014（4）.

［4］李光辉．涉外诉讼费用担保的豁免［J］．法学，1992（4）．

［5］苏绍聪．香港民事诉讼中的诉讼费担保制度［J］．现代法学，2004（4）．

［6］李金招．诉讼费担保制度初探——作为预交的替代选择程序［J］．黑龙江省政法管理干部学院学报，2009（5）．

［7］余璟．股东代表诉讼的诉讼费用补偿与担保制度探讨［J］．法制与社会，2011（17）．

［8］王影．我国诉讼费用担保制度的完善［J］．湖北警官学院学报，2013（11）．

［9］占善刚．民事诉讼鉴定费用的定性分析［J］．法学，2015（8）．

［10］占善刚．论民事诉讼中之自由证明［J］．法学评论，2007（4）．

［11］姚莉，詹建红．刑事程序选择权论要——从犯罪嫌疑人、被告人的角度［J］．法学家，2007（1）．

［12］蔡立冬，杨宗仁．论股东会决议撤销权的主体及其行使［J］．当代法学，2008（5）．

［13］钱玉林．论可撤销的股东大会决议［J］．法学，2006（11）．

［14］赵志刚．担保提存论［J］．法学论坛，2011（6）．

［15］杨建华．浅论股东会议之无效与撤销［J］．辅仁法学，1983（2）．

［16］丁勇．股东大会决议撤销之诉功能反思［J］．法学，2013（7）．

［17］黄俊辉．论股东派生诉讼费用［J］．企业经济，2006（1）．

［18］李仕春．民事保全程序基本问题研究［J］．中外法学，2005（1）．

［19］武家辉．股东派生诉讼中的担保问题研究［J］．菏泽学院学报，2013（6）．

［20］曾庆峰．诉讼保全信用担保探析——兼评诉讼保全担保公司担保制度［J］．法治论丛（上海政法学院学报），2008（5）．

［21］赵丽琴．诉讼保全担保法律问题析议——兼评北京市高院与

江苏省高院保全担保模式［J］.社科纵横，2013（1）.

［22］谢忠文.完善我国诉讼保全担保制度之法律思考——由一起民事抗诉案件展开［J］.广西大学学报（社会科学版），2013（6）.

［23］邵晙.试析诉讼保全担保财产的解封问题［J］.法制博览，2015（25）.

［24］李继刚.企业找担保不再愁——中国经济技术投资担保有限公司开展诉讼保全担保业务［J］.中国律师，1999（7）.

［25］黄善文.诉讼财产保全担保与商业银行业务创新［J］.广东金融学院学报，2005（1）.

［26］丁勇.公司决议瑕疵诉讼担保制度检讨及立法完善［J］.法学，2014（5）.

［27］王福华.民事保全程序中的程序保障［J］.法律科学（西北政法大学学报），2002（6）.

［28］李仕春.民事保全程序基本问题研究［J］.中外法学，2005（1）.

［29］罗筱琦、范毅强.民事保全的救济理论［J］.宁夏大学学报（人文社会科学版），2009（1）.

［30］黄文艺.比较法视域下我国民事保全制度的修改与完善［J］.比较法研究，2012（5）.

［31］赵钢.回避制度之改良与保全机制之完善——以〈民事诉讼法〉修改为背景的思考［J］.法律科学（西北政法大学学报），2012（6）.

［32］穆远征，戴蕾.新刑事诉讼法背景下的附带民事诉讼保全评析［J］.求索，2014（5）.

［33］范跃如.试论我国行为保全制度及其构建与完善［J］.法学家，2004（5）.

［34］赵彤.在民事诉讼法中设立行为保全制度初探［J］.学术研究，2001（4）.

［35］江伟，肖建国.民事诉讼中的行为保全初探［J］.政法论坛，1994（3）.

［36］ 钱颖萍．从知识产权保护的临时禁令到行为保全制度的构建 ［J］．电子知识论坛，2008（3）．

［37］ 郑贤宇．论行为保全制度的构建——以公害诉讼为视角 ［J］．厦门大学学报（哲学社会科学版），2012（5）．

［38］ 吴登楼．知识产权行为保全程序新探 ［J］．电子知识论坛，2014（8）．

［39］ 江伟，王国征．完善我国财产保全制度的设想 ［J］．中国法学，1993（5）．

［40］ 韩象乾．财产保全制度管见 ［J］．政法论坛，1995（4）．

［41］ 杨春华．财产保全的功能界定与思考 ［J］．政法论坛，2007（2）．

［42］ 张学兰，许继学．论诉前诉讼证据保全的违法性 ［J］．法学评论，2000（3）．

［43］ 孔令章．论法院诉前证据保全制度——借鉴德国独立证据调查程序的思考 ［J］．现代法学，2011（3）．

［44］ 张卫平．论公证证据保全 ［J］．论公证证据保全，2011（4）．

［45］ 杨春华．对我国先予执行制度立法定位的思考 ［J］．河北法学，2008（1）．

［46］ 丁勇．公司决议瑕疵诉讼担保制度检讨及立法完善 ［J］．法学，2014（5）．

［47］ 丁勇．德国公司决议瑕疵诉讼滥用问题研究及启示 ［J］．比较法研究，2013（4）．

［48］ 肖建国．论诉前停止侵权行为的法律性质——以诉前停止侵犯知识产权行为为中心的研究 ［J］．法商研究，2002（4）．

［49］ 杨春华．域外假执行对完善我国先予执行制度的启示 ［J］．暨南学报（哲学社会科学版），2008（3）．

［50］ 李汉昌，吴德桥．适用财产保全制度应注意的几个问题 ［J］．法学评论，1996（4）．

［51］ 姜春兰．浅谈先予执行制度的适用问题 ［J］．现代法学，1998（2）．

［52］ 徐子良．论财产保全异议的审查与申请保全错误的赔偿——

兼析一起因财产保全引发的损害赔偿案［J］. 法学，2006
（12）.

［53］陈广华. 财产保全中被申请人利益的保护——以申请财产保
全错误为契机［J］. 求索，2005（5）.

［54］刘哲玮. 论财产保全制度的结构矛盾与消解途径［J］. 法学
论坛，2015（5）.

［55］洪冬英. 财产保全功能有效实现的障碍及对策［J］. 法学，
2009（3）.

［56］蔡维力、吴晓静. 论现行财产保全制度的三大缺陷及其弊害
［J］. 甘肃社会科学，2012（2）.

［57］许少波. 证据保全制度的功能及其扩大化［J］. 法学研究，
2009（1）.

［58］翟志文. 我国大陆与台湾地区民事证据保全制度的比较［J］.
江淮论坛，2007（1）.

［59］奚玮、余茂玉、谢佳宏. 两岸证据保全制度比较研究［J］.
社会科学战线，2006（4）.

［60］宋敏. 方法专利侵权诉讼亟需诉前证据保全制度［J］. 电子
知识产权，2008（5）.

［61］李佳模. 证据保全和诉讼保全的区别和联系［J］. 政治与法
律，1987（5）.

［62］张湘兰，郭漪武. 诉前海事证据保全制度浅析［J］. 法学评
论，2005（1）.

［63］张金兰，许继学. 论诉前诉讼证据保全的违法性［J］. 法学
评论，2000（3）.

［64］刘凯湘. 股东代表诉讼的司法适用与立法完善——以〈公司
法〉第 152 条的解释为中心［J］. 中国法学，2008（4）.

［65］赵万一，赵信会. 我国股东代表诉讼制度建立的法理基础和
基本思路［J］. 中国法学，2007（3）.

［66］周剑龙. 日本公司法制现代化中的股东代表诉讼制度［J］.
南京大学学报（哲学. 人文科学. 社会科学），2006（3）.

［67］胡宜奎. 论股东代表诉讼中的"诉讼和解"——比较法的观

察与我国的实践［J］.政治与法律，2012（12）.

［68］胡宜奎.论股东代表诉讼中的费用补偿［J］.政治与法律，2014（2）.

［69］陈朝阳.股东代表诉讼制度研究——兼论我国《公司法》的立法完善［J］.现代法学，2000（5）.

［70］吴建斌.股东代表诉讼制度及其在我国的确立和完善［J］.南京大学学报（哲学.人文科学.社会科学），2000（1）.

［71］刘颖.日本破产重整程序中的股东代表诉讼［J］.政治与法律，2012（2）.

［72］方流芳.民事诉讼收费考［J］.中国社会科学，1999（3）.

［73］邓志伟，肖芳.论民事诉讼费用负担原则的完善——以诉讼费用裁判差异为分析视角［J］.法律适用，2012（7）.

［74］张榕.民事诉讼收费制度改革的理念及路径［J］.法律科学（西北政法学院学报），2006（1）.

［75］廖永安，刘方勇.潜在的冲突与对立：诉讼费用制度与周边制度关系考［J］.中国法学，2006（2）.

［76］陶建国.日本民事诉讼费用救助制度之研究［J］.河北法学，2005（3）.

［77］廖永安.《诉讼费用交纳办法》之检讨［J］.法商研究，2008（2）.

［78］廖永安.论民事诉讼费用的性质与征收依据［J］.政法论坛，2003（5）.

四、外文文献

［1］［美］Peter Lichtenbaum，Melanie Schneck. The Respones to Cyberattacks：Security and Cost，International Lawyer（ABA），Vol. 36，Issue 1，Spring 2002.

［2］［美］The Cost of Free，International Lawyer（ABA），Vol. 93，Issue8，August 2007.

［3］［美］Jay Conison. Seeking a Preliminary Injunction，Franchise Law Journal，Vol. 12，Number4，Spring 1993.

［4］ ［美］ Larry P. Scriggins. Changes in the Model Business Corporation
Act Pertaining to Directors and Officers, Business Lawer (ABA),
Vol. 54, Issue3, May 1999.

［5］ ［美］ John J. Cound. Jack H. Friedenthal, Arthur R. Miller, John
E. Sexton, civil Procedure: Case and Materials, West Publishing
Co., Vol. 7, seven 1997.

［6］ ［英］ William J. Davey, Keith E. Maskus. Thailand-Cigarettes
(Philippines): A More Serious Role for the Less Favourable
Treatment Standard of Article III: 4, World Trade Review (UK)
1 April, 2013.

［7］ ［英］ Weihuan Zhou. US-Clove Cigarettes and US-Tuna II (Mexico),
J Int Economic Law 1, December 2012.

［8］ ［美］ Thomas D. Jeitschko. Informational Implications of Preliminary
Injunctions. Journal of Law, Economics & Organization1, October
2013.

［9］ ［英］ Thomas D. Jeitschko. Signaling, Learning, and Screening
Prior to Trial. Journal of Law, Economics & Organization1,
October 2013.

［10］ ［德］ Leo Rosenberg, Karl Heinz Schwab, Peter Gottwald,
Zivil prozessrecht (Großes Lehrbuch), 17. Auflage, Verlag
C. H. Beck, 22. Februar 2010.

［11］ ［德］ Saenger, Zivilprozessordnung, 6. Auflage, Verlag Nomos,
15. Januar 2015.

［12］ ［德］ Volkert Vorwerk, Christian Wolf, Beck'scher Online-Kom-
mentar ZPO, 19. Auflage, Verlag C. H. Beck, 1. Dezember 2015.

［13］ ［德］ Wolfgang Krüger, Thomas Rauscher etc., Münchener
Kommentar zur Zivilprozessordnung, 4. Auflage, Verlag C. H.
Beck, 15. November 2012.

［14］ ［德］ Musielak/Borth, ZPO, 12. Auflage, Verlag C. H. Beck,
26. März 2015.

五、外国法典

[1] 法国新民事诉讼法典［M］. 罗结珍译. 北京：法律出版社，2008.

[2] 德国民事诉讼法［M］. 丁启明译. 厦门：厦门大学出版社，2015.

[3] 日本新民事诉讼法［M］. 白绿铉编译. 北京：中国法制出版社，2000.

[4] 英国民事诉讼规则［M］. 徐昕译. 北京：中国法制出版社，2001.

[5] 苏俄民事诉讼法典［M］. 梁启明，邓曙光译. 北京：法律出版社，1982.

[6] 美国联邦民事诉讼规则、证据规则［M］. 白绿铉，卞建林译. 北京：中国法制出版社，2000.

[7] 法国民法典［M］. 罗结珍译. 北京：北京大学出版社，2010.

[8] 日本民法典［M］. 王爱群译. 北京：法律出版社，2014.

[9] 德国民法典［M］. 陈卫佐译. 北京：法律出版社，2015.

[10] 日本公司法典［M］. 崔延花译. 北京：中国政法大学出版社，2006.

[11] 美国最新标准公司法［M］. 沈四宝编译. 北京：法律出版社，2006.

[12] 法国公司法规范［M］. 李萍译. 北京：法律出版社，1999.

[13] 法国民事执行程序法［M］. 罗结珍译. 北京：中国法制出版社，2002.

[14] 德国股份法、德国有限责任公司法、德国公司改组法、德国参与决定法［M］. 杜景林，卢湛译. 北京：中国政法大学出版社，2000.

六、其他资料

[1] 万海波. 诉讼费用担保制度研究［D］. 重庆：西南政法大学，2005.

［2］夏天下．我国股东派生诉讼费用担保制度研究——以美国股东派生诉讼费用担保制度为基础［D］．长春：吉林大学，2011.

［3］李仕春．民事保全程序研究［D］．北京：中国政法大学，2002.

［4］王福华．民事保全制度研究［D］．北京：中国政法大学，2005.

［5］范毅强．民事保全程序要论［D］．重庆：西南政法大学，2008.

［6］刘东京．我国股东派生诉讼制度研究［D］．武汉：武汉大学，2009.

［7］刘金华．股东代位诉讼制度研究［D］．北京：中国政法大学，2007.

［8］郁光华．建立适合中国国情的公司派生诉讼制度．http：//china. findlaw. cn/gongsifalv/qyjf/psss/15789＿6. html，2010-03-02.